Tom Graves

Radiästhesie –
Pendel und Wünschelrute

Tom Graves

RADIÄSTHESIE –
PENDEL UND
WÜNSCHELRUTE

Theorie und praktische Anwendung

Verlag Hermann Bauer
Freiburg im Breisgau

CIP-Kurztitelaufnahme der Deutschen Bibliothek

Graves, Tom:
Radiästhesie – Pendel und Wünschelrute : Theorie u. prakt.
Anwendung / Tom Graves. [Ins Dt. übertr. von Hans Geisler].
– 4. Aufl. – Freiburg im Breisgau : Bauer, 1987.
    Einheitssacht.: Dowsing – techniques and applications ⟨dt.⟩
    ISBN 3-7626-0224-7

Die englische Originalausgabe erschien 1976
unter dem Titel
Dowsing – Techniques and Applications
bei Turnstone Books, London.
© 1976 by Tom Graves.

Ins Deutsche übertragen von Hans Geisler.

4. Auflage 1987
ISBN 3-7626-0224-7
© für die deutsche Ausgabe 1978 by
Verlag Hermann Bauer KG, Freiburg im Breisgau.
Alle Rechte der deutschen Ausgabe vorbehalten.
Gesamtherstellung: May + Co, Darmstadt.
Printed in Germany.

Für Jan

Inhalt

Dritter Teil: ANWENDUNGSMÖGLICHKEITEN

Dank und Anerkennung

Dieses Buch ist das Ergebnis eines sich über viele Jahre erstreckenden eifrigen Suchens und Sammelns von anscheinend nutzlosen Informationen sowie des Prüfens und des Sprechens mit vielen jener Leute, die dieses „nutzlose" Wissen und Können zu nützlichen Zwecken anzuwenden verstanden. In gewisser Weise ist jeder, den ich traf und mit ihm über diese Dinge sprach, am Entstehungsprozeß dieses Buches irgendwie mitbeteiligt. Besonderen Dank schulde ich aber meiner Mutter, die mich lehrte, immer wieder Fragen zu stellen, und meiner Frau, die die Korrekturen las und bei der Durchführung dieses heiklen und schwierigen Vorhabens nie den Mut sinken ließ. Dank und Anerkennung schulde ich ferner den Herren Bill Lewis und John Williams, beide Rutengänger in Abergavenny, die mich dazu brachten, selbst praktisch auf diesem Gebiet zu arbeiten, anstatt mich nur in Theorien darüber zu ergehen; dem Lehrkörper des Visual Resarch Department am Hornsey College of Art sowie den Herren Professor Christopher Cornford und Bernard Myers vom Royal College of Art, die mir, oft ohne es zu wissen, behilflich waren, Klarheit über verschiedene theoretische und strukturelle Aspekte meiner Forschungen zu finden; schließlich all den Lehrern und Studenten an den verschiedenen Orten, an denen ich selbst studierte bzw. lehrte; und zu guter Letzt Alick Bartholomew von Turnstone, der während der ganzen Zeit des Entstehens dieses Buches – von der ersten vagen Idee an bis zu dem, was Sie jetzt in der Hand halten – sich sozusagen als „Kindermädchen" bestens bewährt hat.

Erster Teil

EINE EINFÜHRUNG IN DIE PRAXIS

I Ein paar einleitende Worte

Jeder kann Rutengehen. Es handelt sich um eine Kunst oder Geschicklichkeit, die man, wie alle anderen Fertigkeiten auch, durch bewußtes, aufmerksames Bemühen und indem man sich mit den erforderlichen Kenntnissen und den grundlegenden Prinzipien und Mechaniken vertraut macht, lernen kann. Dann wird es zu einem Können, dessen man sich je nach Bedarf bedienen kann. Auf jeder Lern- oder Übungsstufe benötigen Sie eine Art Instrument und zumindest eine ungefähre Idee, wie Sie dieses Instrument zu benutzen haben. Auch müssen Sie natürlich genauer wissen, worum es geht, wie das angestrebte Ziel aussieht und in welcher Weise Sie vorzugehen haben, um es zu erreichen. Die Sache an sich ist gar nicht so kompliziert. Die meisten der verschiedenen Arten von Instrumenten können Sie sich für ein paar Groschen selbst herstellen. Die Anwendungstechniken, wenn sie einmal von den aus der Vergangenheit stammenden Verworrenheiten und Geheimnistuereien freigemacht worden sind, erweisen sich ebenfalls als überaus einfach, auch wenn sie nicht ganz in Übereinstimmung zu bringen sind mit den in unseren Tagen noch weitgehend herrschenden materialistischen Weltanschauungen und Philosophien.
Ich beabsichtige nicht, hier eine Theorie des Rutengehens und Pendelns zu präsentieren. Auch will ich keinen historischen Überblick über die Geschichte der Radiästhesie geben, denn andere Schriftsteller haben das schon in ausreichendem Maße getan. Mir liegt ausschließlich daran, die Praxis des Rutengehens zu beschreiben, wie es zu erlernen und anzuwenden ist.
Wenn ich von der Anwendung spreche, habe ich das Gefühl, daß es falsch wäre, das Rutengehen nur im Hinblick auf seinen Gebrauchswert und seine Anwendungsmöglichkeiten zu definieren. Radiästhesie ist weit mehr als bloßes Wassersuchen, mehr als medizinisches Diagnostizieren, mehr als „lebendige" Archäologie, welch letztere ich mir

zum speziellen Forschungsgebiet erkoren habe. Ebenso ist Rutengehen und Pendeln mehr als die dazugehörigen Techniken, ganz gleich, ob es sich um die traditionellen Techniken des Suchens und Findens von Wasser und Mineralien handelt oder um die etwas jüngeren seltsamen, ja phantastisch erscheinenden Techniken unter Benutzung von Stadt-, Land- oder Seekarten oder um radiästhetische Zeitbestimmungen. Rutengehen und Pendeln sind mehr als ein Sach- oder Fachgebiet; sie sind eine Kunst, eine besondere Fertigkeit, sind eine Art von Können, das ich für geeignet halte, bei der Lösung vieler Probleme und Fragen erfolgreich mitzuhelfen.

In einem anderen Sinne handelt es sich weniger um ein gegenständliches Fach- und Wissensgebiet, sondern mehr um einen besonderen Geistes- oder Bewußtseinszustand, um die Benutzung eines *mentalen* Werkzeuges, das einerseites nüchterne Zustandsanalysen erlaubt, gleichzeitig aber mit Intuition Hand in Hand geht, also ein „intuitiv-analytisches Handwerkszeug" ist, so paradox das zunächst klingen mag. Es ist aber in jedem Fall ein recht nützliches Handwerkszeug, denn es füllt in passender Weise die Lücke aus, die zwischen den reinen „Denkmitteln" der Logik, Analysis, der „wissenschaftlichen Methodik" und den mehr gefühlsbestimmten Mitteln und Methoden der Imagination, Intuition und den „subjektiven" Meinungen und Deutungen besteht. Wie alle Werkzeuge hat auch die Anwendung von Rute und Pendel einen innerhalb eines „mentalen Gebrauchsbereiches" bestimmten Zweck was besagt, daß Sie diese Werkzeuge bei der Klärung und Lösung verschiedenster Probleme benutzen *können*, daß Sie aber feststellen werden, daß in vielen Situationen (besonders in den mehr alltäglichen), der Einsatz anderer Mittel und Werkzeuge angebrachter und zweckentsprechender erscheint. Die Radiästhesie ist weder ein Universal- oder Allheilmittel für sämtliche Übel der Welt, wie einige Schriftsteller anzunehmen scheinen, noch ist sie unfehlbar; doch wenn Sie sie geschickt anzuwenden verstehen, werden Sie schon bald herausfinden, wie nützlich sie sein kann.

Die Fähigkeit, richtig auf diesem Gebiet arbeiten zu können, ist sowohl subjektiv bedingt als auch persönlichkeitsgebunden, und deshalb werden Sie finden, daß jeder Rutengänger oder Pendler – auch Sie selbst – eine eigene Methode entwickeln beziehungsweise bevorzugen wird. Obwohl einige der Techniken, die ich in diesem Buch beschreibe, als durchaus traditionell bezeichnet werden können, habe ich andere dankbar von Freunden und Bekannten übernommen, doch das meiste hier Dargelegte beruht auf meinen eigenen Erfahrungen und Interpretationen. Vergessen Sie also nicht, daß dieses Buch angefüllt ist mit durchaus persönlichen Meinungen und Schlußfolgerungen.

Dieser Umstand ist natürlich in keiner Weise zu beanstanden; ich empfehle Ihnen aber, beim Lesen dieses Buches und bei der Erprobung des Gelernten immer daran zu denken, damit Sie nicht den allzu häufigen Fehler machen, Meinungsäußerungen als unverrückbare Tatsachen zu betrachten. Versuchen Sie vor allem, meine verschiedenen Feststellungen hinsichtlich der Theorien *nicht mißzuverstehen*, denn ich weiß, wie groß die Gefahr ist, in intellektuelle Verwirrung und Ausweglosigkeit zu geraten, wenn man versucht, die eigentlichen Ursachen und den Mechanismenablauf beim Rutengehen und Pendeln nur auf dem Wege des Theoretisierens herauszufinden. Allein die Praxis vermag zum sinnvollen Verständnis der Vorgänge zu führen.

Da es sich um eine vorwiegend praktische Angelegenheit handelt, hielt ich es für richtig, dieses Buch in einer etwas ungewöhnlichen Weise aufzugliedern. Es soll nicht nur eine die mechanischen Vorgänge des Rutens und Pendelns berücksichtigende Gebrauchsanleitung sein, sondern in gewisser Weise eine Sie selbst betreffende Verfahrensanweisung. So habe ich dieses Buch in drei Teile gegliedert, in „drei Gänge der gleichen Mahlzeit", wenn Sie wollen. Der erste Teil ist eine Einführung in die Praxis und beabsichtigt, Sie gleich von vornherein mit einigen einschlägigen Erfahrungen bekannt zu machen, ähnlich einer Vorspeise, die ja bewirken soll, daß der Appetit angeregt, die Neugier und Aufnahmebereitschaft Ihres Bewußtseins stimuliert wird. Der zweite Teil ist der Hauptlehrgang, der die Beschreibung einer Reihe von Techniken enthält. Ich habe mir hier und da Beschränkungen auferlegen müssen, mich aber bemüht, Ihnen ein solides, ausgeglichenes Diätgericht vorzusetzen, das in ausreichendem Maße alles enthält, was für die vor Ihnen liegende Arbeit erforderlich ist. Der dritte Teil schließlich ist gewissermaßen der Pudding, die Nachspeise - ein kurzer Überblick über verschiedene Anwendungsmöglichkeiten der Rute und des Pendels, der die Beweiskraft für die Qualität der ganzen Mahlzeit noch verstärken soll.

Wie beim Verzehren eines guten Mahles würden Ihnen die meisten Feinheiten des Wohlgeschmacks und -geruchs entgehen, wenn Sie es hastig hinunterschlingen; deshalb empfehle ich, langsam vorwärtszugehen, sich zum Studium Zeit zu lassen. Wie bei jeder ungewohnten Speisenfolge können Sie im voraus nicht wissen, ob sie Ihnen schmeckt oder nicht, solange Sie nicht selbst davon gegessen haben. Das heißt: theoretische Ansichten zählen nichts, sondern ausschließlich die Erprobung des Vorgesetzten in der Praxis. Beachten Sie immer, daß Sie selbst ein wenig eigene Phantasie, Scharfsinn und Vorstellungskraft, etwas „gesunden Menschenverstand" aufbringen sollten, die nun einmal nötig sind, um meine Darlegungen, Absichten und Gefühle in *Ihre* eigenen Erfahrungen und *Ihre* eigene Praxis umzuwandeln.

So komme ich zum letzten Punkt meiner Vorbemerkungen, der darin besteht, Ihnen klarzumachen, daß weder ich noch irgend jemand anders in der Lage ist, Sie im buchstäblichen Sinne des Wortes das Rutengehen und Pendeln „zu lehren". Das einzige, was jemand für Sie tun kann, ist, Ihnen bei der Erprobung und Selbsterlernung behilflich zu sein. Freilich kann ich Ihnen ein paar grundlegende Informationen geben, verbunden mit einigen Empfehlungen und Ermutigungen, wenn Sie sich anschicken, die leicht verdauliche Drei-Gänge-Mahlzeit in Gestalt dieses Buches sich zu Gemüte zu führen. Ich kann Ihnen einige der von mir gemachten Erfahrungen und gewonnenen Erkenntnisse mitteilen, aber das ist auch alles, was ich meinerseits tun kann. Das übrige ist *Ihre* Angelegenheit. Sollte es so sein, daß Sie im Moment an dieser Sache nicht sonderlich interessiert sind, verschieben Sie die Lektüre dieses Buches auf später. Wenn Sie sich aber entschlossen haben, den Versuch zu machen, dann lesen Sie, fangen Sie mit dem „Essen" an.

2 Gehen wir ans Werk

Der größte Fehler, den diejenigen machen können, die Rutengänger beziehungsweise Radiästheten werden möchten, ist der, daß sie etwas über diese Sache lernen, anstatt sie praktisch anzugehen. Bei vielen andern durchaus praxisbezogenen Dingen wird der gleiche Fehler gemacht, was ich deshalb so gut weiß, weil ich ihn anfänglich auch gemacht habe. Ich verbrachte Jahre damit, alles Erreichbare über die Theorien des Rutengehens und Pendelns zu lesen und geriet schließlich durch die widerstreitenden Meinungen und Behauptungen der verschiedenen Verfasser regelrecht in einen Zustand der Verwirrung, bis mir dann endlich die Einsicht dämmerte, daß der einzige Weg, mit der Sache selbst vertraut zu werden, der war, die Studierstube zu verlassen und mich entschlossen der Praxis zuzuwenden. Die Praxis hat an erster Stelle zu stehen. Die Theorie kommt später, wenn Sie das durchdenken, was tatsächlich geschehen ist.

Steigen wir also gleich in die Praxis ein. Das erste, was Sie brauchen, ist eine Art von Instrument und das Wissen, was Sie damit anzufangen haben. Die meisten Reaktionen beim Rutengehen und Pendeln zeigen sich in Form von kleinen Handbewegungen, die oft so winzig und schwach sind, daß sie nicht wahrgenommen oder gefühlt werden können. Und aus diesem Grund benutzt der Radiästhet verschiedenartige Geräte, die ihm als mechanische Verstärker dienen und die Handbewegungen erkennbar werden lassen. Die meisten dieser ,,mechanischen Verstärker" sind so einfach, daß man sie sich innerhalb weniger Minuten selbst herstellen kann aus Dingen, die ohne weiteres in unserer gewohnten Umgebung zu finden sind. Der Instrumententyp, mit dem ich zu arbeiten begann, nämlich die ,,Winkelrute", besteht lediglich aus zwei Stücken zurechtgebogenem Draht.

Die Herstellung einer Winkelrute

Um genau zu sein: die beiden zurechtzubiegenden Drähte können aus irgendeinem beliebigen Material sein. Die einfachste Art jedoch, sich eine solche Rute anzufertigen, ist, ein Paar alte Drahtkleiderbügel entsprechend zurechtzuschneiden. Nehmen Sie einen zur Hand und schneiden Sie das längere Stück an dem einen Ende mit einer Kneifzange oder Drahtschere ab. Der zweite Schnitt hat am gegenüberliegenden Stück, etwa 13 cm von der Biegung entfernt, zu erfolgen (siehe Zeichnung 1).

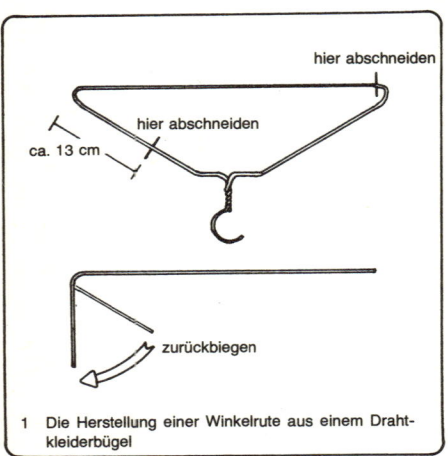

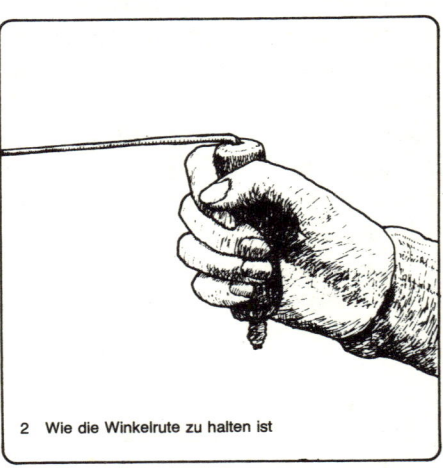

1 Die Herstellung einer Winkelrute aus einem Drahtkleiderbügel

2 Wie die Winkelrute zu halten ist

Den Teil mit den Aufhängehaken können sie wegwerfen, da nur der andere Teil gebraucht wird. Als nächstes biegen Sie das 13 cm lange Stück so weit zurück, daß es zu dem längeren Stück einen rechten Winkel bildet. Umwickeln Sie jedes der beiden Enden mit einem Stückchen Isolierband, Heftpflaster oder einem ähnlichen Material, um zu verhindern, daß Sie mit den scharfen Spitzen jemanden aus Versehen verletzten. Dann nehmen Sie sich den anderen Kleiderbügel vor und verfahren mit ihm in der gleichen Weise. Die beiden L-förmigen Drähte sind jetzt ihre Winkelruten.

Wie die Ruten zu halten sind

Der kürzere Arm des L's ist der Teil, der als Haltegriff dient. Ihn leicht mit der geschlossenen Faust zu umfassen, ist die einfachste Arte des Haltens. Ich ziehe es aber im allgemeinen vor, irgendeine Art von Muffe oder Hülse zu benutzen, in der sich der Draht leicht zu drehen vermag. Man kann natürlich auch ein entsprechend langes rundes Holzstück nehmen, das in der Mitte längs durchbohrt ist. Einige aneinandergereihte Garnrollen oder -spulen, auf die Handgriffe gesteckt, tun es zur Not auch (siehe Zeichnung 2). Was man auch nimmt, die Hauptsache ist, daß die Ruten frei und völlig ungehindert in den Griffen von Seite zu Seite schwingen können, was entweder eine nur lose geschlossene Faust oder eine geeignete Muffe oder Griffhülse voraussetzt.

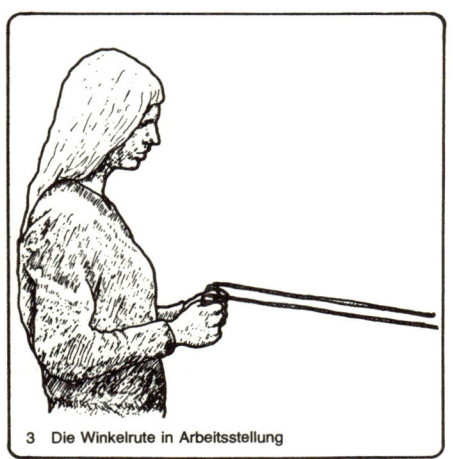

3 Die Winkelrute in Arbeitsstellung

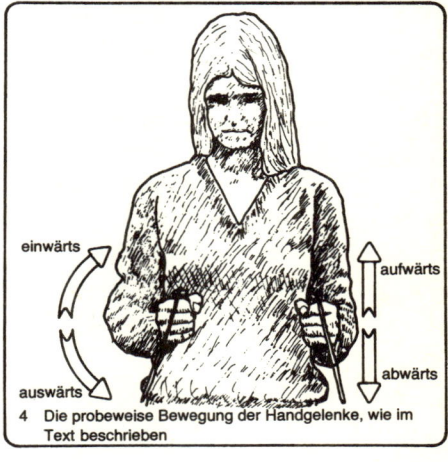

4 Die probeweise Bewegung der Handgelenke, wie im Text beschrieben

Nehmen Sie jetzt eine Rute - ob mit oder ohne Griffhülse – in die Hand. Lassen Sie ihre Arme ein paar Augenblicke zum Zwecke der Entspannung schlaff herabhängen. Den Grund hierfür werde ich später erklären. Dann winkeln Sie Ihre Arme an, so daß die beiden Ruten in eine annähernd waagerechte Lage kommen. Halten Sie aber die Arme weit genug voneinander entfernt, am besten in Körperbreite. Wenn Sie nämlich die Hände mit den Ruten zu nahe zusammenbringen und zu diesem Zweck die Ellbogen fest an den Leib drücken, entsteht eine verkrampfte Haltung, die ungeeignet ist. Haben Sie das richtig gemacht (siehe Zeichnungen 3 und 4), zeigen die langen Arme der Rute von Ihnen weg und liegen in etwa parallel zueinander. Das ist für das Arbeiten der Ruten die „neutrale" Ausgangsstellung.

Die Rutenbewegungen

Ehe Sie mit den praktischen Arbeiten beginnen, wäre es gut, wenn Sie eine Weile beobachten, wie sich die Ruten verhalten. Sie werden bemerken, daß es Ihre Handgelenke – genauer gesagt Ihre Handgelenkbewegungen – sind, die die Bewegungen der Ruten bewirken. Die Ruten, die von Ihren Händen im Gleichgewicht gehalten werden, reagieren auf jede noch so schwache Bewegung Ihrer Handgelenke. Um sich davon zu überzeugen, drehen sie erst einmal absichtlich Ihre Handgelenke nach innen. Beide Ruten werden nach innen schwingen und sich überkreuzen. Die entgegengesetzte Bewegung, also ein geringes Kippen der Handgelenke aus der Vertikalen nach außen, wird die beiden Ruten nach außen schwingen lassen. Wenn Sie beide Handgelenke in die gleiche Richtung drehen, werden sich auch die beiden Ruten ziemlich parallel zueinander in die gleiche Richtung neigen. Obgleich diese drei Reaktionsarten alles sind, was die Ruten zu tun imstande sind, werden Sie später sehen, wieviel uns diese einfachen Bewegungen zu verraten vermögen.

Ein weiterer beachtenswerter Punkt: je exakter Sie die langen Arme der Ruten horizontal halten, um so empfindlicher reagieren sie auf jede Drehbewegung der Handgelenke. Wenn Sie die Ruten ein wenig schräg abwärts halten – sagen wir ca. 15 Grad von der Waagerechten aus – und jetzt versuchen, die Schwingungen in oben beschriebener Weise herbeizuführen, werden Sie finden, daß Sie Ihre Hanggelenke viel stärker drehen müssen, um das Sichkreuzen oder das Auseinanderschlagen der Rutenarme zu erreichen. Halten Sie dann die Rutenarme wieder horizontal, werden Sie feststellen, daß nur ein ganz schwaches Drehen der Handgelenke genügt, um die Bewegungen des Sichüberkreuzens oder Nachaußenschlagens zu bewirken. Halten Sie aber die Ruten zu weit schräg nach oben, werden Sie finden, daß es schwierig ist, die Rutenarme in ihrer „neutralen" Lage verharren zu lassen. Versuchen Sie also selbst, jene Position der beiden Ruten herauszufinden, in der Sie sie am besten ruhig und parallel halten können.

Eine Sache des Gleichgewichts

Die Beibehaltung der „neutralen" Stellung der Rutenarme erscheint ziemlich einfach, wenn Sie ruhig sitzen oder stehen. Schwieriger ist es dagegen, diese Gleichgewichtslage beizubehalten, wenn Sie vorwärts gehen. Wenn Sie den Rutenarmen erlauben, beliebig nach allen Richtungen zu schwenken, werden sie außerstande sein festzustellen, ob die Rutenbewegungen auf einen echten Impuls oder lediglich auf den Mangel an Gleichgewicht infolge Ihrer Handhaltung zurückzuführen sind. Ihre erste Übung wäre es somit, zu erlernen, wie Sie die Ruten bei der praktischen Arbeit zu halten haben, wie Sie eine möglichst stabile, ruhige und parallele Lage der Rutenarme in der „Neutralstellung" aufrechterhalten können und überhaupt zu beobachten, was geschieht, wenn Sie die Ruten in die Hände nehmen und damit arbeiten wollen.

Stehen Sie vom Stuhl auf und entspannen Sie sich einen Moment, ehe Sie die Arme anwinkeln und die Ruten in die Neutralposition bringen.

Bemühen Sie sich, diese Neutralstellung auch während des Gehens aufrechtzuerhalten. Diese Vorübung können Sie sowohl im Zimmer als auch im Freien machen. Immer entspannt bleiben! Das heißt: *versuchen Sie nicht*, die Ruten mit Gewalt dadurch unbeweglich zu halten, indem Sie sie mit der Faust ganz fest umklammern. Wenn Sie nämlich das tun, werden Sie in die Sache unnötige Schwierigkeiten hineinbringen. Der „Trick" besteht darin, die Spitzen der Rutenarme zu beobachten, dabei den Geist zur Ruhe kommen zu lassen und ihn sozusagen auf die Parallelhaltung der Ruten „einzustellen". In diesem geistig gelösten Zustand überlassen Sie Ihre Augen, Ihre Hände und die Ruten einfach sich selber.

Stellen Sie das Gleichgewicht her zwischen der neutralen Haltung der Ruten und deren Tendenz, wie von selbst nach der einen oder anderen Richtung zu schwenken. Versuchen Sie nicht, die Neutralstellung durch festes Zupacken mit Gewalt beizubehalten. Wenn sich eine Veränderung oder eine Reaktion bemerkbar macht, nehmen Sie gedanklich zur Kenntnis, was, wann und wo es geschieht, stellen Sie sich aber im Moment nicht die Frage, warum und wie es geschieht. Das Theoretisieren über die tatsächlichen oder scheinbaren Ursachen der Rutenbewegungen würde in diesem Anfangsstadium nur Verwirrung und Entmutigung hervorrufen. Es ist also besser für Sie, wenn Sie das Nachgrübeln über die Ursachen zunächst sein lassen.

Ehe Sie weiterlesen, wäre es empfehlenswert, sich aufzuraffen und das bisher Gelesene gleich jetzt in der Praxis zu erproben.

Haben Sie's getan? Nun – wie ist es gegangen? Ich nehme an, daß es Ihnen gelungen ist, die Ruten nach ein paar Minuten Übung in richtiger Weise waagerecht und parallel zu halten. Aber haben Sie außerdem nicht noch etwas bemerkt? Wenn überhaupt nichts geschehen sein sollte, dann seien Sie deswegen nicht enttäuscht oder gar entmutigt. Die Balance herzustellen zwischen der lockeren Neutralstellung der Ruten und der Freiheit, ihnen dennoch Bewegungen zu erlauben, ist eine Sache des Feingefühls und benötigt praktisches Üben. Im Grunde genommen ist es nicht schwieriger als beim Erlernen des Autofahrens die Betätigung des Kupplungs- und des Gaspedals richtig aufeinander abzustimmen. Der Trick dabei ist, wie ich schon sagte, den Geist *ruhigzustellen* und im Bewußtsein nur den Gedanken der Rutenbalance festzuhalten, letzteres aber wiederum nicht starr oder verkrampft. Wenn Sie diesen Teil der Übungen beherrschen, wird sich das weitere im Laufe der Praxis wie von selbst ergeben.

Die Praxis

Beim Wiederholen dieser Übung wechseln Sie zweckmäßig den Platz, so oft es Ihnen möglich ist. Nehmen Sie die ganze Sache nicht etwa zu übertrieben ernst. Fassen Sie diese Übungen als eine Art interessantes Spiel auf, als ein Spiel mehr mit sich selbst als mit anderen. Wahrscheinlich werden Sie finden, daß, wenn Leute um Sie herumstehen, diese für Sie – wenn auch oft unbewußt – mehr eine Ablenkung und Entmutigung sind als eine Hilfe. Seien Sie geduldig und lassen Sie es ruhig „einfach darauf ankommen", stellen Sie nicht die Frage, warum etwas geschieht oder nicht geschieht. Schließlich hat sich Ihr Körper eine neue Fertigkeit anzueignen, hat zu lernen, welche Muskeln wie und wann zu bewegen sind. Dehnen Sie im Anfang die Versuche nicht über eine zu lange Zeit aus, denn es kann sein, daß Sie sich zu Ihrer Überraschung ermüdet fühlen, wenn nicht physisch, dann mental.

Wenn nach einigen praktischen Versuchen die Ruten immer in der Neutralstellung verbleiben und offenbar keine Anstalten machen, sich „aus eigener Kraft" zu bewegen, sind drei Dinge zu bedenken. Zuerst prüfen Sie, ob Ihre Haltung der Ruten wirklich derart ist, daß sie sich frei bewegen können. Zweitens: Üben Sie erneut die *richtige Entspannung*, die physische wie die mentale, das heißt: geben Sie den Geschehnissen sozusagen die Erlaubnis, von selbst in Erscheinung zu treten. Drittens: Üben Sie an verschiedenen Stellen zu verschiedenen Zeiten, vorzugsweise allein, so daß Sie sich, ohne Störungen befürchten zu müssen, ganz auf die Übungen und die Beobachtungen der Vorgänge konzentrieren können.

Denken Sie auch immer daran, daß diese Übungen dazu dienen, in Ihnen das „Rutenfeingefühl" zu entwickeln. Es ist nämlich ein „allgemeines Gefühl", das Ihnen sagt, ob die Rutenstäbe nur zufällig etwas schwanken, oder ob sie das „aus eigener Kraft" tun. Das zu lernen und die Art der Bewegungsimpulse voneinander zu unterscheiden, ist im Moment Ihre Aufgabe. Erwarten Sie nicht gleich zu viel!

Erklärung und Bedeutung

Wenn Sie meinen, daß Sie fähig sind, den Unterschied zu erfühlen, der zwischen „echten" und „falschen" Reaktionen besteht – zwischen denen, die anscheinend durch etwas außerhalb von Ihnen verursacht werden und denen, die von Ihnen selbst, durch Windböen usw. hervorgerufen werden –, dann gehen Sie jetzt in der Praxis einen Schritt weiter. Das heißt: jetzt ist die Zeit gekommen festzustellen, *wodurch* die verschiedenartigen Schwenkbewegungen der Ruten ausgelöst werden.

Etwas erklären können heißt, die Bedeutung und den Sinn eines Geschehens zu finden, das ohne eine Deutungsmöglichkeit sinnlos bleiben würde. Das Sichbewegen der Ruten an sich besagt zunächst gar nichts – es ist die Auslegung, die Deutung, die Sie aus den Rutenbewegungen ableiten, die Sie etwas erahnen oder erfühlen läßt und die Ihnen erlaubt zu sagen, ob es sich um das Auffinden von Wasser oder von etwas anderem handelt, auf das Sie sich geistig eingestellt haben. Hierher gehört natürlich das bekannte „*Wassermuten*".

Es gibt zwei Arten beziehungsweise Ebenen der Interpretation, eine analytische und eine intuitive. Die intuitive Art beruht auf einem aus dem Innern des Rutengängers stammenden „Überzeugungsgefühl", auf einem intuitiven Erfassen der „Richtigkeit" oder „Verkehrtheit" dessen, was durch die Rutenbewegungen mitgeteilt wird. Es ist ziemlich schwierig, beim jetzigen Stand der Dinge einem Neuling diese Art der geistig-seelischen Feinwahrnehmung genauer zu erklären. Es wäre eigentlich besser, wenn ich diese Sache erst später aufgegriffen hätte. Die analytische Art der Deutung ist einfacher, denn sie beruht auf der Wiederholbarkeit. Wenn eine Rutenbewegung sich unter den gleichen Bedingungen in gleicher Weise wiederholt, kann man sie für „wahr" und „echt" halten, und die Erklärung der betreffenden Rutenreaktion ist aus den vorliegenden Gegebenheiten ableitbar. Um ein Beispiel zu geben: eine der vorhandenen Bedingungen kann sich auf den Ort beziehungsweise die Stelle beziehen, wo der Versuch unternommen wird. Wenn sich an der gleichen Stelle eine Rutenreaktion ständig wiederholt, können Sie den Schluß ziehen, daß an dieser Stelle eine bestimmte auslösende Ursache vorhanden sein muß. So gibt es auch andere, sich auf die Zeit, die Anzahl usw. beziehende Bedingungen, die jeweils andere Ausdeutungen der Rutenreaktionen erlauben, so zum Beispiel infolge Veränderungen der Testbedingungen (unter anderem durch Benutzung unterschiedlicher Techniken). Daraufhin können Sie sich ein Bild machen von dem, was Sie suchen, worauf Sie sich geistig eingestellt haben: von seiner Position, seiner Größe, seiner Tiefe, seiner Zusammensetzung und Qualität, also von all den Gegebenheiten, die Sie innerhalb der Grenzen einer analytischen Deutung benötigen. Ich halte es für das beste, mit einem ganz einfachen Test zu beginnen und dabei die Erfahrungen aus den Übungen anzuwenden, die Sie schon gemacht haben. Ich schlage vor, daß Sie mit einer Wassermutung beginnen und versuchen, die Hauptwasserleitung im Boden zu finden, die in Ihr Haus führt.

Die Lagebestimmung

Präziser ausgedrückt: Sie versuchen, die Lage und den Verlauf der Hauptleitung in ihrem Verhältnis zur Bodenoberfläche festzustellen.

Nehmen Sie die vorher geübte Stellung ein, bei der Sie die Ruten „neutral" halten, und beginnen Sie jetzt, vor Ihrem Haus (oder auch vor mehreren Häusern) das Gelände hin und her abzuschreiten. Wie schon erwähnt: stellen Sie bezüglich der zu beobachtenden Reaktionen zunächst keine Fragen, lassen Sie die Rute „ganz von selbst" arbeiten.

Kennzeichnen Sie oder merken Sie sich jeden Reaktionspunkt. Unter Reaktionspunkt ist die Stelle zu verstehen, die sich direkt unter der Rute im Moment ihrer Reaktion befindet.

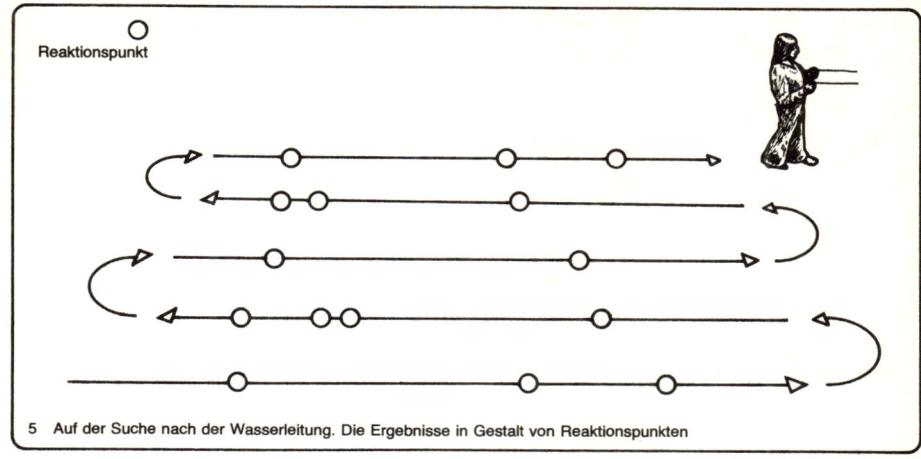

5 Auf der Suche nach der Wasserleitung. Die Ergebnisse in Gestalt von Reaktionspunkten

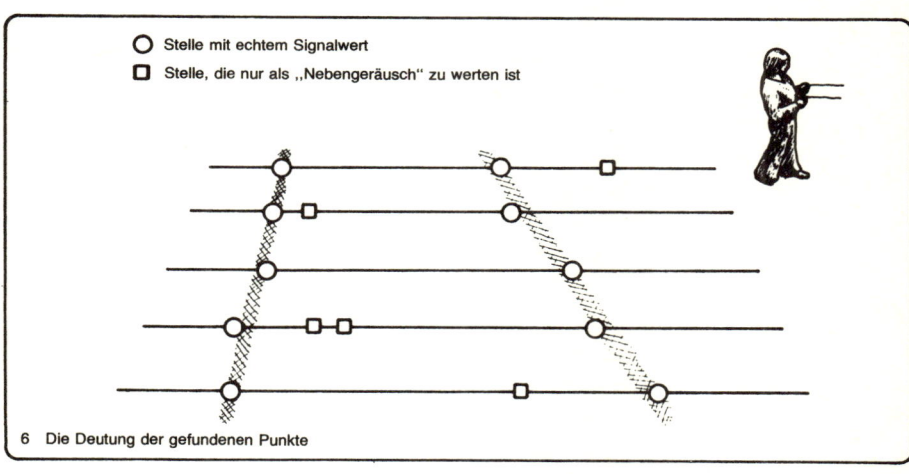

○ Stelle mit echtem Signalwert

□ Stelle, die nur als „Nebengeräusch" zu werten ist

6 Die Deutung der gefundenen Punkte

Wenn Sie nun diesen ersten praktischen Versuch gemacht haben, werden Ihre Ergebnisse wahrscheinlich denjenigen ähneln, die in der Zeichnung 5 bildlich dargestellt sind. Was besagen nun die gemachten Feststellungen? Nehmen wir zum besseren Verständnis einen Radioapparat zum Vergleich: Einige der erhaltenen Rutenreaktionen werden echte „Signale" sein, also eine bestimmte Bedeutung haben; einige andere dagegen sind mit den „Nebengeräuschen" im Lautsprechern vergleichbar, also offenbar bedeutungslos. Wie sind nun die echten Signale von den Nebeneffekten zu unterscheiden? Aus der Zeichnung 5 ist klar ersichtlich, daß einige der von uns gekennzeichneten

Reaktionspunkte eindeutig im Zickzack verlaufen. Ferner gibt es ein paar Reaktionspunkte, die etwas abseits der (annähernd) geraden Linie liegen, die von jenen Punkten gebildet wird, über denen die Ruten beim Überschreiten jedesmal etwas „angezeigt" haben. Nun – eine dieser ziemlich Geraden könnte durchaus die Lage eines Wasserrohres anzeigen. Wobei zu bedenken ist, daß viele Anfänger etwas langsam reagieren und dazu neigen, einen „echten" Reaktionspunkt ein wenig zu überschreiten, was man einen Verzögerungseffekt nennen könnte. Dadurch können sich Zickzacklinien ergeben. Daß aber ein Wasserrohr so verläuft, ist höchst unwahrscheinlich. Wir entschließen uns also, die Rutenreaktionen, die in etwa auf einer der beiden annähernd Geraden liegen, als „Signale" zu betrachten und klammern die anderen zu weit abseits liegenden Punkte zunächst einmal als „Nebengeräusche" aus (siehe Zeichnung 6).

Wiederholen Sie diese Übung mehrere Male und vergleichen Sie dann die Ergebnisse, um herauszufinden, ob sich die Rutenreaktionen an denselben Stellen in immer gleicher Weise wiederholen. Machen Sie aber nun nicht den Fehler, immer genau dieselben Resultate bei jedem Überschreiten zu erwarten, denn neben anderen Fehlerquellen könnte es möglich sein, daß sich das erste Mal Ungenauigkeiten eingeschlichen haben oder daß es sich anstatt um echte Signale überhaupt nur um „Nebengeräuschpunkte" gehandelt hat. Beim Rutengehen (und Pendeln) gibt es einige Dinge, die die unangenehme Tendenz haben, als etwas anderes zu erscheinen als das, was sie wirklich sind. Davor muß man auf der Hut sein. Denken Sie daran, wenn Sie die Übungen (auch andere als die oben beschriebenen) wiederholen und tun Sie so, als sei jeder dieser Versuche der erste, hinge nicht mit dem vorhergehenden zusammen.

Die Tiefenbestimmung

Angenommen, die Linien laut Zeichnung 6 lassen aufgrund der registrierten Signale auf den Verlauf von Wasserleitungen schließen, dann ist das nächste Problem, herauszufinden, in welcher Tiefe diese liegen. Wenn die Signale auslösende Ursache nur in wenigen Fuß Tiefe liegt, dann handelt es sich wahrscheinlich um eine Rohrleitung, und zwar aller Voraussicht nach um eine Wasserleitung, denn die meisten das Rutengehen Übenden reagieren zuerst auf Wasser, speziell auf fließendes

Wasser bei fast völligem Ausschluß irgendwelcher anderer Dinge. Sollte aber die Wasserführung in drei Meter Tiefe oder noch tiefer unter der Erdoberfläche liegen, dann ist kaum anzunehmen, daß es sich um eine Rohrleitung handelt. Die Handwerker in früheren Zeiten mögen mitunter seltsame Ideen gehabt haben, aber es dürfte doch selten vorgekommen sein, daß sie eine Wasserleitung in eine solche Tiefe verlegten. Dennoch ist es möglich, daß die von uns gefundenen Linien (laut Zeichnung 6) auf Wasserläufe deuten, denn unterirdische kleine Spalten und Rinnen, in denen Wasser fließt, sind sehr häufig.

Es gibt eine ganze Reihe von Tiefenbestimmungsmethoden, von denen man sich die eine oder andere auswählen kann. Ich glaube aber, daß die sogenannte *Bischofsregel* für den Anfänger die einfachste ist. Sie ist nach einem französischen Bischof benannt, auch wenn er nicht der erste war, der sie benutzte. Aber von ihm hat sie nun mal ihren Namen.

Bestimmen Sie wie bisher den Verlauf der Linien. Dann halten Sie ein und bleiben direkt auf der Stelle stehen, die laut Rutenausschlag das Zentrum zu sein scheint.

Verharren Sie hier ein wenig und entspannen Sie sich völlig, am besten dadurch, daß Sie ihre Arme gelöst herabhängen lassen. Mit dieser entspannten Haltung wird sozusagen der erste Teil des Experiments, die Ortsbestimmung, abgeschlossen und der nächste Schritt eingeleitet. Nun bringen Sie die Ruten wieder in die Arbeitsstellung und verlassen – dabei sehr langsam gehend – das Zentrum der Linie. Halten Sie dabei immer im Bewußtsein fest, daß Sie die Absicht haben, die Tiefe der Wasserführung festzustellen.

In einem gewissen Abstand dürften die Ruten eine Reaktion zeigen, möglicherweise in der Form, daß sich die Drähte öffnen (auseinandergehen) anstatt sich zu überkreuzen. Sie werden bemerken, daß, wenn dies in erwarteter Weise geschieht, die Rutenreaktionen nicht die gleichen sind wie die bei der Suche nach der Lage des unterirdischen Wasserlaufes.

Wiederholen Sie das mehrfach, immer vom gleichen Startpunkt ausgehend, aber von ihm aus verschiedene Richtungen einschlagend.

Diese neu gefundenen Reaktionspunkte dürften in etwa die Form eines Kreises mit dem Startpunkt als Mitte haben. Der Gedanke, der der erwähnten *Bischofsregel* zugrunde liegt, ist: ,,Die Entfernung außen (oben auf der Erdoberfläche) entspricht der Entfernung nach unten", also dem Radius des Kreises, der Entfernung zwischen Startpunkt und den verschiedenen neu gefundenen Reaktionspunkten, mit einer Ungenauigkeit von ein paar Prozenten mehr oder weniger. Jeder einzelne der neu gefundenen Reaktionspunkte gibt die Möglichkeit, die Korrektheit der anderen Punkte zu prüfen und ist zugleich eine Absicherung gegen Irreführungen und Mißdeutungen durch andere eventuell noch vorhandene Wasserströmungen oder -leitungen. Vergessen Sie nie: es ist immer angebracht, erhaltene Resultate nach Möglichkeit Kontrollen zu unterziehen.

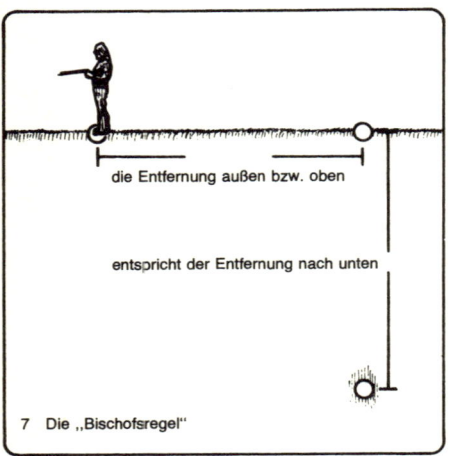

7 Die „Bischofsregel"

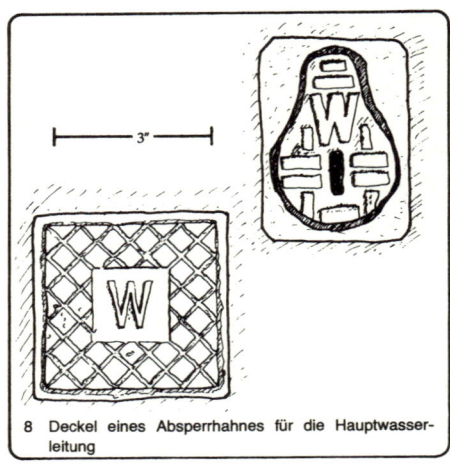

8 Deckel eines Absperrhahnes für die Hauptwasserleitung

Wenn nun diese Untersuchung ergibt, daß die Wasserführung sich in geringer Tiefe unter der Oberfläche befindet, können Sie mit ziemlicher Sicherheit annehmen, daß es sich um die Hauptwasserleitung des Hauses oder etwas Ähnliches handelt, besonders natürlich dann, wenn Sie, dem Verlauf der Punktelinie folgend, auf das Hauptabsperrventil stoßen, das sich innerhalb oder außerhalb der Grundstücksgrenzen befinden kann. Um den Verlauf der Wasserleitung bestimmen zu können, gehen Sie mit den Ruten – wie vorher bei der ersten Lagebestimmung – über die gefundene Linie hin und her, auf diese Weise eine Anzahl von Reaktionspunkten findend, unter denen die Leitung liegt. Es gibt natürlich auch noch andere Methoden, das zu tun, aber deren Beschreibung will ich mir für später aufheben.

Ich zweifle nicht daran, daß Sie die gemachten Feststellungen dann besonders schätzen werden, wenn es einmal passieren sollte, daß Ihre Hauptwasserleitung ein Leck bekommt und Sie nicht wissen, wo der außen liegende Absperrhahn zu finden ist. Doch abgesehen davon geht es jetzt zunächst einmal darum, Erfahrungen zu sammeln und das richtige „Rutenfeingefühl" zu entwickeln.

Probleme

Bei der obigen Beschreibung der zwei Übungen bin ich davon ausgegangen, daß die Sache in der dargestellten Weise einwandfrei vor sich geht. Ist das aber nicht der Fall, gibt es eine ganze Reihe von Umständen, die einer Kontrolle zu unterziehen sind, sowie die Möglichkeit, die Versuche in abgewandelter Weise durchzuführen. Die Idee liegt nahe, im Falle des Auftretens von Problemen, einige dieser Variationen zu benutzen. Man kann eventuell auftretende Probleme nach drei Hauptgesichtspunkten ordnen: Probleme mit den Instrumenten, Probleme mit den physikalischen Gegebenheiten und Probleme mit dem, was man die innere Einstellung oder geistige Haltung nennen kann.

Probleme mit den Instrumenten

Bevor Sie irgend etwas unternehmen, prüfen Sie noch einmal gewissenhaft, ob Sie die Ruten so halten, daß sie sich wirklich leicht bewegen und frei schwingen können. Prüfen Sie immer wieder, ob die Haltung der langen Drahtstücke wirklich der Horizontalen so weit wie möglich entspricht, damit diese auf die geringste Handbewegung sofort reagieren können.

Haben Sie das Gefühl, daß die Winkelruten nicht das Richtige für Sie sind und daß Sie dieses Instrument lieber gegen ein anderes austauschen sollten, dann versuchen Sie, die Übungen mit einem anderen Gerät zu machen, zum Beispiel mit einem Pendel oder einer gewachsenen Gabelrute von einem Busch oder Baum. Über beide spreche ich im nächsten Kapitel.

Physikalische Probleme

Eins dieser Probleme taucht auf, wenn an der Stelle, an der Sie ihre Übungen machen, nichts zu finden ist, die Ruten also nicht reagieren können. Dann suchen Sie andere Plätze auf. Ich habe als Beispiel das Suchen nach der Hauptwasserleitung des Hauses gewählt, aber es gibt noch eine Menge anderer Arten von unter der Bodenoberfläche befindlichem Wasser. Sie können auch nach anderen wasserführenden Rohrleitungen auf die Suche gehen, etwa nach Abflußleitungen und dergleichen, wie es sie in allen Wohngebieten gibt. Auch gibt es in den Städten oft unterirdisch geführte Kanäle, Bäche und sogar kleine Flußläufe, die nur wenige Fuß unter der Oberfläche liegen.

Seien Sie sich klar darüber, daß Sie jetzt als Anfänger normalerweise nur imstande sein werden, die Ruten über *im Boden befindlichem Wasser* zur Reaktion zu bringen (nicht über Oberflächenwasser) und daß die meisten Leute nur sich *bewegendes* Wasser zu registrieren vermögen. Es wäre durchaus möglich, daß Sie keinerlei Rutenreaktion bekommen, selbst wenn Sie mitten über einem großen unterirdischen Wasserreservoir stehen, obgleich es Ihnen eigentlich möglich sein sollte, über den Ein- und Auslaßrohren Reaktionen zu erhalten. Bei der Suche nach dem als Beispiel gewählten Hauptwasserzuführungsrohr des Hauses ist es zweckmäßig und hilfreich, wenn Sie einen Wasserhahn im Haus für ein paar Minuten aufdrehen, damit das Wasser in der Leitung in Bewegung kommt.

Zu dem Problem des Sichbewegens der Ruten durch den Wind (dagegen hilft, wenn Sie leicht Ihre Daumen auf die Drahtkrümmung legen, um den Ruten etwas mehr Halt zu geben) kommt noch hinzu, daß das Wetter und andere äußere Umweltbedingungen die Rutenreaktionen derart dämpfen können, daß so gut wie nichts geschieht. Was mich betrifft, so finde ich es sehr schwierig, bei heißem und schwülem Wetter mit der Rute zu arbeiten. Bei Ihnen kann das anders sein, aber das müssen Sie selbst herausfinden. Wahrscheinlich werden Sie feststellen, daß für Sie die günstigsten Wetterverhältnisse die sind, bei denen Sie sich körperlich und geistig am wohlsten fühlen. Doch wie dem auch sei: es empfiehlt sich immer eine mehrfache Wiederholung der Übungen zu verschiedenen Tageszeiten.

Ein weiteres physisches Problem ist das der Ermüdung. Wenn Sie finden, daß Sie körperlich oder mental müde zu werden beginnen, dann brechen Sie den Versuch ab und setzen Sie ihn an einem anderen Tag fort. Wenn Sie das nicht tun, müssen Sie damit rechnen, daß Ihre Resultate günstigstenfalls recht unterschiedlich, regellos und unbeständig werden, daß Sie sich dadurch selbst entmutigen und nur Ihre Zeit verschwenden. Damit Hand in Hand geht die Tatsache, daß sich bei vielen Rutengängern, besonders den Anfängern, während der Übungen eine starke mentale (gedankliche, geistige) Ermüdung oder gar Erschöpfung einstellt. Dehnen Sie also im Anfang Ihre Experimente nicht zu lange aus, am besten nicht über eine halbe Stunde.

Probleme der geistig-mentalen Einstellung

Ich werde auf diesen Aspekt der Sache in Kapitel 4 noch ausführlicher eingehen. Hier nur kurz die Feststellung, daß Ihre mentale Einstellung einen entscheidenden Einfluß auf den Rutengeh-Prozeß hat. Wenn Sie mit negativen Gedanken an die Sache herangehen, etwa in dem Sinne: „Natürlich kann das nicht funktionieren!", oder „Ich vermute, daß das bei mir niemals klappt!", oder wenn Sie andererseits eine übertriebene positive Haltung einnehmen wie „Die Ruten *müssen* bei mir arbeiten!" oder wenn Sie sich mühsam beziehungsweise mit Gewalt zur Konzentration zwingen, dann wird gewöhnlich der ganze Vorgang gestört oder der Erfolg wird gänzlich in Frage gestellt. Rutengehen und Pendeln hat beim Ausübenden einen empfänglichen, aufnahmebereiten Gemütszustand zur Voraussetzung, das heißt: seien Sie weder pessimistisch noch gehen Sie mit zu großer Willenskraft an die Übungen heran. Das Schlüsselwort heißt *Ruhe*. Richten Sie also Ihre Aufmerksamkeit ganz entspannt und gelassen auf das, was geschieht. Haben Sie ein bißchen Geduld, seien Sie vertrauensvoll und zuversichtlich, erlauben Sie den Ruten, von sich aus zu arbeiten. Dann werden Sie finden, daß die ganze Geschichte viel leichter vorangeht. Zweifel und innerer Widerstreit wirken sich immer beeinträchtigend aus.

3 Eine Auswahl brauchbarer Instrumente

Die Instrumente des Rutengängers und Pendlers sind mechanische Verstärker für die kleinen Nerven-Muskel-Reflexe, insbesondere derjenigen der menschlichen Hand. Mit anderen Worten: es handelt sich um Instrumente, um Anzeigegeräte, die Ihnen verraten, was Ihre Hände tun. Die meisten von ihnen sind – wie die Winkelrute, von der ich hoffe, daß Sie sie bereits ausprobiert haben – sehr einfach. (Je einfacher, um so besser, meine ich.) Sie beruhen auf dem mechanischen Verstärkerprinzip, machen kleine, ja winzige Bewegungen größer und damit bemerkbar. Tatsächlich kann man die Radiästhesie-Instrumente in Gruppen oder Klassen einteilen entsprechend ihrer Funktionsweise:

Winkelruten mit ihrem *statisch-neutralen Gleichgewicht* als Ausgangszustand;

die „klassischen" *Wünschelruten* vom Haselstrauch oder aus Fischbein, die gemäß den Traditionen früher meist als „Anzeiger" verwendet wurden und in ihrer Funktionsweise den mitunter benutzten Eimerhenkeln und Bügelsägen ähneln. Diese werden in einer *nicht ausbalancierten Spannung* gehalten;

das vielseitig bewegliche *Pendel* und seine Varianten, bei denen der Ausgangszustand ein *dynamisch-neutrales Gleichgewicht* ist.

Diese drei Typen sind die am häufigsten benutzten und sind auch diejenigen, auf die ich mich in meinen Beispielen beziehen werde. Auf andere Typen wie die Skalen- oder Abstrahlungsrute und die Weidengerten- oder Drahtnetzschlinge (die die Veränderungen der Handabstände anzeigen) und einige weitere Spezialarten will ich hier nicht eingehen, denn diese sind unhandlich und schwierig zu gebrauchen. Ihr Anwendungsbereich ist außerdem ziemlich beschränkt. Sollten Sie sich für die Handhabung gerade dieser Radiästhesie-Werkzeuge interessieren, finden Sie Beschreibungen darüber in anderen einschlägigen Büchern.

Zur Zeit experimentiere ich mit einer Art elektronischem Verstärker, der auch für Mutungen anwendbar sein soll; mit einem galvanischen Haut-Reaktionsmesser, der die Veränderungen der Widerstandsreflexe der Haut mißt; ferner mit einem Elektromyographen (elektronischer Muskelbewegungsmesser), der die Nervenimpulse registriert, die beim Ruten die Muskeln in Bewegung setzen. Schließlich experimentiere ich auch noch mit einem Elektroencephalographen (Gehirnwellen-Meßgerät), der in diesem Falle dazu benutzt wird, die Veränderungen der Gehirnwellen sichtbar zu machen, die während des Mutens von Rutenreaktionen ausgelöst werden. Ich arbeite mit diesen Geräten mehr aus sachlichem Interesse als in der Hoffnung, sie zu brauchbaren Radiästhesie-Instrumenten entwickeln zu können. Vielleicht aber sind sie doch wertvoller und nützlicher, als ich erwarte, denn schließlich sind einige der Reflexe, die normalerweise beim Muten auftreten, hinsichtlich ihrer Geschwindigkeit und ihrer Zuverlässigkeit noch nicht erkenn- und durchschaubar, wie Sie bei ihren Versuchen selbst festgestellt haben werden.

Winkelruten

Ich habe bereits beschrieben, wie man sich aus zwei Drahtkleiderbügeln ein Paar solcher Winkelruten herstellen kann, wie man sie beim Muten zu halten hat und in welch dreifach verschiedener Weise (überkreuzen, sich nach außen öffnen oder parallel nach einer bestimmten Richtung weisen) sie zu reagieren vermögen, so daß ich glaube, mich im folgenden auf die Beschreibung der Anpassungs- oder Regulierungsmöglichkeiten in bezug auf die Rutensensibilität beschränken zu können. Dazu noch ein paar weitere nützliche Hinweise auf Variationsmöglichkeiten bei den Winkelruten.

Anpassung, Regulierung, Justierung

Einige der Veränderungs- und Anpassungsmöglichkeiten sollten Sie kennen. Einmal können Sie die Horizontallage und damit die Gleichgewichts-Empfindlichkeit der Ruten verändern, ebenso den Reibungsgrad am kurzen Rutenarm – durch festeres Zupacken oder durch leichtes Auflegen des Daumens auf die Drahtbiegung –, um eventuell vorhandenen Wirkungen des Windes entgegenzuwirken.

Sie können auch die mechanische Reaktionsempfindlichkeit und den Windwiderstand beeinflussen, indem Sie die Länge der Rutenarme verändern. Am besten wäre es, wenn Sie sich einige Winkelrutenpaare verschiedener Länge anfertigten. Für Winkelruten nehme ich gewöhnlich ca. 3 mm dicken Schweiß- oder Messingdraht. Dieser ist billig und in Stücken von 75 cm Länge zu haben. Wenn ich ca. 13 cm für den kurzen, abgebogenen Arm rechne, bleiben für den langen Arm rund 65 cm übrig. Bei dieser Länge sind die Ruten ziemlich schwer und neigen dazu, die Handgelenke nach unten zu drücken. Sie haben aber andererseits den großen Vorteil, daß sie wegen ihrer Schwere besser in der stabilen Lage bleiben und daß ihre Reaktionen, wenn sie eintreten, klar erkennbar sind. Winkelruten mit wesentlich kürzeren Armen sind dagegen sehr leicht, reagieren aber gerade deswegen überempfindlich auf jede noch so kleine Handbewegung.

Der Grund ist ganz einfach der, daß die längeren Ruten eine größere Masse haben und daß das Trägheitsmoment zunimmt, je weiter der Hauptteil dieser Masse vom Drehpunkt entfernt ist. Deshalb meine ich, daß wegen der deutlicheren Reaktionen ein Anfänger besser daran tut, lieber ein längeres Rutenpaar zu benutzen anstatt ein kurzes. Der Kompromiß, den ich bei mir für am günstigsten halte, sind 3 mm dicke Drähte, bei denen die längeren Arme ungefähr 45 cm messen. Das ist auch das Maß, das in der Regel die Drahtkleiderbügel haben.

Eine Methode, die Ruten kurz zu halten und dennoch ihr Trägheitsmoment etwas zu steigern, ist, die äußeren Spitzen der Drähte mit einem Gewicht zu beschweren. Die an Weinflaschen befindlichen Bleihülsen sind für diesen Zweck gut geeignet. Das richtige Maß dieses Gewichtes müssen Sie durch Ausprobieren selbst herausfinden. Sie haben natürlich immer die Möglichkeit, durch Verwendung von schwererem und dickerem Draht das Trägheitsmoment Ihrer Ruten zu erhöhen, genau wie Sie es umgekehrt durch Benutzung von dünnerem und leichterem Material vermindern können. Aber zu leichte Ruten werden wieder zu schnell vom Winde beeinflußt. Kurz und gut: experimentieren Sie, bis Sie die Art von Winkelruten gefunden haben, mit der Sie am besten arbeiten können.

Variationen

In Ergänzung zu dem, was ich soeben bezüglich des Gewichtes usw. gesagt habe, sei noch erwähnt, daß Sie jedes beliebige Material nehmen können – Holz, Metall oder Plastik –, immer vorausgesetzt, daß die mechanischen Erfordernisse der Ruten beachtet werden. Da aber theoretisch das von Ihnen benutzte Material den ganzen Mutungsprozeß beeinflussen *kann* – mehr darüber später –, hat es den Anschein, als ob es das nur tun wird, wenn Sie es ausdrücklich wollen; weshalb wir im Moment den Schluß ziehen, daß es praktisch nicht von entscheidendem Belang ist, welches Material Sie verwenden.

Was nun den Gebrauch von Griffhülsen oder -muffen anbetrifft, so ist das Ihrer persönlichen Entscheidung überlassen. Einige Rutengänger ziehen es vor, ohne solche Muffen zu arbeiten, weil es ihnen angenehmer ist, die Rutenreaktionen direkt in der Hand zu fühlen. Andere wiederum benutzen solche Hülsen, weil die Ruten dann leichter und freier schwingen können als ohne Hülsen. Ich persönlich bevorzuge einfache hölzerne oder metallene Griffhülsen und würde Ihnen raten, es zunächst auch damit zu versuchen. Ich bin der Meinung, daß die Ausstattung von Winkelruten mit Kugellagern, wie sie von industriellen Herstellern zu „Forschungszwecken" angeboten werden, die Sache unnötig verteuert und kompliziert macht. Doch abgesehen davon: Kugellagerruten erzeugen in den Händen ein Gefühl der Schwere und Unhandlichkeit (zumindest nach meinen Erfahrungen). Wenn man sie anwendet, ähnelt das dem Versuch, einen Kreiselkompaß in eine falsche Richtung zu bringen. Zusammengefaßt: Wenn Sie Griffhülsen verwenden möchten, können Sie sich diese aus beliebigem Material herstellen. Sie müssen nur die grundsätzlichen Richtlinien beachten, die für die allgemeine Funktion der Ruten gelten; nicht nur für die Winkelruten, sondern für sämtliche Radiästhesie-Instrumente.

Die naturgewachsene Spannrute

Hier handelt es sich üblicherweise um eine Y-förmige Rute, die manchmal aus einem Gabelzweig oder -ast besteht, den man aus einer Hecke oder einem Busch herausgeschnitten hat. Mitunter findet man auch Ruten, die aus zwei Stücken elastisch-federnden Materials bestehen, die an einem Ende miteinander verbunden worden sind. Derartige Spann- oder Elastikruten werden so in die Hände genommen, daß die kleinste Handbewegung ein sofortiges Hoch- oder Niederschnellen der Rute bewirkt.

Die Herstellung

Wenn Sie so eine naturgewachsene Rute haben möchten, suchen Sie sich einen gabelförmigen Zweig oder dünneren Ast aus biegsamem Holz (unter anderem sind Haselnußsträucher, Weißdorn, Kirschbaum und ähnliche hierfür gut geeignet). Die Arme der Gabel sollten bis zu 50 cm lang sein und eine Dicke von 3 bis 9 mm haben. Schneiden Sie sich eine solche Gabelrute zurecht, wie es in Zeichnung 9 gezeigt ist. Bemühen Sie sich, beim Abschneiden den Busch oder Baum nicht mehr als unbedingt nötig zu beschädigen. Entfernen Sie alle anderen Nebenzweige, Zweigansätze und alle Blätter. Schon ist die Rute fertig für den Gebrauch. Diese vom lebenden Strauch oder Baum geschnittenen Gabelruten trocknen natürlich rasch aus und werden brüchig, Weißdorn sogar schon nach einigen Stunden. Haselstrauchruten aber halten sich ein paar Tage. Gabelruten aus Metall, Plastik oder Fischbein – letzteres Material halte ich für das beste, doch leider ist es heutzutage nicht zu bekommen – haben eine unbegrenzte Lebensdauer. Was Sie auch nehmen: Es müssen zwei Stücke eines elastischen Materials sein, deren Länge Ihrem persönlichen Geschmack überlassen bleibt, aber 30 bis 50 Zentimeter dürften für das meiste Material das richtige Maß sein. Dann verbinden Sie die beiden Stücke an einem Ende miteinander, damit die Y-Form erreicht wird. Daß Sie dabei allzu scharfe Ecken vermeiden, ist wohl selbstverständlich.

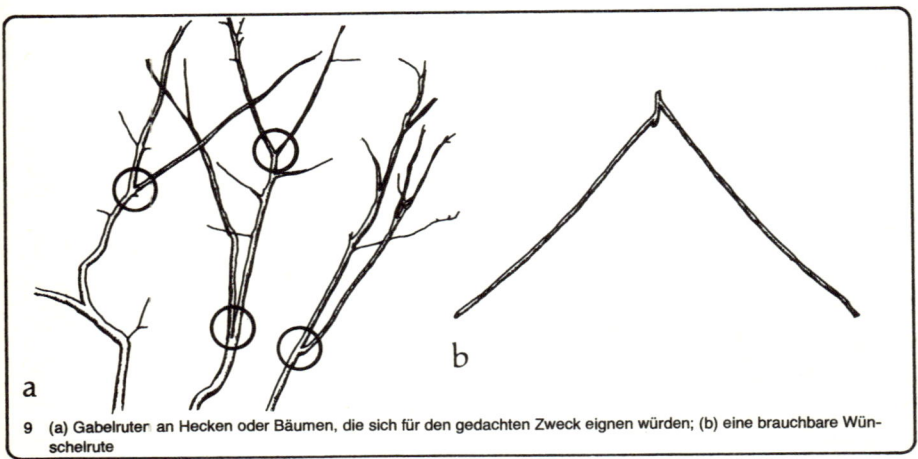

9 (a) Gabelruten an Hecken oder Bäumen, die sich für den gedachten Zweck eignen würden; (b) eine brauchbare Wünschelrute

Die Haltung

Die ideale Haltung der Rute ist die, bei der die natürliche Elastizität ausgenützt wird, um ein ausgesprochen labiles Gleichgewicht herzustellen. Es gibt viele Arten, das zu erreichen, indem Sie die Rute in verschiedenen Höhen vor Ihren Körper halten, mit der Spitze (dem zusammengebundenen Ende) entweder von Ihnen weg gerichtet oder auf Sie zu. Zwei Griffarten sind in Zeichnung 10 dargestellt. Die erste eignet sich zum Halten runder Gabelzweige oder -äste, die andere für eine Rute, die aus flachen Streifen besteht. Bei der ersten Haltungsart gehen die Rutenarme durch die locker geschlossenen Fäuste hindurch (ähnlich wie bei der Winkelrute), nur mit dem Unterschied, daß diesmal die Handteller horizontal nach oben (wie in der Zeichnung) oder auch horizontal nach unten gerichtet sind. Aus der Zeichnung 10, die das Halten der Flachstreifenrute zeigt, ist ersichtlich, daß die zwei Enden von den ersten zwei Fingern und dem Daumen gehalten werden, wobei letzterer die Spannung erzeugt, indem er die Enden gegen die Finger drückt. Die andern beiden Finger jeder Hand werden zurückgeschlagen, nur damit sie aus dem Wege sind, zu keinem andern Zweck.

Die Anwendung

Noch einmal: entspannen Sie sich mental, wenn Sie die Rute erfaßt haben und in die neutrale Stellung bringen. Das gilt für die beiden in der

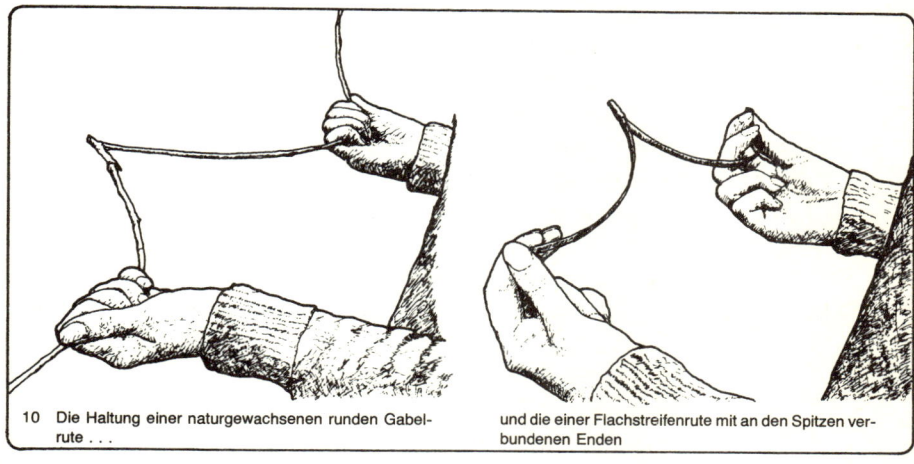

10 Die Haltung einer naturgewachsenen runden Gabelrute . . .

und die einer Flachstreifenrute mit an den Spitzen verbundenen Enden

35

Zeichnung dargestellten Beispiele, in denen die Spitze der Rute horizontal von Ihnen weg zeigt. Spannen Sie die Rute und erhöhen Sie diese Spannung, indem Sie die Arme bzw. Handgelenke etwas drehen. Haben Sie die Rute auf diese Weise in eine genügende Spannung versetzt, wird sie entweder scharf nach oben oder nach unten schnellen, sobald Sie die Hände auch nur ganz wenig in die Vertikale drehen. Haben Sie der Rute zu wenig Spannung gegeben, wird sie entweder nur sehr schwach und langsam oder überhaupt nicht reagieren. Hat die Rute aber zu viel Spannung, werden Sie es außerordentlich schwierig finden, sie einigermaßen ruhig zu halten, besonders beim Gehen. Wir haben es also hier, genau wie bei den Winkelruten, abermals mit dem Balanceproblem zu tun.

Die Rutenreaktionen können sich nur in einem bestimmten Bereich abspielen, nämlich entweder aus der Neutralstellung nach oben oder aus ihr nach unten, und – im Gegensatz zu den Winkelruten – geht die Gabelrute nicht wieder von selbst nach ihrer Reaktion in die Neutralstellung zurück. Es bleibt Ihnen nichts anderes übrig, als den Versuch zu unterbrechen und die Rute in ihre Neutralstellung zurückzuführen, indem Sie die Spannung ganz aufgeben und erneut beginnen. Immer dann, wenn ich eine lange Gabelrute benutze, geschieht es oft, daß mir die Rutenspitze beim Hochschnellen auf die Nase haut. Passen Sie also auf!

Die richtige Einregulierung

Um in der Praxis die richtige Sensibilität der Rute zu erreichen, genügt es, den Grad der Spannung, mit dem Sie die Rute halten, entsprechend zu verändern. Allgemein gesagt: je stärker die Spannung, um so rascher und deutlicher wird die Rute auf die kleinsten Bewegungen der Handgelenke reagieren, und zwar aus dem einfachen Grunde, weil der Grad der Labilität um so größer wird, je mehr die Spannung zunimmt. Sie können die Spannung der Rute nach Belieben verändern, indem Sie entweder Ihre Handgelenke horizontal etwas verdrehen oder die Hände enger zusammen oder weiter auseinander tun. Zeichnung 11 zeigt eine Flachstreifenrute in mehr entspannter und eine in scharf gespannter Haltung.

Die häufigsten Fehler beim Gebrauch von Gabelruten haben alle mit der Spannung zu tun. Entweder wird die Spannung während eines Versuchs durch irgend etwas verändert oder die Rute wird von vornherein

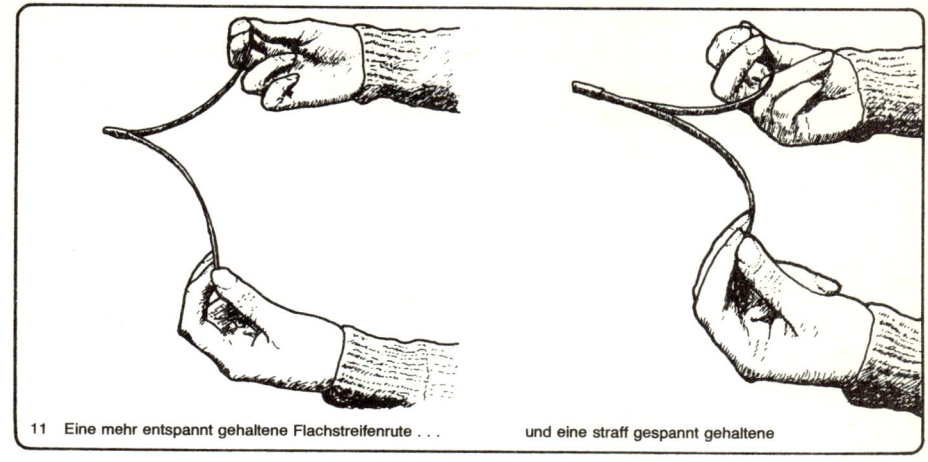

11   Eine mehr entspannt gehaltene Flachstreifenrute . . .   und eine straff gespannt gehaltene

zu scharf oder zu wenig gespannt gehalten. Bei ungenügender Spannung kann sie nicht rasch und präzis genug reagieren. Nebenbei bemerkt: der Überspannungseffekt, von dem ich bereits früher sprach, tritt beim Gebrauch von Gabelruten am häufigsten in Erscheinung. Ein anderer Fehler ist, die Rute derart fest und mit so großer Spannung zu halten, daß Sie entweder rasch ermüden oder Ihre Muskeln »blockiert« werden bis zu einem Maße, daß jede Bewegung der Rute unmöglich wird. Erinnern Sie sich an die Grundforderung: ein Zustand *innerer Entspannung* ist herbeizuführen, dabei aber trotzdem eine genügende Spannung der Rute beizubehalten. Ich wiederhole: experimentieren Sie so lange, bis Sie das Gleichgewicht zwischen Entspannung und Spannung gefunden haben.

Variationen

Alle nur denkbaren Gegenstände, die irgendwie in einem labilen Spannungszustand gehalten werden können, eignen sich als Wünschelrute, was bedeutet, daß zahllose Variationen möglich sind. Außer den am häufigsten benutzten Gabelruten aus Zweigen, kleinen Ästen oder aus Fischbein ist in einem im achtzehnten Jahrhundert erschienenen Buch eine Liste von Gegenständen aufgeführt, die alle als Wünschelruten benutzt werden können: eine Bügelsäge, ein geöffnetes Buch, eine Schere, eine Uhrfeder, ein Paar Tonpfeifen, ein Metallineal, ein Messer und eine Gabel, ein Eimerhenkel, ja sogar eine gebogene deutsche

Wurst. Wenn Sie also das Bedürfnis verspüren, auch mal etwas anderes zu versuchen, dann benutzen Sie Ihre Phantasie und Einbildungskraft, vergessen Sie aber dabei nie, daß die Reaktionsempfindlichkeit jedes als Wünschelrute benutzten Gegenstandes letztlich von seiner Elastizität und Spannungsmöglichkeit abhängt. Das heißt: bleiben Sie realistisch!

Das Pendel

In der Radiästhesie ist ein Pendel „irgendein kleines Gewicht, das durch eine flexible Verbindung von der Hand gehalten wird", was meistens bedeutet, daß es sich um ein am Ende eines Fadens hängendes lotartiges kleines Etwas handelt. Wenn ich sage: „irgendein kleines Gewicht" meine ich damit nicht, daß praktisch jeder Gegenstand von geringem Gewicht als Pendel geeignet sei. In der Tat ist das Forschen und Suchen nach Dingen, die als Pendel benutzt werden können, gewissermaßen zu einem meiner kuriosen Nebenhobbies geworden. Die Wahl eines Gegenstandes als Pendel ist mehr eine Sache der persönlichen Stimmung und Neigung, obwohl ein durchaus realistischer Hintergrund vorhanden ist. Vom Gesichtspunkt der mechanischen Bewegung aus sollte ein als Pendel dienendes Gewicht ein symmetrischer Gegenstand mit einer nicht zu langen senkrechten Achse sein. Diese Achse darf deshalb nicht zu lang sein, weil andernfalls das Pendel zu leicht ins Schwanken gerät, anstatt beim Gebrauch ruhig seine Schwin-

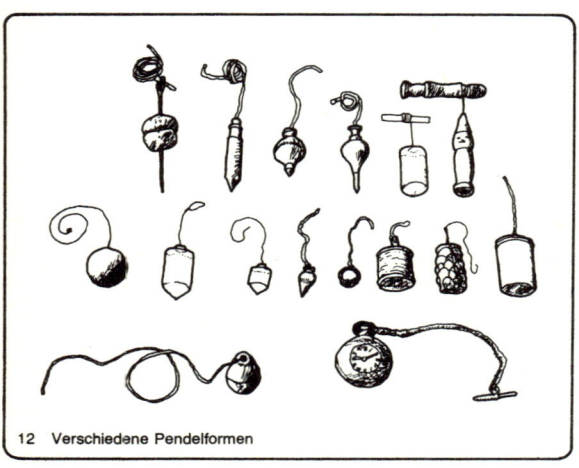

12 Verschiedene Pendelformen

13 So wird das Pendel gehalten

gungen am Faden auszuführen. Ein zwiebelförmiges Messingsenkblei, wie es die Maurer benutzen, entspricht den mechanischen Erfordernissen am besten. Aber heutzutage ein Original-Maurerlot zu finden, ist nicht einfach, wie ich bei meinem vergeblichen Suchen danach in verschiedenen alten Eisenwarenhandlungen festgestellt habe. Also beginnen Sie zweckmäßig mit einem symmetrisch geformten Gegenstand, dessen Gewicht ungefähr 60 Gramm beträgt und den Sie an einem ca. 8 cm langen Faden befestigen. Näheres darüber in dem später folgenden Absatz über Anpassung und Einregulierung.

Die Herstellung

Da Sie zur Selbstanfertigung eines metallenen Rundpendels eine Drehbank brauchen würden, ist es im allgemeinen besser, wenn Sie sich einfach ein fertiges Pendel kaufen, das in verschiedenen Ausführungen angeboten wird. Befestigen Sie es an einem festen Faden, einem Stück Angelschnur oder einer ähnlich dünnen Schnur von etwa 25 bis 30 cm Länge. Haben Sie das getan, ist Ihr Pendel dienstbereit.

Die Haltung

Aufgrund vieler Experimente habe ich den Eindruck gewonnen, daß die in der Zeichnung 13 gezeigte Haltung die praktischste ist, zumindest in bezug auf die mechanischen Funktionen. Halten Sie den Faden zwischen Zeigefinger und Daumen einer Ihrer Hände und lassen Sie zwischen Fingern und Pendel etwa 7 bis 8 cm Abstand. Das nicht benötigte Bindfadenstück wickeln Sie einfach um die anderen Finger, damit es nicht herunterhängt und im unrechten Moment die Bahnen des schwingenden Pendels stört. Die Länge der Pendelaufhängung können Sie verändern, indem Sie mit Daumen und Zeigefinger den Faden an unterschiedlichen Punkten fassen, wobei das Hauptgewicht des Pendels von den anderen Fingern getragen wird, um die der Bindfaden geschlungen ist. Es gibt natürlich noch einige andere Arten, wie man ein Pendel halten kann, doch hinsichtlich der Länge des beim Arbeiten benutzten Fadens würde ich empfehlen, sich nach dem vorstehenden Vorschlag zu richten.

Die Anwendung

Sie können das in Ruhe befindliche Pendel als neutrale Ausgangsposition betrachten, wie es einige Radiästheten tun. Ich habe aber gefunden, daß das unpraktisch ist. Ich ziehe es vor, das in Schwingung versetzte Pendel als Neutralstellung anzusehen, weil ich das Gefühl habe,

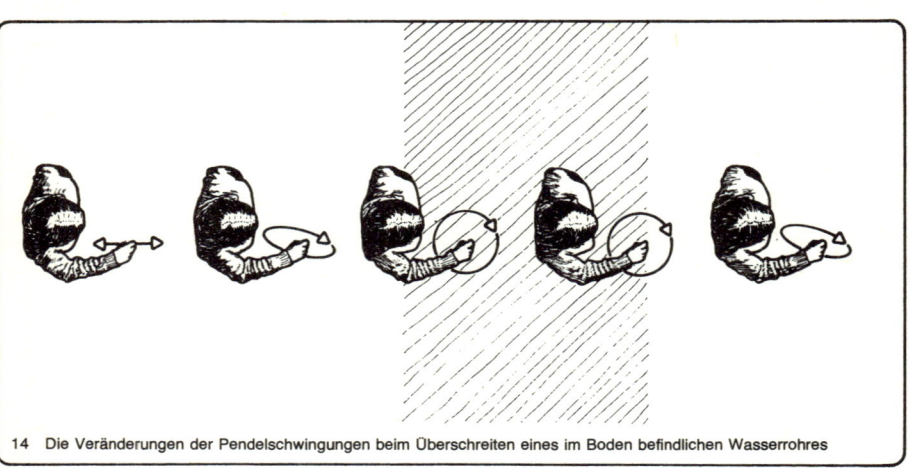

14 Die Veränderungen der Pendelschwingungen beim Überschreiten eines im Boden befindlichen Wasserrohres

daß das Pendel es so leichter hat, rascher von der Neutral- zur Reaktionsschwingung überzuwechseln. Versetzen Sie das Pendel in eine leichte Vor- und Rückwärtsschwingung und entspannen Sie Ihren Geist, während Sie das Schwingen beobachten und die Schwingungsrichtung beizubehalten versuchen. Es sind dann zwei Arten von eintretenden Reaktionen möglich: ein Übergang zu einer kreisförmigen Schwingungsbahn – entweder im Uhrzeigersinn oder entgegengesetzt – oder eine Veränderung der Hin- und-her-Schwingungsachse.

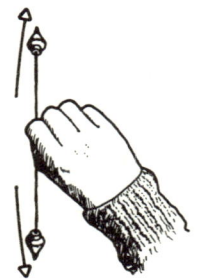

15 Die Neutralschwingung, von oben gesehen

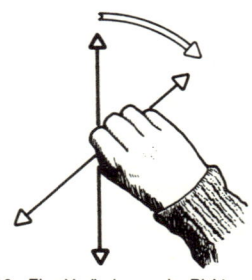

16 Eine Veränderung der Richtungsachse des schwingenden Pendels

40

Die erste Art, die Veränderung von der Vor- und-zurück-Bewegung zum Kreisen, ist die übliche Reaktion über einem Gegenstand, wie beispielsweise bei der im letzten Kapitel erwähnten Hauptwasserleitung. Wenn Sie Ihr Denken entspannen, sich auf die Beibehaltung der Pendelbewegung innerlich einstellen und sich so langsam in Bewegung setzen, wird das Pendel beim Überschreiten der Wasserleitung zu kreisen beginnen und dann, wenn Sie über die Leitung hinweg sind, wieder zur vorherigen geraden Schwingung zurückkehren. Wenn Sie aber zu schnell vorwärts gehen oder wenn das Pendel an einem zu langen Faden hängt, so daß es einige Sekunden braucht, um hin und her zu schwingen, dann werden Sie die Reaktionszone überschritten haben, bevor das Pendel Zeit hatte, die Veränderung seiner Bewegung durchzuführen. Beachten Sie das auf jeden Fall. Am besten ist es, wenn Sie die Länge der Pendelschnur so wählen, daß sich das Schwingen des Pendels Ihrem Schrittrhythmus anpaßt. Ich versuche gewöhnlich, den Pendelrhythmus so zu wählen, daß auf einen meiner Schritte eine Schwingung kommt. Das Pendel kann nun in einer der beiden Richtungen kreisen. Obwohl diesem Richtungsunterschied verschiedene Bedeutungen zugemessen werden können (was ich später erklären werde), ist es zunächst für Sie am einfachsten, das Vor und Zurück als neutral, das Pendelkreisen als Reaktion anzusehen.

Die andere Art der Reaktion, die Verschiebung der Schwingungsachse, ist nur eine Richtungsänderung, die der Reaktion der Winkelruten entspricht, wenn deren Arme parallel zueinander in eine bestimmte Richtung schwenken. Sie brauchen das jetzt noch nicht zu beachten. Ich werde aber später noch darauf zurückkommen.

Anpassung und Einregulierung

Es gibt zwei Möglichkeiten, die Sensitivität (Reaktionsempfindlichkeit) eines Pendels zu beeinflussen: einmal durch die Änderung seines Gewichtes, zweitens durch die Änderung der Fadenlänge. Ersteres ist mehr eine Sache der praktischen Anwendung als eine Sache der Empfindlichkeit. Ich empfehle: wenn Sie das Pendel beim Umhergehen benutzen wollen, werden Sie besser ein schwereres nehmen – etwa mit einem Gewicht zwischen 60 und 150 Gramm –, so daß sein Gewicht es Ihnen erleichtert, die Oszillations-Neutralschwingung beizubehalten. Benutzen Sie aber das Pendel über Stadt- oder Landkarten oder für andere detaillierte Feinbestimmungen, nehmen Sie zweckmäßigerweise ein leichtes Pendel bis hinunter zum Gewicht von 10 bis 15 Gramm, das besser geeignet ist, schnell auf die geringsten Veränderungen Ihrer Handbewegungen zu reagieren. Sie könnten natürlich das Gewicht eines Pendels steigern oder vermindern durch Hinzufügen oder Wegnehmen kleiner Bleistückchen, aber das ist doch ein bißchen umständlich, weshalb ich rate, sich lieber ein kleines Sortiment von Pendeln verschiedenen Gewichts anzuschaffen. Meine Pendelkollektion umfaßt solche von 7 bis zu 150 Gramm aus Messing, Stahl, Holz und Plastik, obwohl ich zugebe, daß ich die meisten davon nicht oft benutze. Wenn Sie sich nur die Anschaffung eines Pendels leisten können oder sich mehrere nicht besorgen können, dann beachten Sie, daß ein etwas schwereres Pendel geeigneter ist als ein zu leichtes.

Das Herausfinden der passenden Fadenlänge ist, wie schon gesagt, ebenfalls wichtig. Viele Verfasser von Büchern über Rutengehen und Pendeln messen ihr eine solche Bedeutung zu, daß sie diesem Thema ein ganzes Kapitel gewidmet haben. Die eindeutig beste Länge des Fadens hängt vom Gewicht des Pendels und davon ab, was man „den natürlichen Bewegungsrhythmus (Frequenz) der Hand" nennt. Um hier eine Art Gleichnis zu gebrauchen: Es ist ähnlich wie beim Einschlagen eines Nagels mit einem Hammer. Die meisten Leute werden das tun, indem sie mit kurzen Schlägen in regelmäßigen Abständen die Nagelkuppe treffen. Dieser Rhythmus hat eine Beziehung zum Schwingungstempo des Pendels in der Hand der betreffenden Person. Die Geschwindigkeit, mit der der Hammer beim Nageleinschlagen benutzt wird, hängt zum Teil vom Gewicht des Hammers, zum Teil von der Länge seines Stieles ab, ferner von einigen körperlichen Gegebenheiten wie Stärke des Handgelenks, der angewandten Kraft usw. Alle diese Dinge zusammen bestimmen den natürlichen Schlagrhythmus. So ist bei der Wahl der Fadenlänge die Hauptbedingung klar: je größer das Pendelgewicht, um so länger die benötigte Schwingungszeit und um so länger die dazu passende Schnur. Durchschnittlich sollte die Länge des Fadens bei einem Pendel mit etwa 100 Gramm bei 10 bis 13 cm liegen, während die passende Länge bei einem sehr leichten Pendel von etwa 15 Gramm bei 4 bis 5 cm liegen dürfte. Aber diese Angaben sind nur als eine grobe Faustregel zu betrachten. Sie finden am besten selbst heraus, welche Fadenlänge jeweils für Sie diejenige ist, die dem natürlichen Schwingungs- und Bewegungsrhythmus Ihrer Hand entspricht. Verkürzen oder verlängern Sie den Faden gegebenenfalls etwas, bis er Ihrem Gefühl nach die richtige Länge hat.

Wenn die Anpassung zwischen Pendelgewicht und Fadenlänge nicht stimmt, werden Sie bemerken, daß die Pendelschwingungen – besonders bei schwereren Pendeln – sprunghaft und irgendwie verkrampft sind, wohingegen, wenn die Abstimmung der beiden Faktoren einwandfrei ist, der Schwingungsrhythmus ruhig und gleichmäßig ist und nahezu wie von selbst vor sich geht. Ein Pendel wird, wenn die genannten Bedingungen gut erfüllt wurden, zu einem zuverlässigeren Aussageinstrument werden als wenn die Anpassung Mängel aufweist. Doch zum Glück ist die Erfüllung dieser Anpassungsbedingungen im Anfangsstadium unserer Pendelübungen keineswegs von allein entscheidender Bedeutung. Die richtige Regulierung des Verhältnisses zwischen Pendel und Fadenlänge ist für jeden Pendler letztlich eine Sache der praktischen Erprobung. Nach einer gewissen Zeit werden Sie feststellen, daß Sie, wenn Sie irgendein Pendel in die Hand nehmen, fast automatisch die richtige Fadenlänge herausfinden.

Variationen

Die meisten Pendel sind kleine Gegenstände, die an einem Bindfaden (oder irgendeiner ähnlichen Aufhängung) befestigt sind. Ab und zu habe ich jedoch Pendler getroffen, die ihr Pendel an einer Feder (Sprungfeder) befestigten. Ich selbst habe ein Pendel benutzt, das aus einem langen, elastisch-federnden Stab beziehungsweise einer Rute bestand – in diesem Falle aus einem Stück Schweißdraht –, der an dem einen Ende in einem Handgriff eingelassen war. Diese beiden Abarten funktionieren in der gleichen Weise wie ein gewöhnliches Pendel und benötigen deshalb auch eine entsprechende Anpassung bzw. Einregulierung. Beide haben den Vorteil, daß sie in jedem beliebigen Winkel gehalten werden können. Der Pendler hält sie meist waagerecht vor sich, im Gegensatz zu dem normalen Pendel, das lotrecht herabhängt. Beide Abarten haben aber wiederum den Nachteil, daß sie für Richtungsbestimmungen ziemlich schwierig zu handhaben sind.

Welches Instrument ist das beste?

Alle! Sie sind, jedes in seiner Art, brauchbar, haben ihre Vorteile und Nachteile. Das Pendel ist das beweglichste und vielseitigste der drei verschiedenen Arten, teils wegen seiner raschen und präzisen Reaktionsweise, teils deshalb, weil man eine Hand frei hat, um damit andere erforderliche Bewegungen auszuführen. Die naturgewachsene Gabelrute ist die am wenigsten bewegliche, und ihre Handhabung ermüdet ziemlich rasch. Andererseits ist das Pendel am leichtesten beeinfluß- und ablenkbar, ist psychologisch gesehen das gegen Störungen empfindlichste Instrument (darüber mehr im nächsten Kapitel). Bei schlechtem und windigem Wetter ist bei der Arbeit im Freien die klare Ja- oder Nein-Reaktion der Gabelrute durch kein anderes Instrument zu übertreffen. So lautet die Frage eigentlich gar nicht, welches Instrument an sich das beste ist, sondern eher, welches der verschiedenen Arten für einen bestimmten Zweck das geeignetste ist.

Körperliche Reaktionen

Die von mir beschriebenen Instrumente sind Werkzeuge, die Ihnen verraten, welche feinen Bewegungen Ihre Hände ausführen, nichts weiter. Aber es ist möglich, daß Sie auch noch andere Reflexe als die von den Instrumenten angezeigten beobachten und benutzen können, Reflexe, die Sie erkennen lassen, daß Ihr Körper – gleichzeitig mit den Instrumentenbewegungen – in einer besonderen, von Ihnen bemerkbaren Weise reagiert, wenn Sie die jeweiligen Reaktionspunkte überschreiten. Einige Rutengänger haben gefunden, daß ein prickelndes, kribbelndes Erregungsgefühl in ihren Händen, das gleichzeitig mit den Instrumentenreaktionen auftritt, für sie eine zuverlässigere „Meldung" ist als die Instrumentenbewegungen selbst. Einige dieser Radiästheten muten jetzt nur mit ihren vor sich hin gehaltenen Händen, ähnlich, als ob sie mit verbundenen Augen Blindekuh spielen würden.

Es gibt noch viele andere mögliche Körperreaktionen, die Sie beachten und deuten können: ein momentaner, vorübergehender Schmerz in der Magengegend, ein Gefühl, als verlören Sie das Gleichgewicht, eine plötzliche Anspannung der Rücken- oder Halsmuskeln, ein Zucken der Augenlider, ein Gähnen, ja sogar, wie es einem meiner Freunde passierte, eine Serie von Schluckaufs. Da viele Leute, wenn auch nicht alle, die Auswertung ihrer bloßen Handreflexe zu erkennen und zu üben imstande sind und weil bei verschiedenen Personen diese Körperreaktionen auch durchaus unterschiedlich sind, kann ich Ihnen nur raten, darauf zu achten, in welch spezieller Weise *Ihr* Körper während der Arbeit mit Rute oder Pendel reagiert. Wenn Sie es verstehen, Ihren eigenen Körper als radiästhetisches Werkzeug zu gebrauchen, können Sie die von mir beschriebenen, mehr oder weniger als „Krücken" dienenden Instrumente beiseite legen, denn diese sind in der Tat ja nichts weiter als „Krücken" bzw. Anzeigeverstärker für Ihre Intuition. Eins der wichtigsten Dinge, die Sie als angehender Rutengänger lernen müssen, ist: Das Ziel besteht nicht darin – wie es bei den sogenannten konventionellen Wissenschaften der Fall ist –, immer größere und kompliziertere „Krücken" und Hilfsmittel zu finden und zu benutzen, sondern im Gegenteil nach der größtmöglichen Einfachheit zu streben. Und was könnte einfacher sein, als Ihren eigenen Körper als Reaktionsanzeiger zu benutzen?

Ursachen und Wirkungen beim Ruten und Pendeln

All das bringt mich zurück zu dem, was ich am Anfang dieses Kapitels sagte: „Die in der Radiästhesie verwendeten Instrumente sind nichts anderes als mechanische Verstärker kleiner Nerven-Muskel-Reflexe, gewöhnlich und am häufigsten der Handreflexe". Der Kernpunkt dieser kühn klingenden Behauptung bezieht sich auf die einfache Tatsache, daß in nahezu allen Fällen die eigentliche Ursache der Instrumentenbewegungen die sogenannten neuromuskulären Reflexe sind, die von dem mit den Muskeln verbundenen Nervensystem ausgelöst werden. Ich glaube, das ist sehr leicht einzusehen und auch zu demonstrieren. Wenn Sie aber noch weiter zurückgehen und die tieferen Ursachen der Reaktionen finden wollen, die den zu beobachtenden Reaktionen vorangehen, so ist das eine mehr als fragwürdige, höchst verwirrende Sache, was der Grund ist, daß ich davon absehe, über mögliche allerletzte bzw. allererste Ursachen und Ursachenimpulse der Instrumentenreaktionen zu theoretisieren.

Der Grund ist der, daß wir es mit zwei Arten von Reflexen zu tun haben: einmal mit dem einfachen automatischen Reflex, der dem gleicht, der auftritt, wenn der Arzt zum Zwecke eines Nerventests mit seinem Hämmerchen unter Ihr Knie schlägt. Die zweite Art ist ganz und gar nicht einfacher Natur, sondern besteht aus einer Vielfalt mentaler Reflexe, den sogenannten „bedingten Reflexen". Es ist gewöhnlich unmöglich zu sagen, welche Art von Reflexen jeweils in Funktion tritt. Einfache Erscheinungen wie Temperaturunterschiede, Töne und Gerüche, ja sogar kleine Hintergrund-Veränderungen der Strahlungsverhältnisse und der lokalen Magnet- und Gravitationsfelder können zu Auslösern einfacher Reflexe werden und tun das auch oft. Die tieferen Auslösungsursachen der mentalen Reflexe aber sind außerordentlich kompliziert, entziehen sich jeglicher physikalischen Definition, sind weitgehend unerkennbar und unbestimmbar. Die schlichte Tatsache dieser Komplexität und der Umstand, daß sie mit der Gesamtheit des menschlichen Geistes verbunden ist, führt uns zu dem äußerst heiklen Problem der psychophysiologischen oder auch „psychologischen" Störungsmöglichkeiten beim Ruten und Pendeln. Darüber nun im folgenden Kapitel.

4 Psychologische Beeinflussungen und Störungen

Überspringen Sie dieses Kapitel nicht; es ist wichtig!

Die Worte „psychologische Störungen und Einmischungen" sind eine allgemeine Bezeichnung für eine ganze Reihe von Problemen, die alle mit den Einwirkungen des menschlichen Geistes auf den Mutungsprozeß – beim Rutengehen wie beim Pendeln – zu tun haben. Wie auch immer dieses Einwirken vor sich gehen mag, es hat sozusagen „zwei Gesichter". Obwohl es einerseits wahr ist, daß diese Einflüsse die Ursachen der meisten Fehler und Trugschlüsse beim radiästhetischen arbeiten sind, sind sie gleichzeitig die Quelle der überraschenden Anpassungsfähigkeit und Vielseitigkeit der einzelnen Rutengänger und Pendler und der von ihnen benutzten Werkzeuge. Ruten und Pendeln ist im wesentlichen eine subjektive und persönlichkeitsabhängige Angelegenheit. Um wirklich zuverlässige Ergebnisse zu erhalten, ist es erforderlich, gerade diesen subjektiven Aspekt der ganzen Sache sorgsam im Auge zu behalten und zu kontrollieren. Was aber sind nun die eigentlichen Schlüsselfaktoren bei dieser Subjektivität, und wie sind sie kontrollierbar?

Es sind drei Hauptpunkte, die es besonders scharf zu beobachten gilt. Der erste Punkt ist das Bemühen, ganz bewußt die Automatismen des Ruten- oder Pendelvorganges zu kontrollieren. Der zweite Punkt betrifft das Sich-Einmischen bzw. Aufdrängen bewußter und halbbewußter Glaubensneigungen und Voreingenommenheiten und damit verbunden das Problem des Fehlens der Fähigkeit, den Geist konzentriert auf das gerichtet zu halten, was Sie beabsichtigen und erwarten. Der dritte Punkt schließlich ist das Sich-Bemerkbar-Machen von aus dem Unterbewußtsein kommenden Denk- und Gefühlsgewohnheiten und der daraus resultierenden Vorurteile. Der letztgenannte Punkt ist der am meisten ernst zu nehmende. Es gibt natürlich auch noch andere

Probleme, die aber von geringerer Bedeutung sind und die Sie im Zuge der fortschreitenden Praxis und zunehmenden Erfahrungen selbst zu erkennen und zu überwinden imstande sein werden.

Ablenkungen und Verwirrungen

Betrachten wir zuerst jene Einmischungs- und Störfaktoren, die beim automatischen Teil des Mutungsprozesses auftreten können. Wie bei jeder Aneignung einer Kunst- und Handfertigkeit müssen Sie so lange praktisch üben, bis die Bewegungen des rein handwerklichen Teils der Sache automatisch geworden sind, also den Charakter einer Reihenfolge von Reflexaktionen und -reaktionen angenommen haben. Wenn der Körper beziehungsweise seine Nerven und Muskeln einmal wissen, was sie zu tun und zu lassen haben, können sie die betreffenden Funktionen rasch und erfolgreich ausführen, solange der bewußte Verstand sich nicht einmischt und mit entgegengesetzten Befehlen dazwischenfunkt. Es ist ähnlich wie beim Erlernen des Radfahrens. Das ist, wie jeder weiß, eine Sache des Balancehaltens, des Ausgleichens einiger entgegengesetzter Kräfte, ohne daß der Radfahrer weiß, wie oder warum er das zuwege bringt. Wenn er anfängt, darüber nachzudenken und befürchtet, das Gleichgewicht zu verlieren, ist die Folge, daß er prompt vom Rad fällt. Das gleiche geschieht auch, wenn einer, der an einem nervösen Tic (Muskelzucken) leidet, sich bemüht, das Zucken bewußt unter seine Kontrolle zu zwingen. Das Resultat ist, daß der Tic nur um so stärker wird. Das gleiche ist der Fall beim Rutengehen. Ich habe mehrfach „Auch"-Rutengänger gesehen, in deren Händen eine Gabelrute vom Haselstrauch zerbrach, weil sie versuchten, deren Bewegungen in ihren Händen zu verhindern. Nach ein wenig Praxis werden Sie selbst rasch erkennen, welche Reaktionsmuster für das eine oder andere Instrument typisch sind. Wenn diese Reflexe eintreten, dann lassen Sie es geschehen. Mischen Sie sich nicht ein!

Das Dirigieren und Umdirigieren

Es ist erforderlich, Ihre Instrumente zu kontrollieren und die Art der von ihnen ausgeführten Bewegungen zu steuern im Hinblick auf den Umstand, daß unterschiedliche Typen von Instrumenten auch unterschiedliche Probleme mit sich bringen. Sie müssen so weit kommen, daß Sie die Reaktionen zu kontrollieren vermögen. Da Sie das nicht direkt und unmittelbar (mit dem bewußten Willen) tun können, müssen Sie es indirekt tun. Wenn Sie auf einem Fahrrad sitzen, denken Sie auch mehr an das Ziel, zu dem Sie gelangen wollen als daran, wie Sie das Rad zu lenken haben. Auch beim Ruten und Pendeln ist es das beste, wenn Sie Ihre Aufmerksamkeit auf den Endeffekt einer eingetretenen Reflexbewegung richten, es dann aber Ihrem Körper überlassen, unbewußt die weiteren Reflexe oder Reflexserien hervorzubringen.

Beobachten Sie nur aufmerksam, was geschieht. Wenn Sie das tun, wird Ihr Körper von selbst wissen, wie er sich zu verhalten hat. Der einfachste Weg, das bei der praktischen Arbeit zu erreichen, ist, die jeweils benutzten Instrumente so zu behandeln, als besäßen sie ein Eigenleben und eine Art von „Verstand", was natürlich im engeren Sinne des Begriffes nicht der Fall ist. Ich betrachte manchmal meine Instrumente als eigensinnige, rechthaberische Kinder, die erst daran denken, etwas zu tun, wenn man sie ausdrücklich darum bittet, die aber bestimmt den Gehorsam verweigern, wenn man versucht, sie zu etwas zu zwingen. Gelegentlich lügen sie auch, sind schlecht gelaunt und trotzig und verweigern rundweg die Mitarbeit, so daß einem nichts anderes übrig bleibt, als mit etwas List, Einfallsreichtum und Verstand doch noch die gewünschten Resultate zu erzielen.

Als Illustration zu dem Gesagten nachstehend ein Experiment. Ich habe dafür die Benutzung eines Pendels oder eines nach dem Pendelprinzip arbeitenden Instruments vorgesehen. Sie können aber auch andere Arten von Instrumenten dazu nehmen, wenn diese auch im vorliegenden Fall weniger praktisch sind.

Nehmen Sie ein Pendel und bringen Sie es in die Neutralstellung, das heißt, versetzen Sie es in leichte Schwingungen vor und zurück. Prüfen Sie, ob die äußeren Gegebenheiten und Ihre innere Einstellung korrekt sind. Das ist wichtig.

Fordern Sie das Pendel durch hörbares Aussprechen auf, im Uhrzeigersinn zu kreisen. Wenn Sie es wollen, können Sie es auch entgegen dem Uhrzeigersinn kreisen lassen, aber auf jeden Fall muß Ihre Aufforderung völlig klar sein, weil sonst das Pendel – oder besser Ihre Handreaktion – in Verwirrung gerät. Die Folge wird sein, daß sich die Hin-und-her-Bewegung des Pendels innerhalb weniger Sekunden in ein kreisförmiges Schwingen verwandelt, und zwar in der gewünschten Drehrichtung.

Jetzt geben Sie den Stopbefehl. Das Pendel wird daraufhin in die neutrale Schwingung zurückkehren oder ganz und gar zum Stillstand kommen. Sollte letzteres der Fall sein, versetzen Sie es selbst wieder in die neutrale Vor-und-zurück-Schwingung.

Wiederholen Sie dieses Experiment, geben Sie aber diesmal keinen hörbaren Befehl, sondern *denken* Sie lediglich (stellen Sie sich geistig vor), wie das Pendel vom Hin-und-her-Schwingen zum Kreisen übergeht. Haben Sie das getan, bringen Sie es wieder in die Neutralstellung zurück.

Der letzte Teil ist übrigens geeignet festzustellen, ob die Anpassung und Einstimmung des Pendels in Ordnung ist. Sind alle Bedingungen richtig erfüllt, müßten Sie imstande sein, das Experiment mit verbundenen Augen auszuführen. Ist aber nicht alles in bester Ordnung, wird ein Blindversuch nicht gelingen.

Weitere gelegentlich auftretende Einflüsse

Es besteht die Möglichkeit, daß sich weitere aus bewußten oder halbbewußten Voreingenommenheiten und Erwartungen stammende Einflüsse in den Mutungsprozeß einmischen. Diese Vorurteile und mißtrauischen Vermutungen sind die Ursachen von mancherlei gedankenlosen und mitunter auch „geistreichen" Mißverständnissen und Fehlschlüssen, vor allem dann, wenn die letzteren vorschnell gezogen werden. Das zu demonstrieren ist ein anderes Experiment geeignet.

Ziehen oder ritzen Sie irgendwo eine Linie auf den Boden. Sie können sie mit Kreide oder einem Stück Bindfaden deutlicher sichtbar machen.

Jetzt greifen Sie zu einem Ihrer Instrumente, bringen es in die Neutralstellung und gehen auf die Linie zu. Sagen Sie zu sich selbst mit größtmöglicher Überzeugung, daß diese von Ihnen gezogene oder markierte Linie einen unterirdisch fließenden Wasserlauf kennzeichnet. Und jetzt beobachten Sie, was geschieht, wenn Sie die Linie kreuzen.

Wischen Sie nun die Linie weg oder entfernen Sie die Markierung und wiederholen Sie den Test in der gleichen Weise. Bilden Sie sich ein (wiederum mit gespielter Überzeugung), daß unter dem Punkt, wo Sie die Markierung überschritten haben, ein Wasserlauf sei. Und beobachten Sie abermals, ob und welche Reaktionen eintreten.

Jetzt wiederholen Sie das Experiment im umgekehrten Sinne. Sie gehen ins Freie oder zu irgendeiner Stelle, wo Sie schon mehrfach Reaktionen Ihrer Instrumente festgestellt haben. Gehen Sie langsam über den Reaktionspunkt, wie Sie es bisher auch getan haben, reden beziehungsweise bilden Sie sich aber jetzt ein, daß da absolut nichts zu finden ist und daß die ganze Rutengängerei und Pendelei nichts als purer Blödsinn ist. Sind die Reaktionen Ihres Instruments jetzt anders als vordem?

Hierbei geht es mir darum, Ihnen verständlich zu machen, daß Sie auf der Hut sein müsen vor so simplen Fehlschlüssen wie: ,,Wenn ich das letzte Mal an dieser Stelle eine Reaktion bekommen habe, sollte das jetzt ebenso der Fall sein.'' Möglicherweise werden Sie jetzt eine andere Art von Reaktion erhalten, was Sie aber noch nicht zu der Aussage berechtigt, daß sie richtig sei. Die Dinge und Umstände ändern sich, und es könnte durchaus sein, daß Sie das erste Mal das Opfer einer Mißdeutung geworden sind. Das ist der Grund, weshalb Sie vermeiden sollen, die Annahmen und Schlußfolgerungen, die Sie aus einem früheren Experiment gezogen haben, in eins der folgenden Experimente mit hinüberzunehmen, weil Sie sonst in die Gefahr geraten, den vorher begangenen Fehler und die daraus abgeleiteten falschen Schlüsse noch einmal zu machen. Sammeln Sie sich vor jedem neuen Experiment und machen Sie Ihren Geist frei von allen Erinnerungen an die Eindrücke, die vergangene Experimente betreffen.

Seien Sie unter allen Umständen kritisch-wachsam und lassen Sie nicht zu, daß irgendwelche zu beobachtenden Dinge und Vorgänge um Sie herum Sie dazu verleiten, vorschnell Vermutungen zu äußern oder gar aufgrund einer ,,Augenscheinlichkeit'' abschließende Schlußfolgerungen zu ziehen und auszusprechen. Sie müssen sich selbst und insbesondere Ihre Gedankengänge ebenso aufmerksam beobachten und prüfen wie Ihre jeweilige Umgebung.

Absichtliche Beeinflussungen

Diese sind die andere Seite des zweischneidigen Schwertes, die brauchbare und nützliche Seite. Es handelt sich ganz einfach um die bewußte Anwendung dessen, was auf der andern Seite zufällige und beiläufige Beeinflussungen sein können, um eine Methode des Auswählens oder Filterns verschiedener Informationsimpulse, um das Herauskristallisieren eines echten „Signals" aus einem Wust von Hintergrundgeräuschen, ähnlich wie beim Radioempfang. Gleich dem Unkraut sind solche beiläufigen und unerwartet auftretenden Störeinflüsse nichts weiter als lästige, unangenehme Begleiterscheinungen, die sich manchmal am falschen Ort und zur falschen Zeit bemerkbar machen.

Eine einfache Verhaltensweise ist zum Beispiel die, eine zu kraftvoll einsetzende Ruten- oder Pendelreaktion etwas zu dämpfen oder zu drosseln oder auch den kräftigen Impuls zunächst zwar zur Kenntnis zu nehmen, aber einem schwächeren nachzuspüren, so wie man beim Radio eine zu große Lautstärke vermindert. Das erreicht man, wie in dem Experiment auf Seite 49 beschrieben, durch gezieltes Ausrichten der Gedanken auf das, was man feststellen will. Ich tue das gewöhnlich, indem ich zu mir sage: „Gut, ich weiß, daß da etwas ist; aber was ist außerdem noch vorhanden?" Ich hoffe, daß ich mich ausreichend verständlich gemacht habe.

Die nützlichste Anwendung dieser vorsätzlich gewollten Beeinflussung ist qualitativer Art, entspricht in etwa der Abstimmungskontrolle beim Rundfunkempfang. Um das noch besser verständlich zu machen: Als Sie mit den ersten, am Anfang dieses Buches beschriebenen Experimenten begannen, spielte es zunächst keine Rolle, was Sie als Reaktionsauslöser gerade erwischten. Irgend etwas Beliebiges war geeignet, Ihnen die ersten Erfahrungen zu vermitteln. Nachdem Sie aber so weit gekommen sind, daß Sie mit der ernsthaften praktischen Arbeit beginnen können, wollen und müssen Sie wissen, was es ist, worauf Ihre Instrumente reagieren, ob sie das anzeigen, was Sie gezielt suchen. Eine Methode, das zu tun (es gibt auch andere), ist, sich absichtlich und konzentriert den Einflüssen zu öffnen, die Sie erkennen lassen, ob tatsächlich das vorhanden ist, wonach Sie suchen. Beherrschen Sie diese „Kunst", können Sie von anderen Dingen ausgehende Impulse in der Tat ausschließen. Dazu ist aber erforderlich, daß Sie das, was Sie suchen, klar und präzis in Gedanken festhalten. Wenn Sie das nicht tun, werden sich, genau wie bei einem schlecht eingestellten Radioapparat, Störungen und Verzerrungen einschleichen. Diese Technik der geistigen, vorstellungsmäßigen Einstimmung hat den großen Vorteil, daß sie sehr einfach ist. Einer meiner Freunde beschreibt das so:

„Wenn ich nach etwas Bestimmtem suche, muß ich in Gedanken das Bild der Sache festhalten, die ich finden will, entweder in Gestalt einer mental-bildhaften Vorstellung oder durch innerliches Sprechen. Wenn es mir nicht gelingt, meinen Geist von anderen Einflüssen und Vorstellungen freizuhalten, kann ich nicht damit rechnen, das Gesuchte zu finden. Wenn Sie mit einem Instrument in den Händen dahingehen, um Wasser zu suchen, und Sie denken dabei, sagen wir, an einen Eisenbahnzug, der vielleicht in der Nähe vorüberfährt, dann würde das einem Abwandern Ihrer Gedanken gleichkommen, und Sie bekämen nicht die gewünschte Ruten- oder Pendelreaktion. Sie müssen es fertigbringen, Ihren Geist scharf und konzentriert auf das eingestellt zu halten, was Sie suchen."

Achten Sie also nicht auf solche „vorbeifahrenden Züge", die sich in Ihr Denken eindrängen. Über dieses geistige Auswahlverfahren, diese innere Feinabstimmung, mehr in den nächsten Kapiteln.

Unbewußte Einflüsse

Diese bewirken Störungen, die den gelegentlich und zufällig von außen kommenden ähneln, doch ihre Auswirkungen auf die Mutungsergebnisse sind oft recht ernsthafter Natur, und zwar ganz einfach deswegen, weil ihre Quelle das Unbewußte ist. Einige dieser Begrenzungs- und Unmöglichkeitsvorstellungen und die sich daraus ergebenden Vorurteile, die den ganzen Mutungsprozeß mit immer gegenwärtigen Zweifeln und Voreingenommenheiten erfüllen können (insbesondere bei den komplizierteren Arbeiten des Stadt- und Landkartenmutens), sind oft so tief im menschlichen Unterbewußtsein verankert, daß selbst Personen, die sich ehrlich einer offenen Geisteshaltung befleißigen, sich nicht ganz davon freimachen können und es sehr schwierig finden, zuverlässige Resultate zu bekommen. In der Theorie besteht der einzige Weg, dieses Problem zu meistern, darin, das eigene Ich aus dem Vorgang ganz und gar auszuschalten, ausgenommen natürlich jenen Teil des Ichs, der für die bewußte Richtungsweisung und Kontrolle dessen, worauf man sich konzentriert, erforderlich ist. „Der Beobachter als ‚Beobachtendes Ich' hat während des Beobachtungsvorganges keine Rolle zu spielen."

Das ist natürlich nur ein „theoretisches Ideal", aber im Laufe der Praxis und mit zunehmender Erfahrung sollten Sie nach und nach fähig werden, diesem Ideal wenigstens einigermaßen näherzukommen. Ich denke mir, daß das Problem der Ich-Isolierung aus dem Mutungsprozeß am besten erreichbar ist auf dem kontemplativen oder meditativen Weg, das heißt in Form eines nachdenklichen Betrachtens und Einschätzens der eigenen Person im Verhältnis zu dem Werk, das getan werden soll. Dabei sind die Begriffe Kontemplation, Versenkung und Meditation mehr im philosophisch-psychologischen als im spezifisch religiösen Sinne zu verstehen. Sollten Sie schon über einige Erfahrungen in der Meditationspraxis verfügen, dann benutzen Sie diese bei Ihrer Arbeit mit Rute und Pendel, entweder direkt oder mit den geeigneten Abwandlungen. Sollten Sie einschlägige Erfahrungen nicht haben, dann bemühen sie sich, Ihre Gedanken auf die folgenden drei Punkte zu richten: Auf die Gleichgewichts-(Neutral-)Haltung des benutzten Instrumentes, auf den Ort, wo Sie sich befinden und auf das Problem beziehungsweise die Frage, die zu beantworten Sie sich vorgenommen haben, und auf jene spezielle Technik, die anzuwenden Sie sich entschlossen haben. Ich rate Ihnen, Ihren Geist, auf diese „Dreiheit" eingestimmt, *zur Ruhe zu bringen*. Abgesehen von dem Teil des Geistes, der als Leiter der ganzen Operation bewußt zu bleiben hat (der die Aufgabe als Ganzes stellt und das Vorstellungsbild auswählt und festhält, auf das die Suche und Forschung ausgerichtet ist), hat Ihr Denken *rezeptiv*, also auf Empfang, eingestellt zu sein nicht aktiv.

Fort also mit dem Bestreben, „unbedingt ein Resultat erzielen zu wollen", fort mit der „Konzentration" im üblichen Sinne des Wortes, und fort auch mit den Zweifeln an Ihrer Fähigkeit, das tun zu können; denn das alles sind ebenfalls aktive Geisteszustände! Das Bemühen, „Beweise" zu erlangen, ist auch eine Form des Zweifelns, hat also ebenfalls zu verschwinden. Auch wenn Sie das alles „fahrenlassen", wird Ihre Arbeit erfolgreich sein. Sie werden sowieso außerstande sein, für das Arbeiten auf dem Gebiet der Radiästhesie „Beweise jenseits der vernünftigen Zweifel" zu finden, die jene beeindrucken könnten, die sich entschlossen haben, Ihnen auf keinen Fall zu glauben.

Obwohl es unbedingt nötig ist, daß Sie sich selbst und Ihr Denken aufmerksam beobachten, hat das immer in ruhig-gelassener, zurückhaltender und bescheidener Weise vor sich zu gehen. Wenn Ihre Aufmerksamkeit so intensiv wird, daß Sie jede Ihrer Bewegungen und Reaktionen in Frage stellen, bezweifeln und analysieren, würden Sie nämlich in einen Zustand des Mißtrauens sich selbst gegenüber geraten, in eine geistige Verfassung, die einer überzeugten, zuversichtlichen und positiven Grundhaltung entgegengesetzt ist. Gehen Sie also an die ganze Geschichte lieber fröhlich-gelöst, ja etwas „spielerisch" heran, anstatt mit „tierisch-ernster Verbissenheit".

Zusammenfassung:

Um bezüglich der Handhabung der einzelnen Instrumente nicht in Verwirrung zu geraten, ziehen Sie Ihre Aufmerksamkeit von den Händen ab und richten Sie sie auf die Instrumente. Erlauben Sie diesen, sozusagen „von selbst" zu arbeiten. Mischen Sie sich nicht ein!

Seien Sie wachsam Ihren eigenen Gedanken gegenüber. Lassen Sie sich nicht dazu verleiten, zu schnell „offensichtliche" Schlußfolgerungen zu ziehen und lassen Sie Ihren Geist nicht vom Zweck und Ziel der Arbeit ablenken.

Bringen Sie Ihre Gedanken zur Ruhe und machen Sie sie frei von allen mentalen Eindrücken und Erinnerungen an die Ergebnisse früherer Experimente, bevor Sie an ein neues herangehen. Bemühen Sie sich immer, jeden Versuch so durchzuführen, als ob er der erste wäre, als ob ihm andere gar nicht vorangegangen wären. Diese innere Freimachung ist besonders wichtig, wenn Sie Experimente, die Sie früher schon einmal gemacht haben, wiederholen wollen. Entspannen Sie sich sowohl physisch als auch mental und beobachten Sie einfach unvoreingenommen, was geschieht.

Versetzen Sie sich in einen geistigen Gleichgewichtszustand in bezug auf sich selber, auf das Instrument und das zu lösende Problem. Es ist erforderlich, mental entspannt zu sein, so daß Sie die verschiedenen Einflüsse und Impulse bemerken und kontrollieren können, trotzdem aber wachsam genug zu bleiben, um zu spüren, wann und wie Impulse auftauchen und die Instrumente zu Reaktionen veranlassen. *Rein gedanklich* haben Sie das Bestreben, das jeweils benutzte Instrument ruhig, das heißt in Neutralstellung zu halten, müssen aber dennoch fähig sein, auf „von außen" kommende Veränderungen zu reagieren.

Diese zwei Arten von Gleichgewichts-Herstellung, die mentale und die physische, sind die Schlüssel zur Erlangung zuverlässiger Resultate. Wenn eine davon oder auch beide nicht in Ordnung sind, werden es auch die Ergebnisse nicht sein. Bei den einfachen Experimenten, die ich bisher beschrieben habe, ist ein etwaiger Fehler nicht sonderlich tragisch, doch wenn es sich um die Stellung medizinischer Diagnosen mittels Rute oder Pendel handelt, können Fehler recht unangenehme Folgen nach sich ziehen. Es ist nur zu leicht, sich selber etwas vorzumachen. Seien Sie davor auf der Hut!

An sich ist dieser Balanceakt gar nicht so schwierig, wie man nach den bisherigen Beschreibungen vielleicht meinen könnte. Wenn Sie es schaffen, sich selbst in den erforderlichen Entspannungszustand zu versetzen, sowohl körperlich als auch geistig, dann wird sich der Vorgang fast ganz von selber regulieren und mit zunehmender Praxis und Erfahrung automatisch werden. *Werden Sie nicht unsicher und verwirrt und versuchen Sie nicht, mit Gewalt Ergebnisse zu erzwingen,* denn wie beim Erlernen des Radfahrens sind Zweifel daran, ob Sie es einmal lernen werden, die einzigen Hindernisse, die sich dem Automatischwerden der Balancesicherheit in den Weg stellen. Sie brauchen also nicht ständig darüber nachzugrübeln. Halten Sie die Richtlinien, die ich Ihnen bisher gegeben habe, in Ihrem Bewußtsein gegenwärtig, während Sie experimentieren. Das ist alles.

Noch einmal: die Praxis

Wir sind nunmehr am Ende dieses Buchteils, der Einführung in die Praxis, angelangt. Bevor Sie weitergehen und sich den anderen Radiästhesietechniken zuwenden, möchte ich Ihnen empfehlen, sich in bezug auf die bisher dargelegten Übungen erst noch etwas mehr praktische Erfahrungen anzueignen. Behalten Sie die Ihnen gegebenen Hauptrichtlinien im Gedächtnis (auch die aus dem zweiten Kapitel), während Sie die Übungen machen. Wenn Sie das tun, werden Sie feststellen, daß Ihre Resultate immer zuverlässiger und sicherer werden. Denken Sie immer daran, daß es, wenn Sie nicht gerade den Ihnen unbekannten Verlauf einer Abflußleitung oder das Leck in einem Wasserrohr suchen, jetzt am Anfang gar nicht so sehr auf absolut präzise und hundertprozentige Ergebnisse ankommt, sondern mehr auf das Sammeln praktischer Erfahrungen, denn nur auf diesem Wege ist es möglich, die wirkliche Bedeutung des Rutengehens und Pendelns zu erfassen.

Zweiter Teil

DIE TECHNIKEN

5 Einführung in die Techniken

Ruten und Pendeln ähnelt in gewisser Weise den alten Frage- und Antwortspielen: Sie stellen der Natur eine Reihe von Fragen, auf die sie (durch Ihre Instrumente) mit ja oder nein antworten wird. Sie können sie auch dazu bringen, Ihnen die Richtung anzugeben, in der sich außerhalb ein bestimmter Ort befindet, können Sie manchmal auch mit Erfolg nach Größenverhältnissen oder Zahlen fragen. Mitunter können Sie sogar erreichen, daß das Instrument Ihnen sagt, ob Ihre Fragen in eine Sackgasse führen. Aber das ist auch alles. Ganz so leicht läßt sich die Natur nicht als Mitspielerin gewinnen.

Zunächst müssen Sie Ihre Fragen formulieren, sie in Worte fassen, sie so stellen, daß daraufhin auch sinnvolle und verständliche Antworten überhaupt möglich sind und Sie erfahren, was Sie wissen wollen. Es gibt in der radiästhetischen Praxis eine Reihe von grundsätzlichen Fragetypen, eine Reihe von Grundtechniken, die für alle Anwendungsarten die gleichen sind. Das ist der Grund, weshalb ich mich hier mit diesen allgemeinen Techniken befasse, aber zunächst davon absehe, auf die individuellen Techniken einzugehen, die in ganz spezifischen Fällen natürlich auch anwendbar sind. Wollte ich versuchen, Ihnen hier jede mögliche Fragestellung und jede technische Variation, die beim Ruten und Pendeln auftauchen könnte, genau zu erläutern, hätte ich viele dicke Bände zu füllen; das meiste davon würden Sie dann doch niemals brauchen. Da ich mich aber bemühe, die möglichen Fragetechniken auf die Grundtypen zurückzuführen und damit den Umfang zu beschränken, wird es Ihnen leichter fallen zu erkennen, wie Sie diese grundsätzlichen Frageweisen und die dazugehörigen Techniken jeweils der Sachlage und dem anstehenden Problem anpassen können, das zu lösen Sie sich vorgenommen haben.

Nehmen wir als Beispiel folgenden Fall an: Ein Großbauer mit reichem Viehbestand hat Sie gebeten, auf seinem Grund und Boden nach

Wasser zu suchen, das heißt nach einer Stelle, wo sich ein Brunnen bohren läßt, dessen Wassermenge ausreicht, um die Tiere damit zu versorgen. Dieses Hauptproblem setzt sich nun aus einer Reihe von Nebenproblemen zusammen. Sie hätten also folgende Feststellungen zu machen:

Das *Vorhandensein* von Wasser (ein quantitatives Problem).

Die *Qualität* des Wassers, ob es trinkbar ist, ob es Mineralien enthält usw. (ein qualitatives Problem).

Seine *Lage* im Verhältnis zur Bodenoberfläche (ein Ortsbestimmungsproblem).

Den *Verlauf* der Wasserader und ihre *Fließrichtung* (wo und wohin?).

Seine *Tiefe* unter der Erdoberfläche (ein Orts- und ein Quantitätsproblem).

Die *Menge* des zur Verfügung stehenden Wassers (noch ein quantitatives Problem) – usw.

Sie ersehen aus dieser Aufstellung, daß sich mehrere verschiedene Fragen stellen, die man in drei Kategorien unterteilen kann: in qualitative, quantitative und in solche, die die Lage und Fließrichtung betreffen. Sie werden in den folgenden drei Kapiteln sehen, welches die Grundtechniken und die sie tragenden Gedanken sind, die Sie anzuwenden haben, um in der Lage zu sein, die Ihnen gestellte Aufgabe zu lösen.

Wenn Sie dieses Buch mit seinen Beschreibungen und Anweisungen bezüglich der verschiedenen Techniken lesen, werden Sie vielleicht (wenn Sie bereits andere Bücher über Rutengehen und Pendeln gelesen haben sollten) bemerken, daß bei mir eine Reihe von traditionellen Techniken – die Sonnenstrahltechnik, die Grundstrahlentechnik, die Serien-, Serienzahlen- und andere Techniken – entweder ganz fehlen oder nur beiläufig erwähnt sind. Das ist Absicht, denn aus meinen eigenen Erfahrungen beim Erlernen des Rutens und Pendelns und aus meiner Hilfe, die ich anderen beim Erlernen dieser Kunst habe leisten können, weiß ich, daß die Anwendung der erwähnten Techniken so außerordentlich schwierig ist, daß sie den Anfänger nur in eine große Verwirrung stürzen können. Diese speziellen Techniken mögen für erfahrene Radiästheten durchaus brauchbar sein, aber dieses Buch ist nicht für solche geschrieben. Ich ziehe es jedenfalls vor, an die Dinge auf eine Art und Weise heranzugehen, die so einfach wie irgend möglich ist.

Es gibt noch eine weitere Kategorie von Orts- und Lagebestimmungstechniken, die es Ihnen erlaubt – ohne sich von den bisher erwähnten Kategorien im wesentlichen zu unterscheiden –, die Reichweite beziehungsweise das Blickfeld und Anwendungsgebiet Ihrer radiästhetischen Arbeit zu erweitern. Diese Ortsbestimmungstechniken – das Landkartenmuten, das zeitversetzte Muten usw. – befähigen Sie, an verschiedenen, vom Ort Ihrer körperlichen Anwesenheit räumlich und zeitlich entfernten Plätzen Mutungen durchzuführen. Die Bezeichnung „Ortsbestimmungstechniken unter nicht normalen Raum-Zeit-Verhältnissen" trifft die Sache wohl am besten. Darüber Näheres in Kapitel 9. Mit dieser Technik können Sie beispielsweise von einer Landkarte oder einem Stadtplan aus arbeiten, um auf einem darauf verzeichneten Gebiet das Vorhandensein von Wasser festzustellen, bevor Sie – wie in unserem Beispielfall – auf die Viehfarm hinausgehen. Auf die gleiche Weise, nur eben in bezug auf die Zeit, können Sie herausfinden, in welchen Abständen die vorhandene Wassermenge im Laufe des Jahres Schwankungen unterliegt. Aber von der Definition her handelt es sich mehr um mentale als um physikalische Techniken, die infolgedessen bei ihrer Anwendung eine besonders scharfe und peinlich genaue Kontrolle des Geistes erfordern, mehr noch als die konventionellen Lage- und Richtungsbestimmungstechniken. Deshalb bezeichne ich sie als eine besondere Kategorie.

Ich habe die Techniken in vier Kategorien eingeteilt: in qualitative, in die den Ort und die Richtung betreffende, in quantitative und schließlich in Lage- und Zustandsbestimmungen unter Überschreitung der normalen Raum-Zeit-Gegebenheiten. Jede dieser Kategorien bildet den Inhalt der folgenden vier Kapitel. Dieser Teil des Buches hat mehr Empfehlungs- oder Informationscharakter. Da ich in den meisten Fällen, in denen ich darlege, wie ich arbeiten würde, die Suche nach Wasser angenommen habe, bitte ich um Beachtung folgender Punkte: Die beschriebenen Techniken können eventuell (oder werden wahrscheinlich) gewisse Abwandlungen und Anpassungen an die jeweils vorliegenden Gegebenheiten nötig machen.

Die Techniken sind unterteilt in Anwendungen von Winkelruten, Gabelruten und Pendeln. Ich habe mich nur auf diese Instrumente beschränkt, da sich mir jedes von ihnen für diese Zwecke als praktisch brauchbar erwiesen hat. Wenn Sie außerdem noch andere Instrumente benutzen möchten, dürfte es erforderlich sein, die Techniken etwas zu modifizieren und den jeweiligen Gegebenheiten anzupassen.

Die Techniken und der Instrumentengebrauch sind so beschrieben und erklärt, wie ich sie normalerweise anwenden würde. Es ist nicht gesagt, daß sie in der gleichen Weise auch für Sie ihren Dienst tun – wichtig ist, daß Sie sie immer wieder selbst experimentell erproben und überprüfen.

Jede der Techniken für sich und auch in Verbindung mit den anderen wird Sie befähigen, nahezu sämtliche auftauchenden Ruten- und Pendelprobleme zu meistern. Der darüber hinaus gehende Rest ist dann Ihre Sache. Ihr Geschick, beim Ruten und Pendeln erfolgreich zu sein, hängt in hohem Maße von Ihrem Einfallsreichtum ab und von Ihrer Fähigkeit, auftauchende Probleme so aufzugliedern und zu vereinfachen, daß sie von Ihren Instrumenten „behandelt" werden können. Das bedeutet, daß Sie im Laufe Ihrer praktischen Arbeit auch neue Techniken werden finden und erfinden müssen. Benutzen Sie also den rein technischen Teil dieses Buches nicht als listenmäßige Zusammenstellung von „objektiven Tatsachen", sondern als eine Quelle von Ideen, von der aus Sie dann Ihre eigenen Ziele und Ihre eigenen Techniken entwickeln.

6 Qualitäten

Entsprechungs- und Sympathie-Muster

Die hauptsächliche traditionelle Technik ist die, ein Muster oder eine kleine Probe von dem Objekt (oder der Materie) zu benutzen, die Sie finden wollen. Die dieser Praxis zugrunde liegende Idee ist abgeleitet von dem sogenannten „Sympathieprinzip". Um etwas Bestimmtes zu finden, nehmen Sie ein Stückchen oder eine kleine Probe von dem, was Sie suchen, oder etwas ihm Ähnliches, das in einem Sympathie-Verhältnis zu dem Gesuchten steht. Ein Materialmuster von irgendeinem Objekt ist etwas, das eine oder mehrere Eigenschaften und Qualitäten mit diesem Objekt gemeinsam hat, was gewöhnlich bedeutet, daß beide aus dem gleichen Material bestehen. Um hierfür ein paar Beispiele zu geben: Das einem verlorenen Messingknopf entsprechende Materialmuster wäre ein ebenfalls aus Messing bestehender Gegenstand. Bei der Suche nach Öl würde man ein kleines Fläschchen Öl nehmen oder auch mehrere, von denen jedes eine Ölprobe der verschiedenen Arten und Qualitäten enthält. Das Muster für eine bestimmte Sorte von mineralhaltigem Wasser würde in einem Fläschchen bestehen, das – genau wie bei dem Öl – ein wenig des gesuchten speziellen Wassers enthält. Herkömmlicherweise wird allerdings beim Wassersuchen meistens kein Muster verwendet, weil das allgemein im menschlichen Körper enthaltene Wasser als Materialmuster gelten kann.

Aber es gibt noch viele andere Eigenschaften, die bei der Wahl des Materialmusters berücksichtigt werden können. Beim Suchen nach einer Münze benützt man als Sympathiehersteller am besten eine andere Münze, die nicht nur materialmäßig mit der gesuchten übereinstimmt, sondern nach Möglichkeit auch bezüglich anderer Komponenten, als da sind: gleiche Legierung, Gestalt, Größe, Gewicht usw. Sie können sogar auch das Alter und die Funktion des Gegenstandes mit in die Sympathie-Entsprechungen einbeziehen. Theoretisch könnten Sie also jeden flachrunden Gegenstand als Muster nehmen, wenn Sie beispielsweise nach einer verlorenen Münze suchen, Sie könnten aber natürlich auch jedes andere ähnlich geformte Objekt nehmen, etwa einen Knopf, eine Unterlegscheibe oder einen kleinen Dichtungsring.

Materialmuster von und für Menschen sind interessanterweise die gleichen wie die im Mittelalter für Hexereien und Verzauberungen gebrauchten: organische Dinge wie Haare, abgeschnittene Finger- oder Fußnägel, ein Blutfleck auf einem Stück Papier, ein wenig Urin, eine Unterschrift oder überhaupt eine Schriftprobe, ein Taschentuch oder ein Stück der Kleidung, also irgend etwas, das entweder Teil des Körpers war oder der betreffenden Person gehört oder gehörte. Nebenbei bemerkt: einige Schriftsteller sagen, daß es zwecklos sei, den Brief einer Person als Sympathiemuster zu nehmen, weil ein Brief durch so viele andere Hände gegangen ist. Ich habe gefunden, daß das nicht unbedingt der Fall sein muß, doch Sie müssen das selbst herausfinden. Ein Erfolg oder Mißerfolg in dieser Sache hängt weitgehend von Ihrer Glaubens- und Erwartungsvorstellung ab. Außer den mehr physikalischen Mustern eignen sich, wie ich meine, auch Bilder wie Fotografien, Zeichnungen oder Wachsmodelle einer Person als Sympathiebrücken, vorausgesetzt natürlich, daß das betreffende Abbild in rechtem Sinnzusammenhang zu dem oder der Betreffenden steht und – zumindest für den Rutenforscher und Pendler – deutlich erkennbar ist. Die Tatsa-

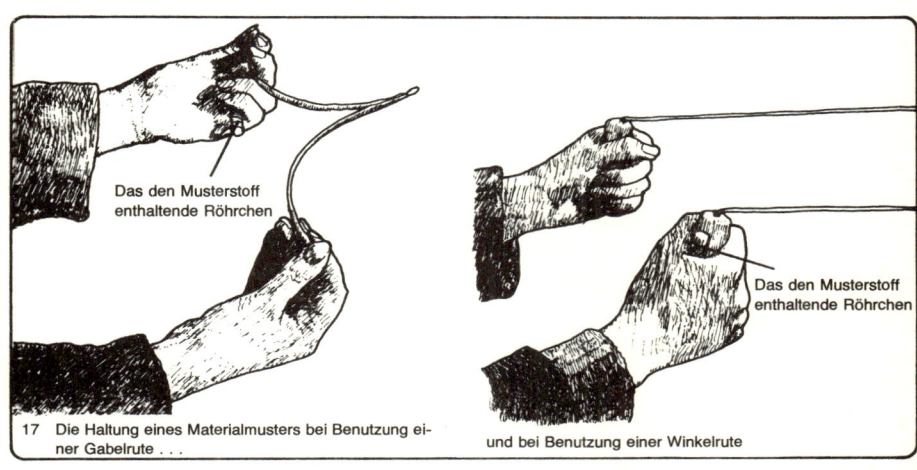

17 Die Haltung eines Materialmusters bei Benutzung einer Gabelrute . . .

Das den Musterstoff enthaltende Röhrchen

Das den Musterstoff enthaltende Röhrchen

und bei Benutzung einer Winkelrute

che, daß alle diese Dinge mit Erfolg als Sympathiemuster benutzt werden können, also in einer Weise, die man auch magisch nennen könnte, sollte uns eigentlich veranlassen, den Zauberglauben und die Fotografierfurcht einiger primitiver und halbprimitiver Völker mit etwas mehr Verständnis zu betrachten.

Wie die Materialmuster zu halten sind

Wenn Sie eine Winkel- oder Gabelrute benutzen, sollten Sie das Muster nach Möglichkeit so halten, daß es das Instrument berührt, obwohl ich persönlich nicht der Meinung bin, daß das eine unabdingbare Mußvorschrift ist. Muster von Flüssigkeiten wie Öl oder Wasser sind natürlich in kleine Fläschchen oder Röhrchen abzufüllen. Benutzen Sie ein Pendel, können Sie das Muster entweder in der pendelnden Hand oder in der freien Hand halten. Eine weitere Möglichkeit ist, einen hohlen Pendelkörper zu finden oder sich anzufertigen, der in seinem Inneren Platz hat zur Aufnahme des Musters. Wenn Sie eine Flüssigkeitsprobe abfüllen, haben Sie natürlich darauf zu achten, daß das Fläschchen oder Röhrchen dicht verschlossen ist.

Das benutzte Instrument sollte direkt über dem Objekt reagieren, also über dem Gegenstand oder Material, zu dem Ihr gewähltes Muster in einem Bezugsverhältnis steht. Dieses „Reagieren ausschließlich unmittelbar über dem Objekt" ist allerdings ziemlich begrenzt. Für die meisten Mutungen würde ich Ihnen empfehlen, eine andere Orts- und Richtungsbestimmungstechnik zu benutzen (wie in Kapitel 8 beschrieben). Nebenbei bemerkt besagt eine der traditionellen Vorschriften, daß das Instrument aus einem isolierenden Material wie Holz oder Plastik bestehen soll, und irgendwelche Metallteile sollten von den haltenden Händen isoliert sein. Der Grund ist wahrscheinlich der, daß so verhindert werden soll, daß das Material der Rute oder des Pendels zufälligerweise selbst zum Materialmuster wird. Andererseits besagt eine Überlieferung, daß Sie absichtlich das Material des benutzten Instruments als Sympathiemuster nehmen können, wenn Sie dies wollen. Wenn Sie also zum Beispiel etwas aus Messing Bestehendes finden wollen, nehmen Sie ein Messingpendel.

Die der ganzen Sache zugrunde liegende Idee ist, daß das Instrument nur auf jene Dinge ansprechen soll, die in einem Sympathieverhältnis zu dem jeweils benutzten Muster stehen. Das Unangenehme dabei ist,

Das das Muster
enthaltende Röhrchen

18 (a) Die Haltung des Musterröhrchens beim Pendeln   (b) Ein Hohlpendel

daß dadurch Ihr Instrument auch noch auf andere Dinge reagieren wird als nur auf das, was Sie im besonderen suchen. Beispielsweise: Wenn Sie als Materialmuster eine Kupfermünze genommen haben, müssen Sie damit rechnen, daß Ihr Instrument auf kleine Stückchen von Kupferrohr oder -draht, auf Messingscharniere und -beschläge oder auf die kupfernen Zierknöpfe einer alten Bettstelle reagiert, nicht nur auf die Kupfermünzen, die Sie suchen. Dieser Mangel an Präzision, diese Streuwirkung, ist das Hauptproblem bei der traditionellen Mustertechnik.

Die eigene Problematik der Mustertechnik

Nehmen wir, um die Sache noch deutlicher zu machen, noch einmal als Sympathiemuster eine Kupfermünze. Sie werden höchstwahrscheinlich finden, daß dieses Muster nicht nur auf alles reagieren wird, was irgendwie eine Spur von Kupfer in sich hat, sondern auch auf Sachen, die den anderen Eigenschaften des gewählten Musters entsprechen, dessen Gestalt, Größe, Gewicht usw. Weil das so ist, wird wahrscheinlich Ihr Suchen nach der Münze vergeblich sein, obwohl Ihr Sympathiemuster korrekt ist und natürlich viele Eigenschaften mit dem gesuchten Objekt gemeinsam hat, während andere Sachen, auf die Ihr Instrument reagiert, vielleicht nur eine einzige übereinstimmende Eigenschaft aufweisen. Nichtsdestoweniger wird von dem gewählten Muster vorausgesetzt, daß es als eine Art Resonanzfilter wirkt, der nicht nur auf ähnliche Objekte reagiert, sondern auch noch andere Einflüsse sozusagen auswählt und sie anzeigt. Wo liegt also der Grund für das Mißlingen? Das Problem scheint mit dem Dilemma zusammenzuhängen, das sich aus dem Ursprung dieser der ganzen Sache zugrunde liegenden „Sympathie-Idee" ergibt, nämlich aus der auf Platon zurückgehenden Vorstellung von der „Gleichheit" und der „Unterschiedlichkeit" in ein und demselben Ding; denn: stellen Sie infolge der Benutzung eines ähnlichen Musters ein Bezugsverhältnis her im Sinne der „Sympathie oder Harmonie der Gleichartigkeit" (Identität) oder ein solches zu den „Dissonanzen der Unterschiedlichkeit"? Die Instrumente sagen darüber nichts aus.

Schwingungsraten, -weiten und -serien

Bevor ich die Gedankengänge über die Resonanz- und Sympathieverhältnisse abschließe, möchte ich noch auf zwei weitere Techniken zu sprechen kommen, die zwar denselben Begrenzungen unterliegen, aber in der Anwendung das oben beschriebene Prinzip noch differenzierter benutzen.

Der kürzlich verstorbene Tom Lethbridge war der Hauptvertreter der „Langpendeltechnik", bei der die Resonanz zwischen dem gesuchten Objekt und dem Pendler dadurch hergestellt wird, daß dieser unterschiedliche, dem jeweiligen Zweck angepaßte Fadenlängen verwendete. Gemäß seiner Anschauung ist es so, daß unterschiedliche Objekte oder Materialien in einem ganz bestimmten Resonanz- oder Mitschwingungs-Verhältnis zum Pendel und dessen verschieden langen Aufhängungen stehen. Diese sich von Fall zu Fall ändernde Fadenlänge wird mit dem Ausdruck „Schwingungsrate" bezeichnet, weil eben durch die unterschiedlichen Fadenlängen das Pendel auch eine unterschiedliche Schwingungsgeschwindigkeit und Schwingungsweite bekommt.

Dieses Verfahren wird oft in Verbindung mit der Serientechnik angewandt, die wiederum mit der Zähltechnik eng verwandt ist. Unter einer „Objektserie" versteht man die Anzahl der Rundschwingungen, die ein Pendel über einem Objekt beschreibt, ehe es zur neutralen Schwingungsbewegung zurückkehrt. Die „Serien-Nummer" ist die Anzahl der Schwingungen, die das Pendel braucht, um von der Oszil-

lationsbewegung zur Rotation zu gelangen, wobei es das Objekt überkreuzt, bis es den Zustand der „Sättigung" erreicht und sich weigert,
die Rotation wieder aufzunehmen. Manchmal wird die Serienmethode
auch Zählmethode genannt – und umgekehrt, was übrigens der Grund
ist, daß sich in das Resultat allerlei „hübsche" Verwirrungen einschleichen können. Gemäß einem Pendler beträgt die Serienzahl und die Ge-
samtzahl für Kupfer 5 beziehungsweise 7. Theoretisch wird von jedem
Objekt angenommen, daß es verschiedene Kombinationen von Serien
und Ausschläge-Zahlen hat, ebenso einen Grundstrahl, einen Solar-
strahl, einen Polarmeridian, eine bestimmte Schwingungsrate, eine
Wellenlänge und eine Reihe anderer halbphysikalischer Eigenschaften.

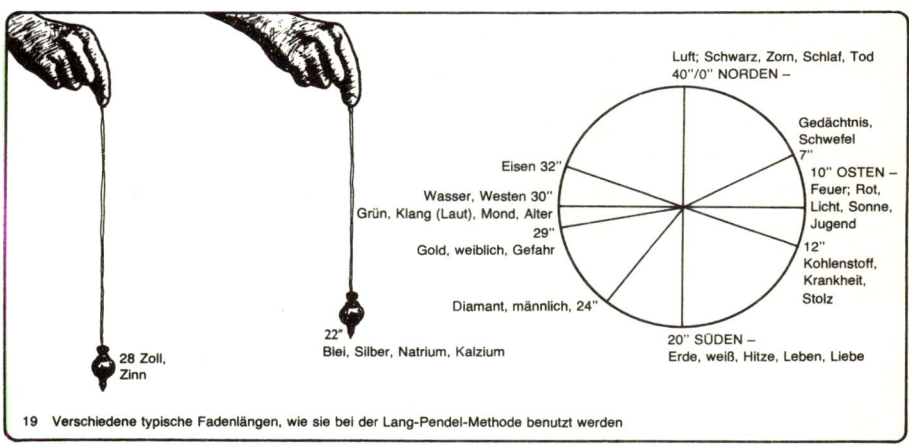

19 Verschiedene typische Fadenlängen, wie sie bei der Lang-Pendel-Methode benutzt werden

Leider ist es so, daß diese Systeme noch komplizierter sind als die
anderen von mir beschriebenen, denn manchmal haben verschiedene
Objekte tatsächlich die gleichen Schwingungsraten und -serien wie
auch Eigenschaften. Die Schwingungszahlen, Fadenlängen und anderen Gegebenheiten scheinen bei fast allen Pendlern andere zu sein.
Wenn Sie sich also dieser Methodik bedienen möchten, wird Ihnen
nichts anderes übrig bleiben, als Ihr eigenes System zu entwickeln, was
wohl eine beträchtliche Zeitspanne in Anspruch nehmen dürfte. Nebenbei bemerkt: Sie werden inzwischen selbst bemerkt haben, wie
langsam und schwerfällig ein 30 cm langes Pendel reagiert. Sie werden
sich vorstellen können, was sich tut, wenn Sie mit einem fast einen Meter langen Pendel zu arbeiten versuchen, wie es das Lethbridge-System
teilweise verlangt.

Es ist hier nicht der Raum, um bei der Beschreibung dieser Systeme noch mehr ins Detail zu gehen. Wenn Sie aber wünschen sollten, selbst entsprechende Versuche zu unternehmen, dann finden Sie diese Systeme ausführlich beschrieben in den Büchern von Lethbridge, de France und Mermet.

Qualitative Mentaltechniken

Die Mentaltechniken lassen sich in zwei Gruppen einteilen. Die erste ist eine mentale Abwandlung der Sympathiemustertechnik, die zweite ein System, bei dem mental gestellte Fragen nach dem Ja-Nein-Prinzip beantwortet werden.

Die Mentalmustertechniken haben zwei große Vorteile den physikalischen Techniken gegenüber. Erstens deshalb, weil es sich um im Bewußtsein festzuhaltende Ideen oder Vorstellungen handelt, also nicht um mit den Händen greifbare Dinge, und dieses System infolgedessen anpassungsfähiger und flexibler ist. Über das hinaus, was die physikalischen Muster an Sympathiebeziehungen enthalten, schließt die Mentaltechnik auch Wortimaginationen, Visualisationen und eine ganze Reihe der verschiedensten Arten von symbolischen Vorstellungen mit ein: Farbe, Klang, Gestaltvorbilder usw. Zweitens können Sie *durch Festhalten der Sinn- und Zweckbedeutung, mit der Sie das Vorstellungsmuster ausstatten,* das Problem der Ungenauigkeit überwinden, welches beim Gebrauch gegenständlicher Muster und Materialproben unweigerlich auftritt. Dieses Arbeiten mit Mentalmustern ist eine Form des sich bewußten Öffnens jenen Einflüssen oder Einströmungen gegenüber, die ich im letzten Kapitel beschrieben habe. Die Zuverlässigkeit dieser Methode hängt also völlig ab von der Klarheit und Deutlichkeit, mit der Sie das geistige Musterbild beziehungsweise die Vorstellung in Ihrem Bewußtsein während des Mutens festhalten.

Jetzt eine kurze Übersicht über die verschiedenen Arten von Mentalmustertechniken:

Physikalische Muster

Diese werden gemäß der Verfahrensweise der traditionellen Mutungspraktiken angewandt, abgesehen davon, daß Ihre begleitende mentale

Haltung dem jeweiligen Problem gegenüber natürlich das ganze Unternehmen etwas verändert. Beachten Sie zwei Punkte: Benutzen Sie das gegenständliche Muster als Gedächtnishilfe, als etwas, auf dem Ihre Aufmerksamkeit ruhen kann, was besser ist als sein Gebrauch als physikalischer oder halbphysikalischer „Resonator". Zweitens: halten Sie ständig während Ihrer Arbeit den Sinn- und Zweckzusammenhang des von Ihnen benutzten Musters im Bewußtsein. Erinnern Sie sich an das früher von mir gebrachte Beispiel: Der Grund und Zweck, weshalb Sie eine Kupfermünze als Sympathiemuster nehmen, könnte sein, daß Sie damit nach Kupfer suchen wollen, nach Dingen, die Kupferbeimischungen enthalten, nach Münzen überhaupt, speziell natürlich nach Kupfermünzen, nach flachrunden, diskusförmigen Gegenständen im allgemeinen usw. Also ist die Frage: welchen Sinnzusammenhang und welche Sympathierichtung wollen Sie benutzen? Halten Sie diese Vorstellung möglichst präzis ebenso im Geiste fest wie das Bild des gegenständlichen Musters.

In Worte gefaßte Vorstellungen

Grundsätzlich ist diese Methode der eben erwähnten sehr ähnlich, nur daß diesmal das benutzte Muster unbeachtet gelassen wird und statt dessen eine in Worte gefaßte Feststellung oder Behauptung innerlich ausgesprochen wird. Nehmen wir das oben erwähnte Beispiel des Suchens nach einer Kupfermünze, dann würden Sie zu sich selbst sagen: „Ich bin dabei, eine Kupfermünze zu suchen." Es ist nicht erforderlich, diese Worte laut auszusprechen, denn es handelt sich ja nicht um eine Zauberformel oder um magisch aufgeladene „Worte der Kraft", sondern lediglich um eine sachliche Feststellung der in Ihrem Bewußtsein vorhandenen Absicht, also um einen Gedanken, auf den Ihre Aufmerksamkeit ruhig gerichtet sein soll.

Bildhaftes Vorstellen

Hierfür ist auch der Ausdruck Imagination passend. Der Erfolg bei der Anwendung dieser Methode hängt von Ihrer Fähigkeit ab, in Ihrem Bewußtsein ein möglichst genaues Vorstellungsbild dessen aufzubauen oder zu schaffen, wonach Sie suchen. Es ist also grundsätzlich das gleiche wie die Wortkonzentration, nur daß eben anstatt der in Worte gefaßten Feststellung eine bildhafte tritt. Es ist natürlich immer möglich und sogar empfehlenswert, die Wortformulierung mit der bildhaften Vorstellung zu kombinieren und gleichzeitig anzuwenden. Wenn es Ihnen gelingt, die bildhafte Vorstellung ganz klar vor Ihr geistiges Auge zu stellen und sie eine Weile festzuhalten, dann beherrschen Sie damit eine der genauesten und zuverlässigsten qualitativen Mentaltechniken.

Symbole und Symbolvorstellungsbilder

Wie ich schon einmal andeutete, gibt es eine ganze Menge solcher Symbolbeziehungen. Die Technik ist die gleiche wie die der anderen geistigen Vorstellungsmethoden, nur mit dem Unterschied, daß jetzt nicht das direkte Bild der gesuchten Sache imaginiert wird, sondern eins, das Analogie- bzw. Symbolbeziehungen dazu aufweist, deren Bedeutung und Sympathieverhältnis Sie sich bewußt zu sein haben. Sie können somit als Symbole sowohl Farben, Zahlen, Töne und Modellvorbilder benutzen als auch irgendwelche abstrusen, intellektuellen oder allegorischen Gedankenkonstruktionen, wenn Sie diese Symbolmethode einmal anwenden oder testen wollen.

Farben:

Ein typisches Beispiel für die Anwendung von Farballegorien ist die *Mager-Farbenscheibe*, die der französische Radiästhet Henri Mager erfunden hat. Obwohl die der Sache zugrunde liegende Idee und ihre praktische Anwendung Teile der traditionellen Mutungsverfahren sind, glaube ich, daß sie gut in dieses Kapitel passen. Mager hat seine Farbenscheibe vorzugsweise dazu bestimmt, Trinkbarkeit und Bekömmlichkeit von Wasser zu testen. Einige seiner Interpretationen für Farben sind aus der Zeichnung 20 ersichtlich. Beim Betrachten dieser Scheibe sollten Sie sich allerdings darüber klar sein, daß die Meinungen hinsichtlich der Bedeutung der spezifischen Farben bei den verschiedenen Rutengängern und Pendlern nicht ganz übereinstimmen.

Sie können sich selbst so eine Scheibe aus Plastik, Sperrholz oder Pappe herstellen. Dann nehmen Sie einen der Farbsektoren zwischen Zeigefinger und Daumen und halten – natürlich mit der anderen Hand

– ein Pendel über irgendein Nahrungs- oder Genußmittel, beispielsweise über eine Tasse mit Kaffee. Beobachten Sie nun, ob und wie das Pendel reagiert, wenn Sie die Farbscheibe drehen und jeweils einen anderen Sektor zwischen Zeigefinger und Daumen nehmen, wobei die verschiedenen Farben als Symbolmuster dienen. Nach einer gewissen Praxis und genügend Vergleichen werden Sie in der Lage sein, die Farben zur Bestimmung spezifischer Qualitäten – beispielsweise von Getränken, Nahrungsmitteln usw. – zu verwenden.

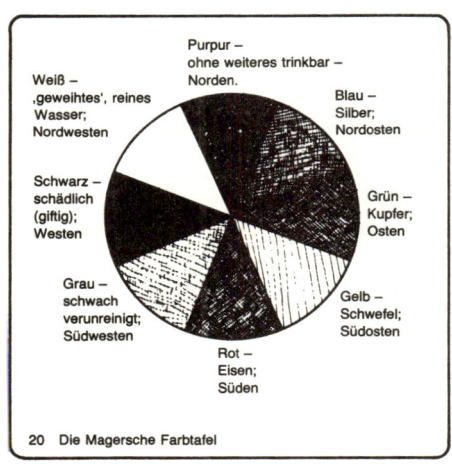

20   Die Magersche Farbtafel

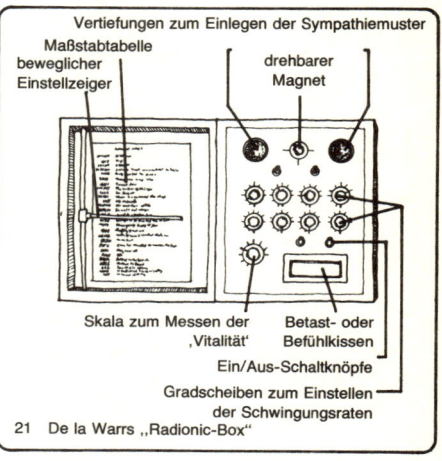

21   De la Warrs „Radionic-Box"

Die einzelnen Farben können jeweils andere qualitative Aussagen machen, je nachdem, wofür sie gebraucht werden, zum Beispiel zur Feststellung der Aktivität und Funktionstüchtigkeit besonderer Körperorgane, also bei der Diagnosestellung, worüber in einigen Büchern über medizinische Radiästhesie ausführlich abgehandelt wird. Es ist auch interessant, die aus der Magerschen Scheibe ersichtlichen Bedeutungen und Bewertungen der einzelnen Farben mit jenen Meinungen zu vergleichen, die in anderen Farbentheorien zu finden sind, zum Beispiel in denen von Goethe und Rudolf Steiner.

Klang, Ton

Diese Methode ist experimentell anwendbar, in spezifischer Weise unter anderem in den Randgebieten der Medizin, den sogenannten unorthodoxen Heilweisen. Wenn Sie wünschen, einmal damit zu experimentieren, dann versuchen Sie, während des Rutens oder Pendelns mit Kopfhörern, die an einen Kassettenrecorder angeschlossen sind, verschiedene Nuancen von Geräuschen und Lauten auszumachen. Bemühen Sie sich, gewisse Unterschiede in den Geräuschen, Lauten, Tönen und in der Musik festzustellen, die anscheinend als eine Art Filter für die verschiedenen Objekte und Einflüsse fungieren.

Die Anwendung dieser Geräusch- und Lautmethode in der Medizin und die damit verbundenen Radiästhesietests ergeben recht präzise und detaillierte Ergebnisse und Hinweise, aber der mir zur Verfügung stehende Raum in diesem Buch ist für diesbezügliche ausführliche Darlegung zu knapp. Soviel ich weiß, läßt sich mit dieser Methode gut und oft sehr wirkungsvoll arbeiten. Sollten Sie wünschen, Näheres darüber zu erfahren, müßten Sie eins der Bücher lesen, die sich mit der Anwendung von Rute und Pendel in der Medizin befassen.

Zahl und Proportion (Übereinstimmungsverhältnis)

Am meisten bekannt ist die Anwendung von Zahlen und Übereinstimmungsbeziehungen in der Radiästhesie durch die früheren ,,Radionic Black Boxes" (der schwarzen Radionic-Kästchen; siehe Zeichnung 21). Die Skalenkreise des Kästchens sind mit spezifischen Zahlen beziehungsweise Zahlenfolgen versehen, die als ,,qualitative Entsprechungsmuster" für Körperorgane, Krankheitserreger usw. dienen und die als Übereinstimmungsanzeiger fungieren, wenn ein Blutstropfen als Repräsentant des betreffenden Menschen in den Apparat (in die ,,wells for samples", das heißt in die zur Aufnahme der Sympathiemuster dienenden Löcher am Gerät) hineingegeben wird. Das eigentliche Mutungsinstrument ist entweder ein ,,Betastkissen", auf das ein Finger leicht aufgelegt und hin und her bewegt wird, und das sich rechts unten am Apparat befindet, oder ein gewöhnliches Pendel. Die pseudo-elektronischen Kreisschaltungen des Gerätes scheinen nicht von besonderer Bedeutung zu sein. Ich kenne eine Person, die damit arbeitet und die nur die betreffenden Zahlen auf ein Stück Papier niederschreibt. Offenbar ist dieses Gerät für manchen damit Vertrauten doch eine gewisse Hilfe.

Zahlen können als Sympathie- und Enstprechungsmuster beim Ruten und Pendeln auch auf jenen etwas abseitigen Gebieten benutzt werden, die man als Numerologie, Gematrie (eine kabbalistische Zahlenlehre) oder ,,heilige Geometrie" bezeichnet. Auch hier können entsprechende Zahlen einer dafür eingerichteten Radionicbox eingegeben werden in Form eines mit den Zahlen beschriebenen Stückes Papier oder indem letzteres als Vorstellungsmuster im Geist festgehalten wird.

Der Gebrauch von Modellvorlagen

Diese Methode wird, ebenso wie die Nummernmethode, bei den später entwickelten Radionicboxen benutzt, hauptsächlich in Tansleys Konstruktion, die in Zeichnung 22 dargestellt ist. Die Beziehungen zwischen den benutzten Modell- oder Mustervorstellungen scheinen aus jenen medizinischen Begriffen abgeleitet zu sein, die in den Lehren der Hindus zu finden sind und als „Chakras" oder „Energiekörper" bekannt geworden sind. Tansleys Box zieht diese Entsprechungsschwingungen den älteren halbphysikalischen Systemen vor. Mehr darüber später.

Analogie und Allegorie

Sie können auch etwas als Sympathiemuster nehmen, das Sie in der Vorstellung zu einem Symbol dessen machen, was Sie suchen wollen, entweder durch Gedankenassoziationen, Analogie oder Allegorie. Es spielt nicht die geringste Rolle, was das gewählte Objekt tatsächlich darstellt, entscheidend ist allein die symbolische beziehungsweise

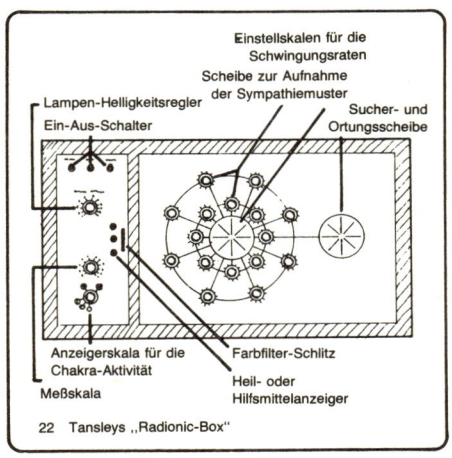

22 Tansleys „Radionic-Box"

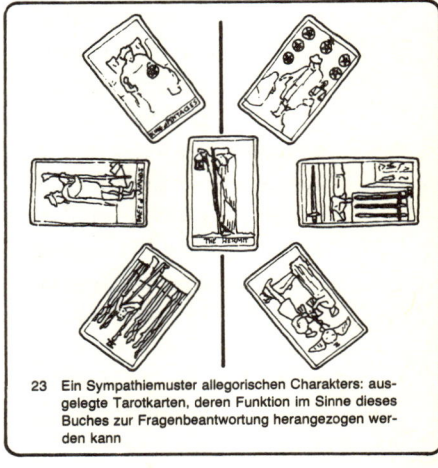

23 Ein Sympathiemuster allegorischen Charakters: ausgelegte Tarotkarten, deren Funktion im Sinne dieses Buches zur Fragenbeantwortung herangezogen werden kann

73

„stellvertretende" Bedeutung, die Sie ihm im Moment geben. Es kann zum Beispiel eine Rose den Begriff „Tante Mabel" beinhalten, eine kleine Münze kann für den Begriff Wasser stehen, und die Fotografie eines Hirsches für die Grafschaft Hertfordshire. Alles ist Ihrer Vorstellungskraft überlassen.

Man kann auch in Erwägung ziehen, den Tarot, das I-Ging und andere Wahrsagungsmittel und -methoden in Verbindung mit Mutungstechniken zu benutzen, die dann den Charakter von Symbolen, Analogien oder Allegorien annehmen und dann Sympathiemuster abgeben für besondere Geistes- und Situationszustände. Ich habe schon früher sowohl den Tarot als auch das I-Ging für Mutungszwecke benutzt; sie haben sich als brauchbar erwiesen.

Mentales Fragestellen oder das Ja/Nein-System

Während bei den bisher beschriebenen Techniken ein beliebiges Radiästhesie-Instrument benutzt werden kann, ist das System der mentalen Fragestellung auf den Gebrauch des Pendels beschränkt, weil eben das Pendel die erforderliche Reaktionsart, Genauigkeit und Geschwindigkeit hat. Die Grundidee ist, daß Sie sich selbst – oder dem Pendel – bestimmte Fragen stellen, die mit ja oder nein zu beantworten möglich ist. Auch können, wie ich später erklären werde, Zahlen oder Richtungen erfragt werden.

Das erste, was Sie zu tun haben, ist, mit dem Pendel zu „vereinbaren", welche seiner Bewegungen als „ja" und welche als „nein" zu gelten haben. Einige Pendler pflegen die neutrale Oszillation (das Vor- und-Zurückschwingen) als „nein" zu betrachten, jegliches Kreisen aber als „ja". Sie können das natürlich auch so machen, obwohl ich persönlich es besser finde, mit dem Pendel abzusprechen, daß die eine Rotationsrichtung als „ja", die andere als „nein" zu gelten hat. Dann bleibt die Oszillation der reinen Neutralität vorbehalten. Im letzteren Falle sieht die Praxis folgendermaßen aus:

Nehmen Sie ein Pendel zur Hand und versetzen Sie es in die neutrale Hin-und-Her-Schwingung.

Denken Sie jetzt an einen positiven Antwortimpuls, an ein deutliches „Ja", und fordern Sie das Pendel auf, daß es Ihrer Absicht gemäß in Kreisschwingungen übergehen soll, die dann zukünftig als Ja-Antwort zu gelten haben. *Zwingen Sie aber dabei das Pendel nicht in eine bestimmte Richtung*, sondern lassen Sie es selbst entscheiden, welche Rotationsart es als Ja-Impuls bevorzugt.

Anschließend machen Sie dasselbe, um den negativen Nein-Impuls festzulegen. Sollte es geschehen, daß das Pendel beide Male in derselben Richtung kreist, wiederholen Sie das Ganze, bis eine klare Entscheidung erfolgt. Wechseln Sie unter Umständen die Hand.

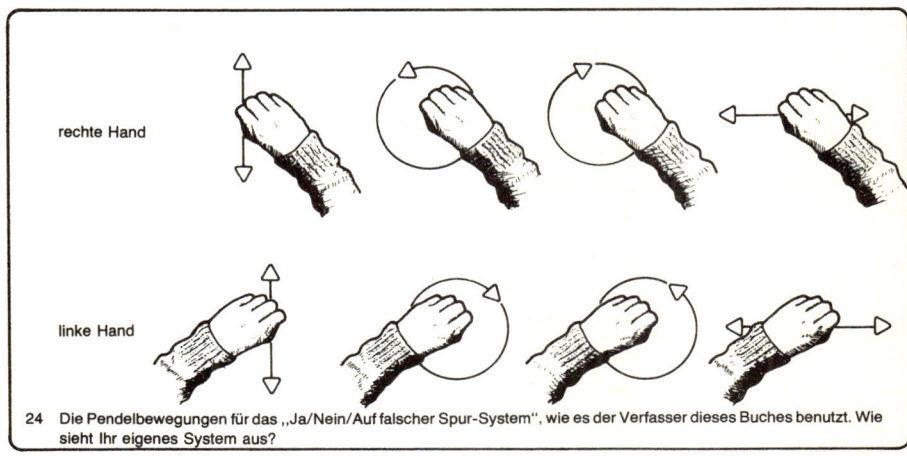

rechte Hand

linke Hand

24 Die Pendelbewegungen für das „Ja/Nein/Auf falscher Spur-System", wie es der Verfasser dieses Buches benutzt. Wie sieht Ihr eigenes System aus?

Es erfordert natürlich ein wenig Praxis, zu einer klaren Vereinbarung mit dem Pendel zu gelangen, doch ohne ein bißchen Übung geht es nun mal nicht. Beachten Sie auch, daß in manchen Fällen eine recht unangenehme Eigenschaft des Pendels festgestellt worden ist, nämlich die, seine „Gewohnheiten" auf einmal zu ändern. Es ist also zweckmäßig, wenn Sie die Ja/Nein-Reaktionsweise von Zeit zu Zeit einer Kontrolle unterziehen. Für mich persönlich bedeutet „ja" ein Kreisen des Pendels im Uhrzeigersinn in der rechten Hand, „nein" entgegen dem Uhrzeigersinn. Benutze ich die andere Hand, sind die Rotationsbewegungen umgekehrt. Da ich es vorziehe, die Vor-und-Zurück-Oszillation ausschließlich als absolut neutral, also „nichtssagend" zu betrachten, habe ich mein Pendel daran gewöhnt, noch in einer bestimmten andern Weise zu reagieren, nämlich mit einer geradlinigen Hin- und Her-Schwingung von rechts nach links, also im rechten Winkel zur Neutraloszillation. Wenn ich dabei bin, mit meinem Pendel irgendeine Art von Analyse zu machen und es zeigt sich diese Bewegung, dann weiß ich, daß ich mit meiner Fragestellung auf der falschen

Spur bin, daß es dem Pendel unmöglich ist, entweder mit ja oder nein zu reagieren. Beides wäre in so einem Falle eben falsch. (Im Deutschen wäre hier vielleicht das oft scherzhaft gebrauchte Wort „Jein" – Ja und Nein zusammengezogen – der passende Ausdruck.)

Wenn Sie diese Reaktionsweisen festgelegt und etwas geübt haben – wobei ich wiederhole, daß sie bei Ihnen nicht unbedingt die gleichen sein müssen wie bei mir –, können Sie Ihrem Pendel alle Arten von Fragen stellen, die im Rahmen der drei Reaktionsmöglichkeiten beantwortet werden können. Das umfaßt natürlich ein weites Gebiet von Fragen, die sich auf Qualität, Quantität, Lage- und Richtungsprobleme beziehen können, auf solche innerhalb unseres normalen Raum-Zeit-Kontinuums wie auch auf solche, die diese Grenze überschreiten. Vergessen Sie nie, daß die Art und Weise und der ganze Charakter der Fragestellung sich auf die Art der Antworten auswirkt. Stellen Sie verworrene, nebelhaft verschwommene Fragen, werden die Antworten ebenso verworren und unklar sein. Machen Sie vor allem nicht den so häufig zu beobachtenden Fehler, daß Sie sogenannte Oder-Fragen stellen, zum Beispiel: „Ist das rot oder blau?" Auf eine solche doppelsinnige Frage kann weder ein Ja noch ein Nein gegeben werden. Auch auf eine Frage wie: „Ist diese Sache negativ?" könnte die negative Nein-Schwingung eine Bekräftigung der Negativität bedeuten, eigentlich also ein „Ja". Auf jeden Fall ist diese allgemeine Ja/Nein-Methode eine der am leichtesten und vielseitigsten anwendbaren, wenn Sie sie ausreichend geübt haben.

7 Lage- und Richtungsbestimmung

Diese Techniken zerfallen in zwei Gruppen. Die eine operiert im Rahmen der physikalischen Gesetzmäßigkeiten, die andere geht teilweise oder gänzlich darüber hinaus. An dieser Stelle will ich mich auf die Beschreibung der ersten Gruppe beschränken; auf die zweite, die auch Techniken des Landkartenmutens und des zeitversetzten Mutens mit einschließt, werde ich im Kapitel 9 näher eingehen, weil nämlich die Prüfungs- und Kontrollmöglichkeiten für die beiden Gruppen sich etwas voneinander unterscheiden. Mehr darüber später. Im Moment wenden wir uns den mehr gewöhnlichen Standardtechniken zu.

Lagebestimmung in bezug auf die Erdoberfläche

Traditionsgemäß wird von dem benutzten Instrument angenommen, daß es nur dann reagiert, wenn es sich direkt über dem gesuchten Objekt befindet; wohlverstanden: das Instrument im Moment des Reagierens, nicht der Rutengänger. Bei Anwendung einer Gabelrute heißt es, daß sich das gesuchte Objekt direkt unter der Rutenspitze befindet, bei einer Winkelrute unmittelbar unterhalb des Kreuzungspunktes. Dies entspricht im großen und ganzen der Arbeitsweise, die Sie bisher kennengelernt und praktiziert haben, ist aber nichtsdestoweniger etwas ungenau, hauptsächlich infolge der durch die Winkelabweichungen entstehenden Fehler, die wiederum ihre Ursache in der jeweils verschiedenen Entfernung zwischen dem Instrument und dem Erdboden haben. Anders ausgedrückt: es ist gar nicht so einfach, ganz klar zu erkennen, was vor sich geht. Beim ernsthaften Arbeiten müssen Sie sich bemühen, so präzis wie möglich zu sein. Um das zu erreichen, nehmen Sie – entgegen den traditionellen Anschauungen – lieber Ihren eigenen Körper als Standortanzeiger für die Lage des gesuchten Objektes.

Der Körper als Markierungszeichen

Die Füße

Die erste hierher gehörende Technik, bei der Sie jedes beliebige Instrument benutzen können, ist, *die Vorderkante eines Ihrer Füße* als Markierungspunkt zu nehmen. Wenn Sie beim langsamen Vorwärtsschreiten einen Fuß vor den anderen setzen, wird je nachdem die linke oder rechte Fußspitze – oder auch irgendein anderer Punkt an Ihren Füßen – zum Markierungszeichen werden. Nach ein wenig Übungspraxis sollten Sie imstande sein, mit dieser Methode die Lage eines Objektes oder die Ränder einer Rohrleitung bis auf einen oder zwei Zentimeter genau zu bestimmen, was ein recht guter Genauigkeitsgrad ist. Nur wenn Sie dem Lauf einer Rohrleitung oder einer unterirdischen Wasserführung folgen wollen, wird wahrscheinlich die Genauigkeit Ihrer Feststellungen nicht ganz so exakt sein. Wenn es aber erforderlich ist, sollten Sie immerhin imstande sein, den Verlauf mit einer Abweichung von nur wenigen Zentimetern nach links oder rechts herauszufinden und zu kennzeichnen. Das ist nicht so schwierig, wie es im ersten Augenblick zu sein scheint. Sie müssen nur Ihr Instrument sowie Ihre Füße beziehungsweise Fußspitzen aufmerksam beobachten. Das ist alles.

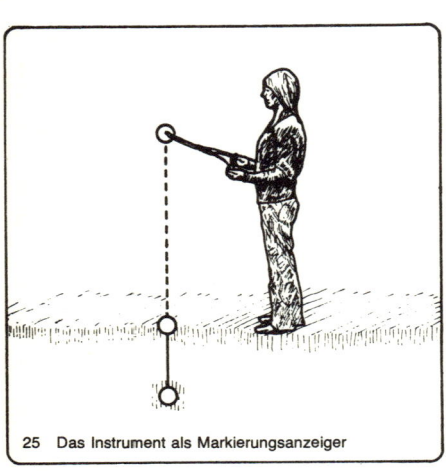

25 Das Instrument als Markierungsanzeiger

26 Die Fußspitze als Markierungspunkt

Die Finger

Für noch genauere Lagebestimmungen zum Beispiel in Situationen, in denen Sie Ihre Füße nicht verwenden können – etwa beim Suchen einer undichten Stelle an einem vertikalen Wasserrohr – benutzen Sie zweckmäßig die Fingerspitzen einer Hand als Anzeiger. In so einem Falle wäre natürlich das Pendel das geeignete Instrument. Bei Anwendung dieser Methode sollte es Ihnen möglich sein, die Lagebestimmung des Lecks bis auf einen halben Zentimeter oder noch weniger zu präzisieren, was natürlich davon abhängt, wie Sie an die Sache herangehen. Wenn es notwendig sein sollte, noch genauer zu sein, können Sie die Spitze einer in der Hand gehaltenen Sonde – eines Bleistifts oder einer Nadel zum Beispiel – zur Punktmarkierung benutzen. Dies ist besonders nützlich bei Mutungen über Stadtplänen und Landkarten, was ich später noch näher erklären werde.

Die Hände

Eine andere dem Pendel vorbehaltene Technik ist folgende: Benutzen Sie die Innenfläche Ihrer freien Hand als Anzeiger, was sich allerdings besser zur Lagebestimmung von Rändern, Kanten und Begrenzungen eignet als zu punktuellen Bestimmungen. Diese Methode wird jetzt sehr häufig benutzt. Man verwendet sie hauptsächlich dann, wenn es um die Bestimmung der Ausdehnung von ,,Feldern'' geht, speziell um den Versuch, Größe und Reichweite eines solchen Feldes festzustellen. Sie können diese Handflächenmethode benutzen, um Lage und Größe elektrostatischer oder magnetischer Felder zu bestimmen. Da aber in dieser Hinsicht die konventionellen technischen Meßgeräte zuverlässiger arbeiten, wollen wir diesen Aspekt nicht besonders betonen. Aber es gibt verschiedene Arten von ,,Feldern'' – analog den elektrostatischen Feldern –, die die Umgebung aller lebenden Wesenheiten, ja sogar anorganischer Dinge zu beleben und von ihnen auszustrahlen scheinen. Ich glaube, daß es sich dabei um die sogenannten ,,Auren'' handelt. Aufgrund meiner verschiedenen diesbezüglichen Experimente habe ich gefunden, daß es möglich ist, die Größe und Ausdehnung eines solchen ,,Feldes'' festzustellen, zumindest beim Menschen. Diese Felder können sich, von der Schulter aus gemessen, von wenigen Zentimetern an bis zu einem Meter und mehr nach außen erstrecken. Ihre Ausdehnung hängt offensichtlich mit dem Gesundheitszustand

27 Der Finger als Markierungszeichen

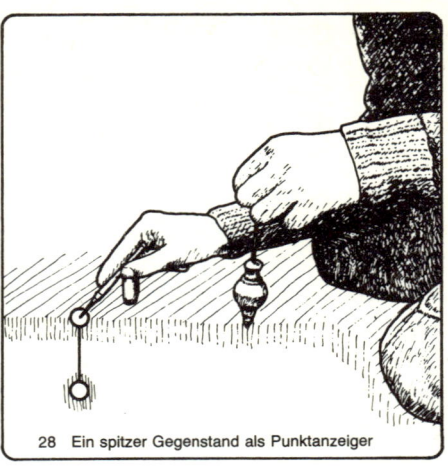

28 Ein spitzer Gegenstand als Punktanzeiger

der betreffenden Person und noch anderen Faktoren zusammen. Machen Sie derartige Versuche selbst: erheben Sie die freie Hand und bringen Sie deren Innenfläche langsam aus einiger Entfernung immer näher und näher in Schulterhöhe an die Person heran, die sich Ihnen für dieses Experiment ein paar Minuten zur Verfügung gestellt hat. Findet sich keine Versuchsperson, machen Sie das gleiche Experiment, indem Sie sich dem Stamm eines Baumes nähern. Achten Sie genau darauf, ob, wann und wie das Pendel reagiert, wenn Sie den Gedanken „Messung der Feldausdehnung beziehungsweise Bestimmung des Randes der Aura" im Geist festhalten.

29 Die Hand als Anzeiger der Grenze eines menschlichen „Feldes" (Aura)

30 Messung der Ausdehnung des „lebendigen" Strahlungsfeldes eines größeren und eines jungen Baumes

Feststellung der Weite oder des Durchmessers einer Wasserleitung oder einer unterirdischen Strömung

Um die Weite (den Durchmesser) einer Wasserleitung oder eines unterirdischen Wasserlaufes mit der Positionsmethode herauszufinden, ist es erforderlich, daß Sie so genau wie irgend möglich beobachten. Präzise Angaben erreichen Sie sofort und ohne Schwierigkeiten, wenn Sie sorgfältig die Verhaltensweise Ihrer Instrumente beobachten. Nehmen wir an, Sie haben bereits festgestellt, daß sich bei der Annäherung an den im Boden befindlichen Wasserlauf Ihre Winkelrute zu schließen beginnt oder Ihr Pendel anfängt, ein wenig seine Schwingungsachse zu verändern oder daß die Spitze Ihrer Gabelrute sich ganz leicht von der Horizontalen nach oben oder unten neigt. Diese ersten schwachen Bewegungen sind für Sie eine „Vor- oder Frühwarnung". Unterstützen und ermutigen Sie gedanklich diese leichten Erstbewegungen und üben Sie Ihre Instrumente (und sich selber), indem Sie in diesem Moment eine kurze Besinnungspause einlegen, ehe Sie weitergehen und Ihr Instrument ganz scharf und präzis über dem Mittelpunkt der Leitung reagiert. Der Hauptreaktionspunkt, den Sie mittels Ihrer Füße oder Hände markieren, befindet sich dort, wo Ihre Winkelrute sich vollständig überkreuzt, wo das Pendel kreist (gleichmäßige Kreise beschreibt, nicht etwa elliptische Schwingungen ausführt) oder wo Ihre Gabelrute endgültig und ganz deutlich nach oben oder unten kippt.

Um nun die Breite der gefundenen Wasserführung zu bestimmen, müssen Sie beide Seiten an den gefundenen Erstreaktionsstellen kennzeichnen. Ganz gleich, welches der drei Instrumente Sie benutzen – nähern Sie sich der Wasserführung einmal von der einen, dann von der anderen Seite. Markieren Sie die Stelle des jeweils *ersten* Reaktionsimpulses auf jeder Seite. Die beiden so gefundenen Markierungen geben die Weite der Leitung oder des Wasserlaufes an. Sollten Sie feststellen, daß Sie eine „negative Weite" registriert haben, weil sich die gefundenen Punkte überschneiden beziehungsweise überlappen, dann wäre das ein Zeichen für Sie, daß Sie noch ein wenig mehr Praxis benötigen. Dieses Problem stellt sich häufiger und leichter bei Benutzung einer Gabelrute; auf die Gründe habe ich bereits hingewiesen. Der gesunde Menschenverstand wird Ihnen übrigens nahelegen, sich der zu untersuchenden unterirdischen Wasserführung möglichst im rechten Winkel zu nähern und so die Markierungspunkte abzustecken.

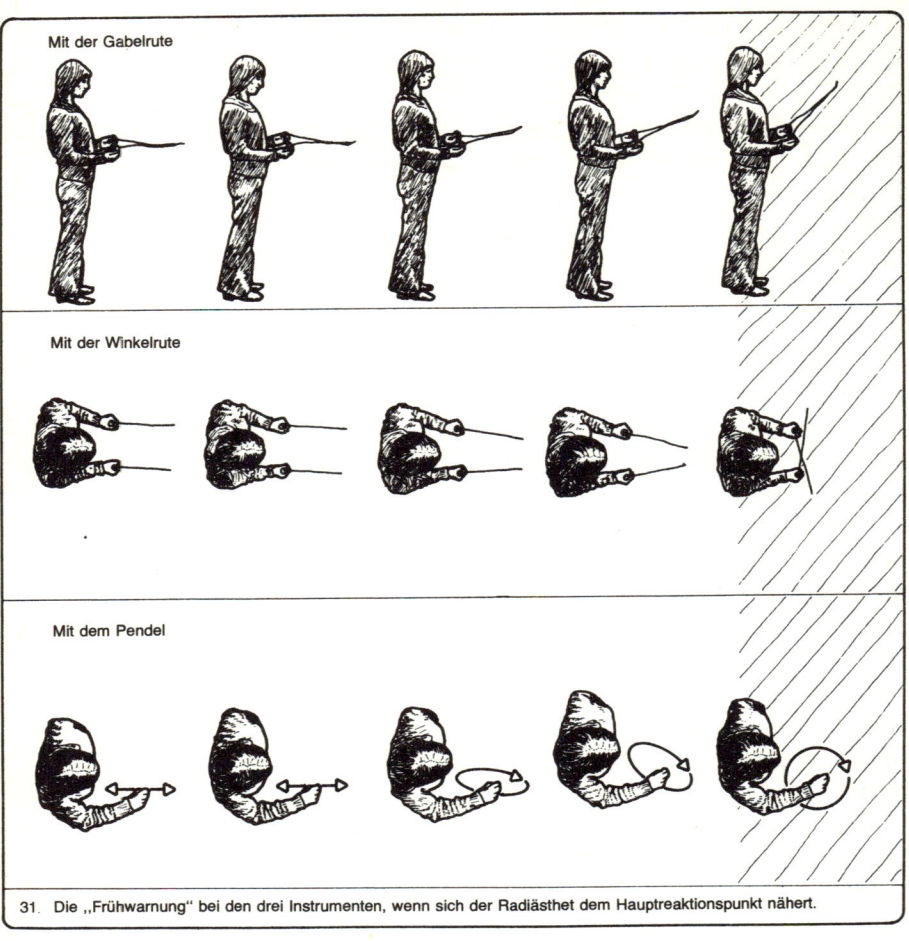

Mit der Gabelrute

Mit der Winkelrute

Mit dem Pendel

31. Die „Frühwarnung" bei den drei Instrumenten, wenn sich der Radiästhet dem Hauptreaktionspunkt nähert.

Einfacher ist es, diese Weitenbestimmung mit der Winkelrute oder dem Pendel vorzunehmen. Wenn Sie sich dem unterirdischen Lauf nähern, achten Sie auf die Vorwarnsignale Ihres Instrumentes und halten Sie an dieser Stelle einen Moment an. Dann gehen Sie langsam weiter, und erst dort, wo Ihr Instrument voll reagiert, ist auf dieser Seite der Rand des Gesuchten. Merken Sie sich oder kennzeichnen Sie irgendwie diesen Punkt, *ohne jedoch Ihr Weiterschreiten ganz zu unterbrechen.* In einiger Entfernung werden sich Ihre Winkelruten auf einmal wieder zu öffnen (auseinanderzuschlagen) beginnen, oder, wenn Sie ein Pendel benutzen, werden dessen Kreisbewegungen wieder zu unregelmä-

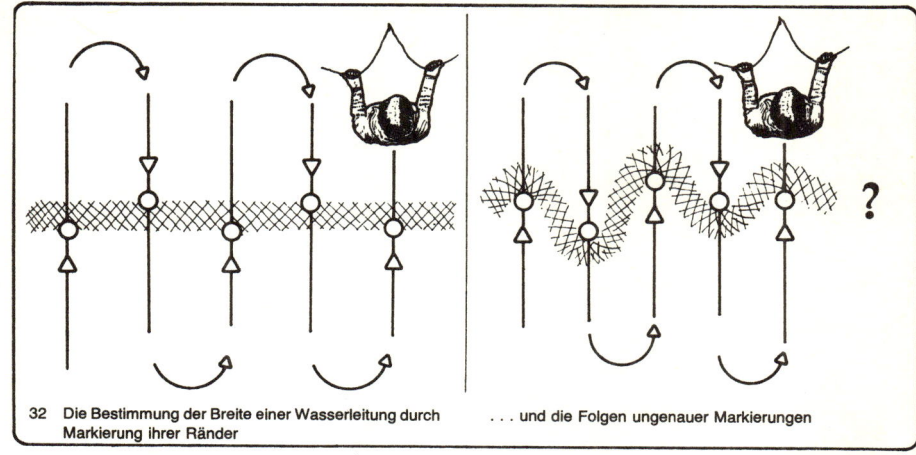

ßigen Ellipsen oder zur Oszillation zurückkehren. Der Punkt, wo dies geschieht, ist dann die zweite Kante der gesuchten Leitung oder Strömung; die Entfernung zwischen den beiden Punkten ist die Weite beziehungsweise der Durchmesser des Rohres oder des Wasserlaufes.

Richtungsbestimmungen in bezug auf ein Objekt

Wenn Sie die Richtungsbestimmungs-Techniken beherrschen, können Sie sich viel Zeit ersparen. Ihre Anwendung macht es unnötig, immer wieder über die gefundene Linie langsam hin und her zu gehen und die jeweils vier Reaktionsstellen zu markieren, wie Sie es tun müßten, wenn Sie einzig und allein die vorstehend beschriebene Positionstechnik benutzen. Jetzt geht es darum, Ihre Instrumente als Richtungsweiser zu gebrauchen, also zur Feststellung des weiteren Verlaufs des gesuchten Objektes im Verhältnis zur Bodenoberfläche. Dazu können Sie sich zweier Methoden bedienen, entweder der Triangulation (Dreieck-Vermessungsmethode) oder der ,,Spur-Verfolgungs-Methode". Die Wahl der Technik hängt zum Teil vom Instrument, zum Teil von Ihrem persönlichen Entschluß oder von Ihrer Vorliebe für das eine oder andere ab.

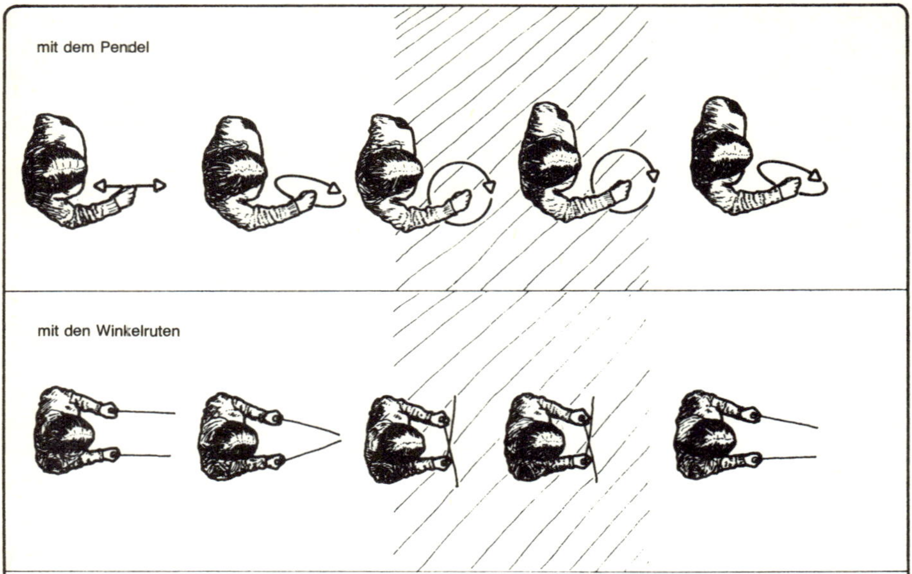

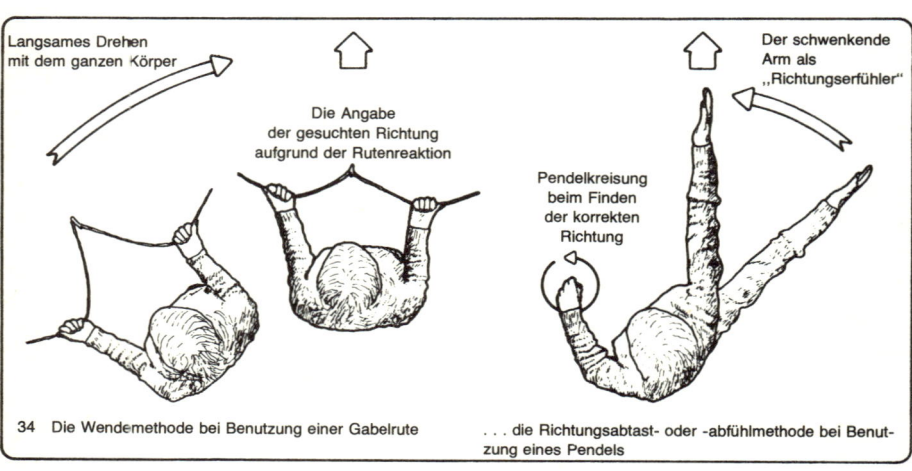

mit dem Pendel

mit den Winkelruten

33   Die Kennzeichnung der Lage der beiden Ränder einer Leitung oder eines Wasserlaufes bei Verwendung von Winkelruten und eines Pendels

Die Triangulation

Wenn Sie von zwei oder auch mehreren Orientierungspunkten ausgehen (vielleicht von zwei Ecken eines Feldes), deren Lage Sie mit Ihrem

Langsames Drehen
mit dem ganzen Körper

Die Angabe
der gesuchten Richtung
aufgrund der Rutenreaktion

Der schwenkende
Arm als
„Richtungserfühler"

Pendelkreisung
beim Finden
der korrekten
Richtung

34   Die Wendemethode bei Benutzung einer Gabelrute

. . . die Richtungsabtast- oder -abfühlmethode bei Benutzung eines Pendels

84

Instrument festgestellt haben, müßte es Ihnen gelingen, die Position eines Objektes mittels Triangulation (Dreiecksberechnung) zu bestimmen. Es gibt zwei Methoden, wie Sie das machen können: einmal die „Wendemethode", dann die „Richtungs-Abtast- oder Abfühl-Methode". Da beide Techniken ruhiges Stehenbleiben erfordern, ist die Anwendung von Winkelruten dabei nicht am Platze, denn Sie werden selbst bald herausfinden, daß die Ruten sich nur sehr langsam und schwerfällig bewegen, solange Sie auf einer Stelle ruhig verharren, und nur dann sanft zu schwenken beginnen, wenn Sie sich auch bewegen.

Die Wendemethode

Dies ist praktisch die einzige Richtungsbestimmungstechnik unter Benutzung einer Gabelrute. (Es ist allerdings auch möglich, ein Pendel zu verwenden). Halten Sie Ihr Instrument in der Neutralstellung. Dann drehen Sie sich langsam auf der Stelle um sich selbst, dabei im Bewußtsein den Wunsch beziehungsweise Befehl festhaltend, daß das Instrument reagieren soll, wenn Sie dem gesuchten Objekt in direkter Linie frontal zugewandt sind. Halten Sie die Frage: „In welcher Richtung befindet sich das gesuchte Objekt?" im Geist fest. Ist die Reaktion eingetreten, kennzeichnen Sie irgendwie die gefundene Richtungslinie. Dasselbe wiederholen Sie nun von einer anderen Stelle des Geländes aus. Das gesuchte Objekt befindet sich dann an der Stelle (gewöhnlich relativ zur Erdoberfläche), wo sich die beiden Linien (oder eventuell auch mehrere) treffen beziehungsweise sich überschneiden.

Die Abtast- oder Abfühlmethode mit einem Pendel

Das ist eine Abwandlung der soeben beschriebenen Körperdrehtechnik, bei der ein Pendel gebraucht und der freie Arm oder die Hand als Richtungsweiser benutzt werden. Versetzen Sie zuerst Ihr Pendel in die Neutralschwingung. Beginnen Sie sodann, sich langsam um sich selbst zu drehen, dabei Ihre Aufmerksamkeit mehr auf den ausgestreckten Arm als auf Ihren Körper richtend und festhaltend. Ihr Arm ist in diesem Falle das Richtungspeilgerät. Das Pendel wird Ihnen durch seine Reaktion verraten, wenn Ihr Arm in die korrekte Richtung auf das gesuchte Objekt hinweist. Es gibt einige Radiästheten, die einen Stock oder einen anderen langen, spitz zulaufenden Gegenstand in die Hand nehmen, der für sie die Rolle des Richtungsweisers spielt. Ich halte das nicht für wesentlich, obgleich ein langer Stab insofern hilfreich sein kann, als er es erleichtert, über ihn hinweg, gewissermaßen als Visier, die Sichtlinie genauer zu bestimmen. Dann haben Sie die von zwei oder mehr Standpunkten aus gefundenen Richtungslinien zu markieren und aus deren Triangulation die Lage des gesuchten Objektes zu bestimmen.

35 Die Richtungsabtast- oder -abfühlmethode durch Schwenken des Armes. (a) mit dem Finger, (b) mit der Handkante als Zeiger. (c) Ein längerer Stab als Richtungsweiser

Die Spurverfolgungsmethode

Folgen Sie der Spur, die von den richtungsweisenden Reaktionen der Winkelrute oder des Pendels angezeigt wurden, so lange, bis die deutliche Lagereaktion eintritt, die die Position des gesuchten Objektes anzeigt.

Mit Winkelruten

Wie immer: entspannen Sie sich einen Moment. Bringen Sie die Ruten in die Neutralstellung. Gehen Sie jetzt langsam vorwärts, im Geiste die Frage festhaltend: ,,In welcher Richtung befindet sich das gesuchte Objekt?" Die Ruten werden, in diesem Fall parallel zueinander, zu schwenken beginnen und so die Richtung anzeigen. In diese Richtung wenden Sie sich und gehen in ihr weiter. Beachten Sie jede eintretende Richtungsänderung und folgen Sie dieser. Solange sich die Ruten nicht bewegen, gehen Sie geradeaus in der eingeschlagenen Richtung weiter.

86

Konzentrieren Sie sich scharf auf Ihre Absicht, auf das Ziel Ihrer Arbeit. Seien Sie nicht überrascht oder gar enttäuscht, wenn Sie feststellen, daß die Ruten Sie ein bißchen umherwandern lassen. Denn mit geringen Schwankungen und Richtungsabweichungen müssen Sie rechnen, zumindest zu Beginn Ihrer praktischen Versuche. Verlangen Sie also nicht gleich eine „absolute Korrektheit". An irgendeinem Punkt aber werden sich die Ruten kreuzen, und zwar sehr deutlich und aller Wahrscheinlichkeit nach plötzlich. Dieser Punkt ist dann der, an dem sich das gesuchte Objekt befindet.

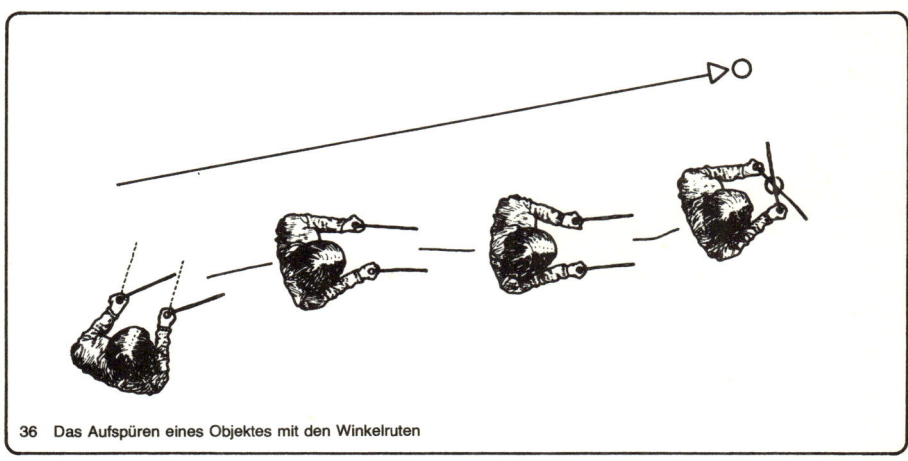

36 Das Aufspüren eines Objektes mit den Winkelruten

37 Die richtungsweisende Reaktion der Winkelruten

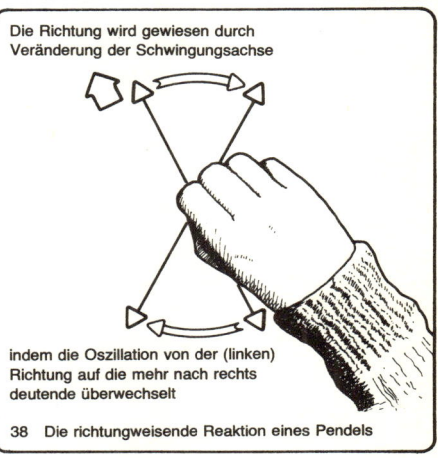

Die Richtung wird gewiesen durch Veränderung der Schwingungsachse

indem die Oszillation von der (linken) Richtung auf die mehr nach rechts deutende überwechselt

38 Die richtungsweisende Reaktion eines Pendels

Die Prozedur mit dem Pendel ist praktisch die gleiche. Sie richten sich einfach nach den vom Pendel angezeigten Richtungs- und Lagereaktionen. Die Richtungsweisung besteht in diesem Falle in einer Veränderung der Oszillationsachse in bezug auf die ursprüngliche neutrale Schwingungsachse (siehe Zeichnung 38). Folgen Sie der Linie, die von der neuen Achsenrichtung angezeigt wird und passen Sie sich an, wenn – wie bei den Winkelruten – unterwegs weitere Richtungsänderungen angezeigt werden sollten. Sie werden zu einem Punkt kommen, an dem die Pendelbewegungen ganz deutlich in ein Kreisen übergehen, und wie zuvor bezeichnet dieser Reaktionspunkt die Lage des gesuchten Objektes.

Feststellung der Fließrichtung

Ich habe gefunden, daß beim Überschreiten einer unterirdischen Wasserführung die Ruten oder das Pendel automatisch dazu neigen, in die Fließrichtung zu deuten, besonders dann, wenn die Frage „Wohin fließt das Wasser?" im Bewußtsein festgehalten wird. Für irgendwelche anderen Dinge als Wasser – zum Beispiel für die Feststellung der Bewegungsrichtung der Elektrizität in Kraftstromkabeln – ist diese Frage von Bedeutung, sie ist aber bei der Wassersuche meist nicht so wichtig. Wenn Sie die Fließrichtung festgestellt haben, können Sie deren weiterem Verlauf folgen, indem Sie die „Spurenverfolgungstechnik" anwenden.

Die Lauf- oder Strömungsverfolgungstechnik

Nehmen Sie eins der beiden Instrumente und folgen Sie der angezeigten Richtung sowie eventuellen weiteren Richtungsänderungen. Halten Sie im Geiste die Frage fest: „Wie ist die Fließrichtung?"; sofern es sich natürlich überhaupt um etwas Fließendes handelt. In diesem Falle können Sie der Richtung auch „flußaufwärts" folgen, indem Sie im Geiste die Frage stellen: „Woher kommt die Strömung, wie ist ihr Verlauf nach rückwärts?" Sie können auf diese Weise dem Verlauf jedes linearen Objektes folgen. Rechnen Sie damit, daß Sie mit ziemlicher Sicherheit auf Schwankungen oder Abweichungen stoßen werden, insbesondere beim Verfolgen einer Strömung, die mehr als einige Zentimeter breit ist. Seien Sie also nicht überrascht, wenn das Verfolgen einer anscheinend gradlinig verlegten Rohrleitung Sie im Zickzack hin und her führt (siehe Zeichnung 39).

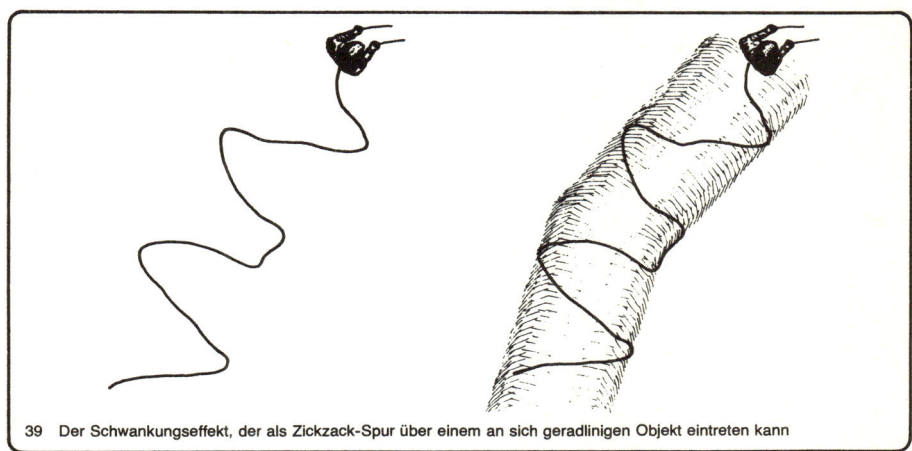

39 Der Schwankungseffekt, der als Zickzack-Spur über einem an sich geradlinigen Objekt eintreten kann

Beobachten Sie sorgsam Ihr Instrument. Mit der nötigen Praxis wird es Ihnen möglich sein, die Ränder beziehungsweise Außenkanten eines an sich linearen Objektes bis auf einige Zentimeter Spielraum zu bestimmen. Hüten Sie sich aber vor Erwartungsvorstellungen und vor zu eiligen Schlußfolgerungen, etwa vor plötzlichen Einfällen wie „Aha! – das sieht aus, als wäre das Gesuchte hier unten!" Diese Feststellung kann richtig sein, aber auch falsch; sie könnte nur eine Reaktion auf „Nebengeräusche" sein. Beobachten Sie weiterhin, was vor sich geht, halten Sie weiterhin sowohl die mentale als auch die physische Aufmerksamkeit aufrecht. Richten Sie Ihre Gedanken sowohl auf Ihr Instrument als auch gleichzeitig auf Ihre Füße und auf das Ziel Ihres Tuns. Lassen Sie Ihre Aufmerksamkeit nicht erlahmen und abschweifen, wenn Sie nicht wollen, daß Sie buchstäblich im Kreis herumlaufen.
Was mich auf einen anderen Punkt bringt: Wenn Sie der Strömung eines unterirdischen Wasserlaufes nachgehen – angenommen einer Wasserleitung –, seien Sie nicht überrascht, wenn Sie ab und zu auf Stellen stoßen, wo Sie mit Ihrem Instrument einen engen Kreis beschreiben. Aus noch nicht ganz klaren Gründen treten solche „Kno-

ten" oder Wasserwirbel hier und da in Wasserführungen auf. Das zu erkennen und richtig zu deuten gehört zu den besonderen Feinheiten der Spurensuche. Wie üblich gehen aber die Meinungen darüber bei verschiedenen Rutengängern und Pendlern auseinander. Es kommt eben darauf an, wonach Sie suchen und welche Art von Instrument Sie benutzen.

Einige Anmerkungen hinsichtlich des Suchens nach dem Strömungsverlauf

Mit dem Pendel . . .

Nehmen wir als Beispiel an, Sie suchen nach der Fließrichtung eines Wasserlaufes mit einem Pendel und stellen fest, daß Ihr Instrument scharf nach links dreht und diese Bewegung auch beibehält, was zur Folge hat, daß Sie sich auf ein und derselben Stelle um sich selber drehen. Was ist in diesem Fall zu tun? Zuerst einmal: stop. Bringen Sie Ihr Pendel wieder in die Neutralschwingung und fragen Sie es (das heißt eigentlich sich selber): ,,Wohin fließt von dieser Stelle aus das Wasser?'' Seien Sie aber nicht überrascht, wenn das Pendel auf diese Frage in mehr als nur eine Richtung weist, wenn es seine Schwingungsachse mehrfach nacheinander ändert. Wählen Sie eine von den angezeigten Richtungen und merken Sie sich diese ,,Stelle der Unklarheit'', von der anzunehmen ist, daß sich hier der unterirdische Wasserlauf verzweigt. Verfolgen Sie zunächst einmal eine einzige der angegebenen Richtungen (siehe Zeichnung 40). Diese Punkte, an denen sich Wasserläufe verteilen und auseinandergehen, bewirken noch andere seltsame Effekte beim Rutengänger und Pendler, wie Guy Underwood herausgefunden hat. Doch darüber später mehr.

Zurück zu der Suche nach der Fließrichtung mit einem Pendel. Sie gehen, wie oben beschrieben, der angezeigten Richtung nach. Plötzlich fängt Ihr Pendel an zu kreisen. Wenn Sie nun Ihre Aufmerksamkeit konzentriert auf das Ziel Ihrer Arbeit gerichtet halten, brauchen Sie nicht gleich zu denken, daß Sie nun etwa einen besonderen Fund gemacht hätten. Das plötzlich auftretende Kreisen des Pendels kann entweder bedeuten, daß der Wasserlauf sich an dieser Stelle verzeigt (in welchem Falle Sie wie oben beschrieben verfahren), oder es könnte sein, daß ein anderer Wasserlauf – oder auch etwas Ähnliches – die bis-

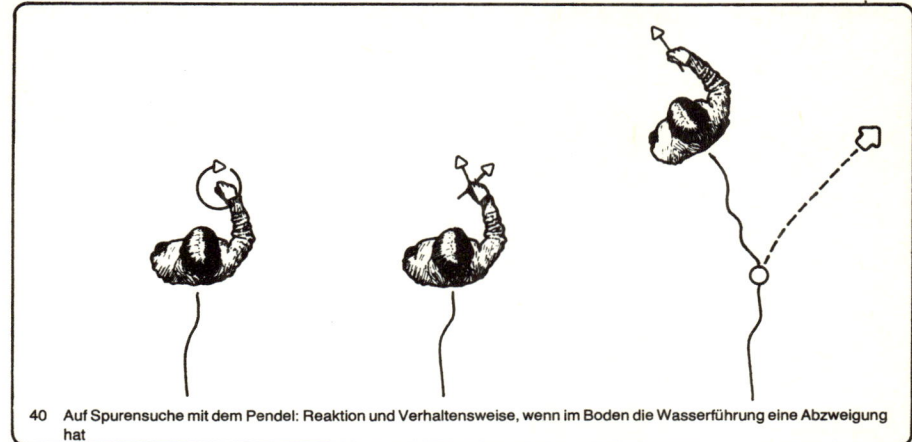

40 Auf Spurensuche mit dem Pendel: Reaktion und Verhaltensweise, wenn im Boden die Wasserführung eine Abzweigung hat

her verfolgte Wasserführung an dieser Stelle kreuzt, möglicherweise in einer anderen Tiefe. Sie müssen eben Ihre Intuition und Ihren imaginativen Spürsinn anwenden, um herauszufinden, was hier los ist.

. . . oder mit Winkelruten

Winkelruten sind insofern bei der Feststellung der Fließrichtung dem Pendel gegenüber im Vorteil, als sie uns deutlicher anzeigen können, was an einem Verzweigungspunkt unter unseren Füßen tatsächlich los

41 Auf Spurensuche mit Winkelruten: Reaktion und Verhaltensweise über einer Abzweigung der Wasserführung im Boden

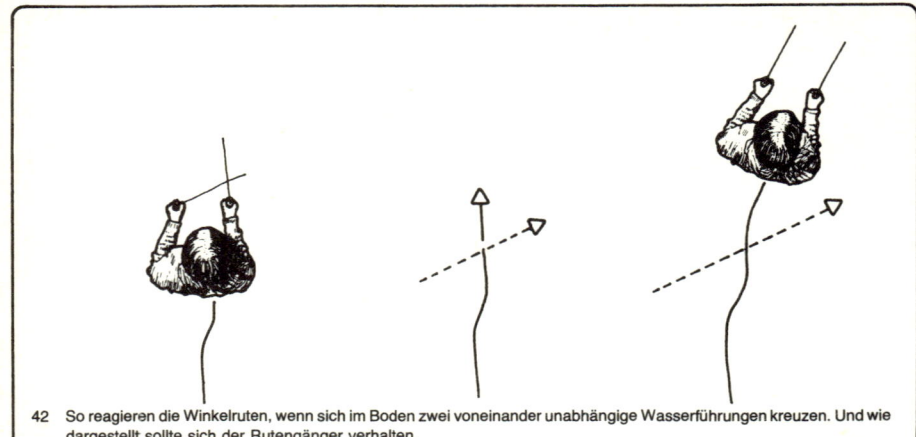

42 So reagieren die Winkelruten, wenn sich im Boden zwei voneinander unabhängige Wasserführungen kreuzen. Und wie dargestellt sollte sich der Rutengänger verhalten.

ist. Wenn die Rute in der linken Hand nach links abdreht, während die andere Rute ihre bisherige Richtung beibehält, dann läßt das erkennen, daß die Wasserführung hier einen Abzweig nach links hat. Wenn die Rute in der rechten Hand über die in der linken hinwegschlägt, die weiterhin nach vorn zeigt, dann ist das ein Zeichen dafür, daß eine andere Wasserführung oder Wasserleitung in unterschiedlicher Tiefe von rechts nach links führt – und umgekehrt (siehe Zeichnungen 41 und 42). Ich habe meine Winkelruten daran gewöhnt, in dieser Weise zu reagieren. Versuchen Sie Ihre Winkelruten dazu zu bringen, in einer für Sie verständlichen Weise die wirkliche Sachlage anzuzeigen.

Noch einmal: das Mentalfragen

Wie schon bei der Beschreibung der qualitativen Techniken erwähnt, können Sie natürlich Ihrem Pendel auch Fragen stellen, die sich auf Lage und Richtung beziehen. Etwa: ,,Ist dies das richtige Feld?" – ,,Ist das Gesuchte nördlich von hier zu finden?" – ,,In welche Richtung habe ich zu gehen?" usw. Es gilt hier auch dieselbe Regel, daß Sie auf eine unklare Frage eine ebenso unklare Antwort bekommen werden, besonders natürlich dann, wenn Sie doppelsinnige und sogenannte Oder-Fragen stellen, die eine klare Ja- oder Nein-Antwort unmöglich machen. Überlegen Sie daher schon im voraus sorgfältig Ihre jeweiligen Fragestellungen.

8 Quantitätsbestimmungen

Auch hier ist es so: die Techniken unterscheiden sich voneinander entsprechend dem Ziel, das Sie sich gesetzt haben, und dem Instrument, das anzuwenden Sie sich entschlossen haben. Wir haben es abermals mit zwei Gruppen von Techniken zu tun: einmal mit jenen, die auf einschlägige Fragen direkte Antworten geben können, und mit anderen, die indirekte oder Analogie-Antworten zu geben vermögen. Befassen wir uns zunächst mit den ersteren.

Vom Instrument angezeigte Reaktionen

Die Heftigkeit und offensichtliche Stärke der Instrumentenreaktionen sind die ersten Hinweise, die auf die Größe des jeweiligen Objektes schließen lassen; in der Praxis kann das aber nur als sehr grobe Angabe gewertet werden. Aufgrund einer ganzen Reihe von Faktoren werden selbst die Resultate eines sensitiven und erfahrenen Radiästheten rasch aufeinanderfolgenden Schwankungen unterliegen, besonders dann, wenn zwischen den einzelnen Versuchen Stunden oder Tage liegen. Es ist also nicht empfehlenswert, sich allein auf die Stärke und Intensität der Reaktionen zu verlassen, die sowieso von der Persönlichkeit des Rutengängers oder Pendlers abhängen. Mit den Ausdrücken ,,schwache oder starke Reaktion" läßt sich praktisch nicht viel anfangen. Wenn man aber ein System anwendet, das erlaubt, die jeweilige Stärke einer Reaktion zu messen, ist dieses System geeignet, die auftretenden Reaktionsunterschiede präziser zu erkennen und sie genauer zu bestimmen. Sie werden dabei sogar feststellen, daß sich Ihre Sensitivität nach und nach automatisch den Erfordernissen des Systems anpaßt. Es gibt für diese Art von instrumentaler Anzeige drei Beispiele: erstens die mit Gradeinteilung versehenen Winkelruten, eine als Separationstyp bezeichnete Zeigerrute und schließlich die Methode, bei der die Zahl der Rotationen eines Pendels gezählt wird.

Mit Gradeinteilung versehene Winkelruten

Es handelt sich um gewöhnliche Winkelruten, bei denen Sie aber an einem oder an beiden der langen Arme in regelmäßigen Abständen Markierungen angebracht haben. Sie können natürlich auch eine andere Einteilung wählen, etwa eine trigonometrische oder logarithmische,

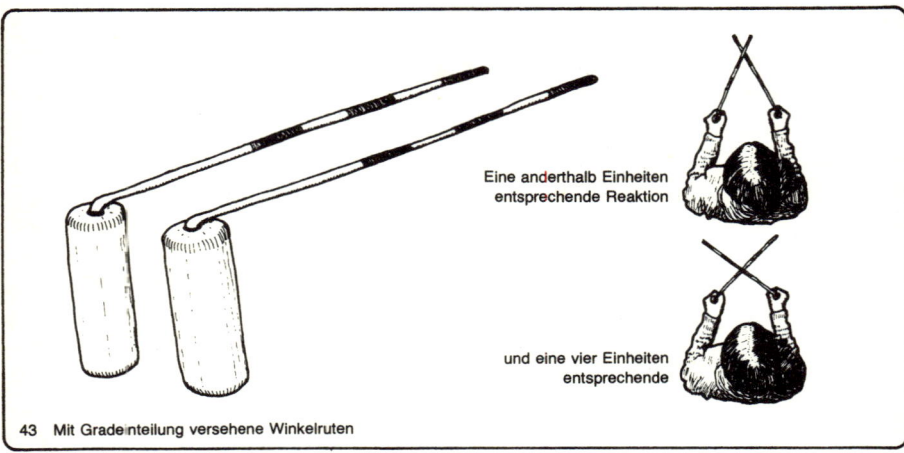

Eine anderthalb Einheiten
entsprechende Reaktion

und eine vier Einheiten
entsprechende

43 Mit Gradeinteilung versehene Winkelruten

ganz wie Sie meinen, daß sie den jeweiligen Erfordernissen am besten entspricht. Die Ruten werden in der üblichen Weise gehandhabt, obwohl Sie hier besonders darauf achten müssen, daß Ihre Hände ruhig bleiben und sich die Griffhöhe und damit die Gradeinteilung während des Arbeitens nicht verändern. Der einzige Unterschied zu den bisher gebrauchten Winkelruten ohne Gradeinteilung ist, daß Sie jetzt *nicht* verlangen sollten, daß sich Ihre Ruten *vollständig* schließen, wenn Sie eine Wasserleitung oder eine im Boden befindliche Strömung überschreiten. Es kommt statt dessen darauf an, in Ihrem Bewußtsein festzuhalten, daß sich die Ruten nur bis zu jenem Grad schließen, der den Markierungen auf Ihrer Rute entspricht und Sie die erwünschten Größenangaben der Leitung oder Strömung, der Fließstärke und -geschwindigkeit oder auch andere gesuchte Angaben erkennen und ablesen läßt. Seien Sie sich klar darüber, daß die Gradeinteilungen auf den Ruten an sich bedeutungslos sind. Sie geben jeder Art von Einteilung erst ihre bestimmte Bedeutung, die dem jeweils vorgesehenen Zweck entspricht. Bestimmen Sie also vor Ingebrauchnahme Ihrer Ruten, welchen Wert die einzelnen Einheiten Ihrer Gradskala haben sollen: Meter, Zentimeter, Kubikzentimeter pro Sekunde usw. Bringen Sie zum Beispiel Markierungspunkte auf Ihrer Skala an, die 10 Zentimeter, 50 cm, 1 m, 50 Meter, 100 Meter und so fort bedeuten. In Kürze mehr darüber.

Die Separations-(Zeiger-)Rute

Ich erwähne diese Art von Rute nur am Rande, gehe nicht ins Detail. Diese Rute arbeitet, indem sie die unterschiedlichen Bewegungen der Hände registriert und gleichzeitig mißt. Es handelt sich um ein einfaches Hebelsystem, das als Anzeigeverstärker die Handbewegungen mit einem Zeiger auf eine Meßskala überträgt. Die Anwendung ist im Prinzip die gleiche wie bei den Winkelruten mit Gradeinteilung. Genau wie bei letzteren geben Sie den einzelnen Ziffern oder Einheiten auf der Skalenscheibe erst eine bestimmte Bedeutung, je nachdem, wofür Sie die Rute gerade benutzen wollen.

Pendelrotationen

Benutzen Sie das Pendel in der gewohnten Weise, halten Sie aber in Ihrem Bewußtsein fest, daß Sie es jetzt für Größen- und Mengenbestim-

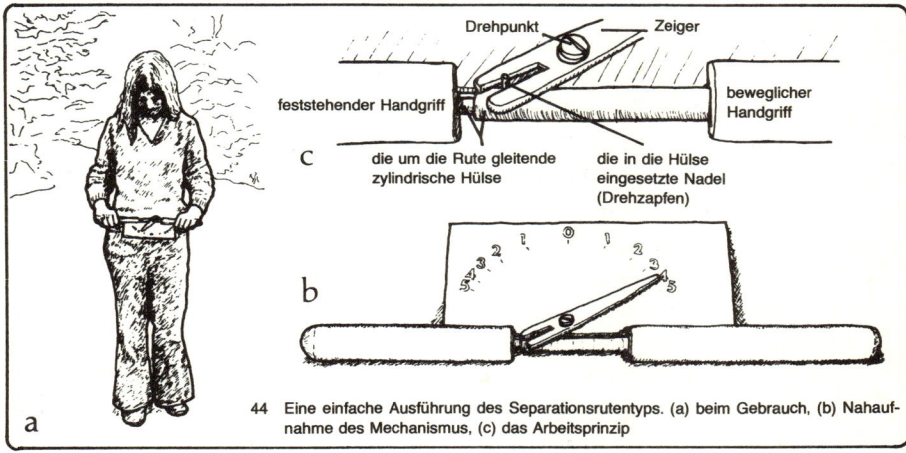

44 Eine einfache Ausführung des Separationsrutentyps. (a) beim Gebrauch, (b) Nahaufnahme des Mechanismus, (c) das Arbeitsprinzip

mungen verwenden. Um die Zahlenangaben für Ihre Maßskala zu finden, nehmen Sie die Zahl der Pendelrotationen, indem Sie jeder Kreisung einen Einheitswert bzw. zahlenmäßigen Meßwert beilegen. Ich habe gefunden, daß es nichts ausmacht, zu welchem Zeitpunkt ich mit dem Zählen beginne. Ich kann erst damit anfangen, nachdem das Pendel zwei oder drei Rotationen vollführt hat, und ich erreiche immer das gleiche richtige Endresultat. Ich halte es aber für das beste, mit dem Abzählen der Rotationen erst zu beginnen, wenn das Pendel einwandfrei kreist, und solange zu zählen, bis dieses Kreisen sich in Ellipsen verwandelt oder wieder zur Oszillation übergeht.

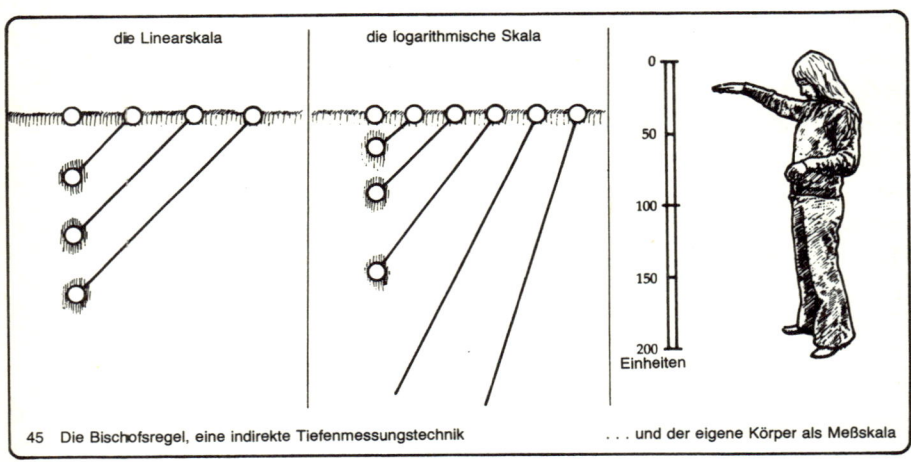

45 Die Bischofsregel, eine indirekte Tiefenmessungstechnik   . . . und der eigene Körper als Meßskala

Im Gegensatz zu den andern beiden erwähnten Instrumenten haben Sie hier die Freiheit, sich eine Ihnen genehme Skaleneinteilung zu schaffen. Sie können entweder eine von Ihnen festzulegende Zahl von Kreisschwingungen – sagen wir zehn – als Vergleichswert für einen „vollkommenen Rutenausschlag" nehmen und sich eine dazu passende Unterteilung machen, oder Sie können eine nach oben offene, unbegrenzte Gradeinteilung wählen und jeweils mit dem Zählen so lange fortfahren, bis das Pendel zu kreisen aufhört. Überlegen Sie sich aber die Anordnung der Einheiten Ihrer nach oben offenen Gradeinteilung sorgfältig, sonst könnte es sein, daß Sie Hunderte, ja Tausende von Kreisschwingungen durchzählen müssen. Die begrenzte, wertmäßig festgelegte Gradeinteilung ist brauchbar und ausreichend, wenn Sie wünschen, nur eine ungefähre Idee von der Größe einer Sache zu bekommen, runde prozentuale Angaben zu finden oder ähnliches. Aber die nach oben offene Skala ist flexibler und anpassungsfähiger und deshalb gewöhnlich genauer.

Indirekte Techniken

Bei einer Reihe von quantitativen Techniken werden äußere, gegenständliche Meßskalen verwendet. Mit diesen wird mehr indirekt als direkt gearbeitet. Ein Beispiel hierfür ist die Bischofsregel für die Tiefenbestimmung, auf die ich in einem früheren Kapitel schon eingegangen bin. Bei ihr wird angenommen, daß die auf der Erdoberfläche zu messenden Entfernungen vom Hauptreaktionspunkt der jeweiligen Entfernung nach unten entsprechen. Eine horizontale Maßskala fungiert also stellvertretend für eine senkrechte. Es gibt aber noch einige andere Versionen dieser Regel, die Sie natürlich auch verwenden können. So ist es möglich, anstelle der linearen Skala eine logarithmische zu benutzen, bei der man festlegt, daß zum Beispiel 30 cm oben 30 cm in die Tiefe entsprechen, 60 cm oben 300 cm in die Tiefe, 90 cm oben 3000 cm in die Tiefe entsprechen usw.

Ein anderer Weg ist, Ihre eigene Körpergröße als Analogiemaßstab für die Tiefenbestimmung zu nehmen. Dann entspricht Ihre Scheitelhöhe der Bodenoberfläche, auf der Sie stehen, die Ebene Ihrer Fußsohlen – sagen wir – einer Tiefe von zweihundert Metern. Sie können nun entweder eine Gabelrute nehmen und sie in die Höhe Ihres Scheitels halten, oder auch die Handfühl-Pendelmethode benutzen, bei der, wie Sie sich erinnern werden, die Innenfläche der freien Hand als Markierung der Höhe gilt. Senken Sie nun langsam die Rute oder die mit der Innenfläche nach unten gehaltene Hand von der Kopfhöhe nach unten und stellen Sie die Höhe fest, auf der Rute oder Pendel reagieren. Wenn, wie in Zeichnung 45, das Pendel in Halshöhe reagiert, würde das einer Tiefe der gesuchten Wasserführung von etwa dreißig Metern entsprechen. Ein Reagieren in Hüfthöhe entspräche hundert Metern usw. im Verhältnis zum gewählten Maßstab von 200 Einheiten.

Bei einer anderen Methode werden ein Pendel und ein Lineal benutzt. Ein Finger der freien Hand fährt die Maßskala des Lineals entlang, und zwar so lange, bis das Pendel reagiert. Den auf dem Lineal gefundenen Punkt müssen Sie jetzt kombinieren mit den Maßeinheiten beziehungsweise Proportionen, die Sie dem Ganzen zugrunde gelegt haben. Auch auf diese Weise können Sie die gesuchten quantitativen Angaben erhalten. Vergessen Sie aber nicht, daß bei all diesen Techniken der kritische Punkt bei den von Ihnen gewählten Maßeinheiten liegt. Ich halte es daher für richtig, einiges über die Meß- und Proportionsskalen zu sagen, ehe ich weitergehe.

Die Meßskalen

Es sind drei Faktoren zu beachten: die Einheiten an sich, die Folge oder Anordnung dieser Einheiten und der Typus der Meßskala. Zuerst zu den Einheiten. Die Art der Einheiten, die Sie verwenden, richtet sich eindeutig nach der Art Ihrer Fragen (was suchen Sie?). Suchen Sie nach Entfernungen, kämen Einheiten in Frage wie Zentimeter, Meter, Kilometer. Bei Flächenmaß- und Rauminhaltsbestimmungen sind die entsprechenden Einheiten zu benutzen. Bei Gewichten: Gramm, Pfunde, Kilogramm, Tonnen usw. Bei der Bestimmung der Fließgeschwindigkeit und Menge kämen in Frage: Kubikzentimeter pro Sekunde, Kubikmeter pro Minute oder Tag usw. Bei Zeiträumen: Sekunden, Minuten, Stunden, Tage, Wochen, Monate, Jahre. Das gleiche gilt natürlich für die Maßeinteilungen bei der Suche nach Temperaturangaben, Stromspannungen, Strahlungsenergien und dergleichen, das heißt für alle nur denkbaren Dinge und Vorgänge, die unterschiedliche Maßgrundlagen haben. Es liegt an Ihnen, die jeweils passende Maßskala festzulegen.

Wenn Sie nun die Art der Einheiten gewählt haben, in welcher Anordnung und Reihenfolge haben Sie diese in der Praxis anzuwenden? Gibt es auf Ihrer Skala eine Unterteilung, die einem, fünf, zehn und hundert Zentimetern, Metern oder Litern entspricht? Gibt es bei den Zeitbestimmungen Einteilungen von einer Stunde, einem Tag, einem Monat oder Jahr?

Welche Art von Maßskala wollen Sie anwenden? Sowohl bei einer nach oben offenen als auch bei einer begrenzten Skala ist der lineare Typus der am häufigsten gebrauchte unter Bevorzugung des logarithmischen Typs, der bei linearen Maßstäben eine recht brauchbare Anordnung der Einheiten ermöglicht. Darüber hinaus gibt es noch andere Maßskalen, die Sie anwenden können, unter anderem solche, die auf trigonometrischen, algebraischen oder reziproken Maßverhältnissen beruhen. Wahrscheinlich werden Sie aber auf die Benutzung von mathematischen Tabellen beim Ruten und Pendeln lieber verzichten wollen.

Das Grundprinzip aller quantitativen Techniken beruht auf der vorherigen Auswahl und Festlegung der Einheiten, der Anordnung derselben und auf der betreffenden Skalenart, was Voraussetzung dafür ist, daß Sie mit einem Instrument – entweder direkt oder indirekt – eine bestimmte Zahl oder ein Zahlenverhältnis finden können. Bei jeder Arbeit in quantitativer Richtung sollten Sie sich eine Maß- und Verhältnisskala zusammenstellen, die den jeweiligen Erfordernissen entspricht. Dann lassen Sie beim Ruten oder Pendeln Ihre Aufmerksamkeit darauf gerichtet, lassen sozusagen Ihren Geist und Ihre Vorstellungskraft darauf ruhen.

Mentales Fragen nach Quantitäten

Alle vorerwähnten Techniken sind letztlich einfache Formen des mentalen Fragens, denn bei deren Anwendung erwarten Sie ja eine Antwort auf Ihre Fragen in Gestalt einer Quantitativ-Reaktion des betreffenden Instruments. Gewöhnlich wird das Pendel bei der Beantwortung schwieriger Fragen als am besten geeignetes Instrument bevorzugt, indem man es entweder allein für sich, wie oben beschrieben, anwendet, oder in mehr indirekter Weise in Verbindung mit zum Beispiel einem elektrischen Rechner oder einer Radionic-Box, um die Maßzahlen für die Pendelreaktionen zu bekommen.

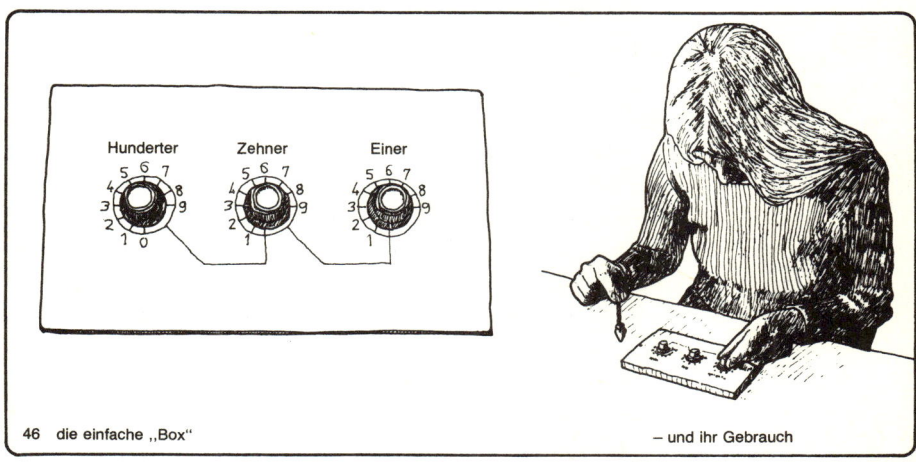

46   die einfache „Box"

– und ihr Gebrauch

99

Es ist leicht, sich für diesen Zweck eine einfache Box selbst zu bauen. Drei alte Radio-Einstellknöpfe, die eine Einteilung von 1–9 haben und die auf eine einfache Holzplatte montiert werden, genügen vollkommen. Entgegen den Behauptungen einiger Fachschriftsteller ist es nicht erforderlich, irgendwelche Drähte, Magnete oder andere komplizierte Vorrichtungen einzubauen (was zwar unter Umständen hilfreich sein mag, aber nicht hierher gehört). Nützlich und zweckentsprechend ist es aber, wie aus Zeichnung 46 ersichtlich, die drei Drehknöpfe mit den Aufschriften *Hunderter, Zehner* und *Einer* zu versehen. Um diese Zählvorrichtung anzuwenden, brauchen Sie nur Ihr Pendel in die eine Hand zu nehmen, während Sie mit der anderen die Knöpfe drehen. Notieren Sie jeweils, bei welcher Zahl Ihr Pendel reagiert.

Nehmen wir als Beispiel eine Tiefenbestimmung. Zuerst fragen Sie das Pendel, ob die gesuchte Tiefenangabe innerhalb des Bereiches der Einer-Gruppe liegt, also innerhalb der Zahlen 1-9 des rechten Knopfes. Wenn nicht, fragen Sie, ob das gesuchte Maß innerhalb der Zehner- oder Hundertergruppe zu finden ist. Wenn ja, können Sie entweder nach Ihrem Ermessen die Knöpfe von Ziffer zu Ziffer drehen und jeweils die Reaktion Ihres Pendels beobachten und notieren, oder Sie können die ,,Mehr als? - Weniger als?‘‘-Methode benutzen, die aus einer Reihe von Fragen besteht wie ,,Ist es mehr als . . .?‘‘ – ,,Ist es weniger als . . .?‘‘, wie in Zeichnung 47 dargestellt. Bei richtiger Anwendung beider Methoden müßte Ihr Endergebnis übereinstimmend die dreistellige Zahl 351 sein. In diesem Falle wäre das die Tiefe, in der das Gesuchte zu finden ist, seien das nun Meter oder Dezimeter, je nachdem, welches Maß Sie bei der Befragung zugrunde gelegt haben. Die 351 Einheiten könnten somit 351 Meter oder 35,1 Meter bedeuten. Wenn Sie wünschen, diese Technik auch für andere Zwecke zu gebrauchen, dann geben Sie den Einheiten einen anderen Wert und eine andere Ihrer Absicht gemäße Reihenfolge. Sie können diese Technik in der gleichen Weise anwenden bei Benutzung anderer Zähl- und Rechengeräte, zum Beispiel mit elektronischen Taschenrechnern.

Selbstverständlich können Sie auch die erwähnte ,,Mehr-oder-weniger-Methode‘‘ gleichzeitig damit anwenden, um sich das Zählen der Pendelkreisungen zu erleichtern und die Prozedur abzukürzen. Nebenbei bemerkt: wenn Sie Ihr Pendel beim ,,Mehr-oder-weniger‘‘-Abfragen genau beobachten, werden Sie möglicherweise finden, daß die einzelnen Reaktionsweisen eine Reihe von ,,besonderen Feinheiten und Eigenarten‘‘ aufweisen. Ihr Pendel wird höchstwahrscheinlich nicht abrupt und deutlich von der Oszillation zum Kreisen übergehen und wieder zurück, sondern wird dazu neigen, sich ein wenig reserviert, man könnte auch sagen „nachdenklich" zu verhalten, als ob es sagen wollte: „Das noch nicht ganz . . .!" oder „Eine Kleinigkeit mehr . . .!" usw. Beobachten Sie das sorgfältig, denn es ist nützlich und der Berücksichtigung und Ermunterung wert. Sehen Sie also zu, was sich bei Ihnen tut.

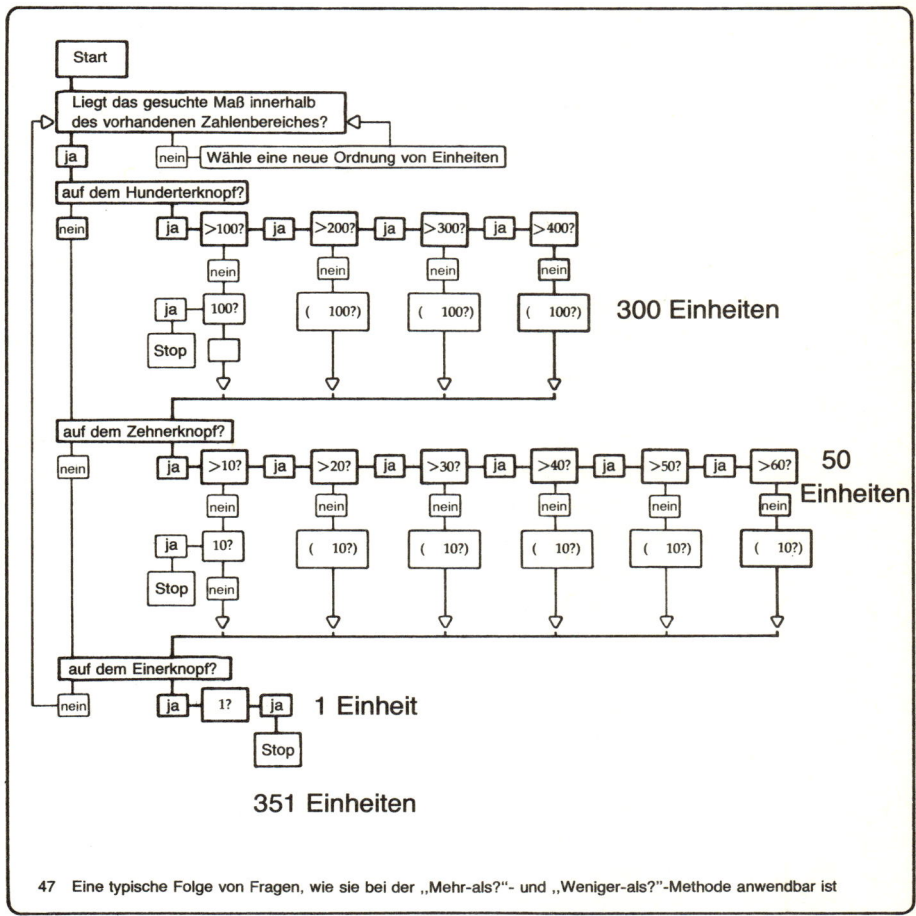

47 Eine typische Folge von Fragen, wie sie bei der „Mehr-als?"- und „Weniger-als?"-Methode anwendbar ist

9 Karten- und Zeitmutungen
und andere bei nichtnormalen Raum-Zeit-Bestimmungen anwendbare Techniken

Diese Techniken, die teilweise oder gänzlich außerhalb des Rahmens der uns bekannten physikalischen Gesetze liegen, sind im Grunde genommen nichts anderes als logische Erweiterungen jener Techniken, die ich in diesem Buch bereits beschrieben habe. Wenn, wie die alten Weisen sagten, ,,der Mensch das Maß aller Dinge ist'', dann kann man den menschlichen Körper und seine Sinne als Entsprechungen der uns bekannten physikalischen Welt definieren. Aber Sie haben nicht nur einen Körper, sondern auch einen Geist, mit dem Sie sich in der physikalischen Welt orientieren können, der aber dennoch nicht direkt Teil dieser irdisch-menschlichen Welt ist.

Die Begrenzungen der mentalen Welt sind Faktoren, die ins Paradoxe hineinreichen und Verstand, Vernunft, Intuition, Kontemplation und Imagination einschließen. Die physikalischen Dimensionen der Länge, Breite und Tiefe sowie die Zeit sind in dieser mentalen Welt mit enthalten, aber nur als Teile von ihr, umfassen keineswegs den Mentalbereich als Ganzes. Da die Arten des Rutens und Pendelns, die ich bisher beschrieben habe, im wesentlichen mehr dem mentalen als dem physikalischen Bereich angehören (man könnte eher von einer kontrollierten Subjektivität als von einer physikalischen ,,Objektivität'' sprechen), besteht kein Grund, warum man sich bei der radiästhetischen Arbeit einzig und allein innerhalb der Grenzen der physikalisch definierbaren Welt bewegen muß. Es mag *leichter* und *bequemer* sein, nur in physikalischer Weise zu arbeiten (was üblicherweise auch getan wird), aber das heißt noch längst nicht, daß dies die einzige Arbeitsweise ist und sein muß.

Wenn Sie auf diesen außer- und überphysikalischen Gebieten arbeiten wollen, hüten Sie sich davor, die Denk- und Schlußfolgerungs-Gewohnheiten, die in den physikalischen Bereichen Geltung haben, einfach zu übernehmen bzw. sie vorauszusetzen, denn Sie haben es hier mit einer ganz anderen Welt zu tun, in der andere Gesetzmäßigkeiten gelten. Es ist wichtig für Sie zu erkennen, daß Sie es hier nicht mit gegenständlichen, greifbaren Objekten und Vorgängen zu tun haben, sondern mit schattenhaft-abstrakten Informationsquellen mit außerdem noch unsicherer, ja zweifelhafter, mehrdeutiger Aussagekraft und Zuverlässigkeit. Es geht nun darum, aus diesen Informationen den Bedeutungs-Extrakt und seine Anwendbarkeit herauszufiltern. *Da das Operieren auf diesen Mentalgebieten der Definition gemäß ein subjektives ist, steht die Zuverlässigkeit der erhaltenen Informationen in direkter Beziehung zum Grade der psychologischen Kontrolle.* (Lesen Sie noch einmal Kapitel 4 nach.) Seien Sie vorsichtig. Es ist nur zu leicht, sich selber etwas vorzumachen.

Mit dieser Warnung im Gedächtnis wollen wir uns nunmehr den Techniken selbst zuwenden.

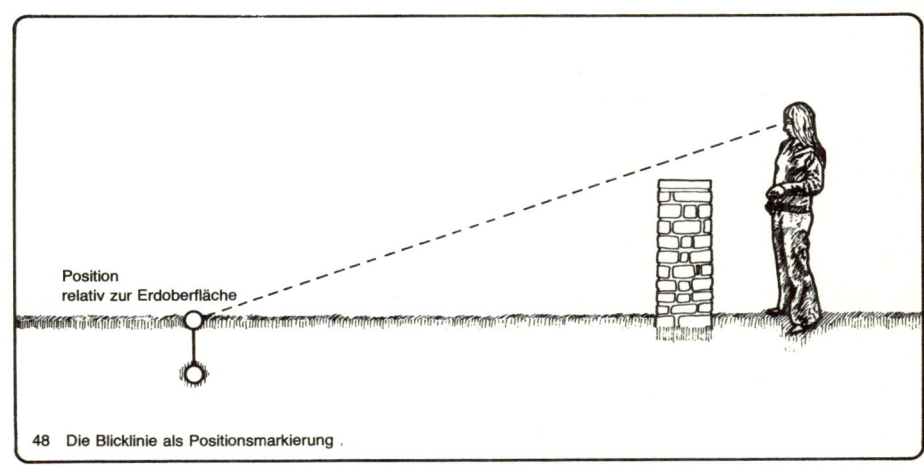

48 Die Blicklinie als Positionsmarkierung

Blickmarkierungen

Alle die Techniken, die in Kapitel 7 beschrieben sind, können Sie ersetzen durch die Methode des „Ausschauhaltens nach dem gesuchten Punkt oder der gesuchten Richtung" und auf diese Weise ebenfalls die physikalisch markierbaren Punkte und Linien feststellen. Sie werden finden, daß diese Methode für Sie leichter ist, wenn Sie sich bildhaft vorstellen können, wie Sie suchend mit Rute oder Pendel auf dem betreffenden Gelände hin und her gehen und im Geiste den Punkt oder die Punkte kennzeichnen, die Sie gefunden haben. Diese „Blick-Markierungstechnik" ist dann besonders nützlich, wenn Hindernisse (Zäune oder Mauern) Sie daran hindern, die früher beschriebenen direkten Techniken zu benutzen (siehe Zeichnung 48). Dieses einfache Markieren von Entfernung und Lage mittels des Blickes ist, nach eigener Praxis, gar nicht so schwierig, doch es dürfte verständlich sein, daß ein kompliziertes Spurenverfolgen mit dieser visuellen Methode ziemlich hohe Anforderungen an Ihre mentale Vorstellungskraft und Kontrollfähigkeit stellt und nicht als „spielend leicht" zu bezeichnen ist.

Beispiele für Positions-Bestimmungen

Hier haben wir es mit Techniken zu tun, die im Gegensatz zu der qualitativen Anwendung von Sympathiemustern stehen, wie ich sie in Kapitel 6 beschrieben habe. Es kann sich um Dinge handeln, die Hinweise oder Aussagen enthalten über Positions-, Platz- und Situationsverhältnisse im Raum und/oder in der Zeit. Der benutzte Gegenstand, was es auch sei, wird schlicht und einfach nur als Quelle räumlicher und zeitlicher Informationen betrachtet. Was der betreffende Gegenstand materiell darstellt, ist nicht von Belang, entscheidend ist, wofür Sie ihn halten, welche Bedeutung Sie ihm beilegen. Das ist der Grund, weshalb nahezu alle uns erreichbaren Dinge in dieser Weise verwendet werden können: von ganz genauen Generalstabskarten angefangen bis zu flüchtig hingeworfenen Skizzen, alten oder neuen Fotografien, Gravierungen oder Zeichnungen. Ein Objekt wie zum Beispiel eine alte Pfeilspitze ist durchaus geeignet, uns bei der Suche nach speziellen Orten oder Zeiten oder auch beiden als „Leit-Muster" zu dienen, wie auch viele andere Dinge. Daraus geht hervor, daß viele der bereits erwähnten Qualitativ-Muster auch für Positionsbestimmungen in Raum und Zeit benutzt werden können. Bei dieser Art von Mutungsarbeiten ist das am häufigsten benutzte Muster eine Land- oder Stadtkarte, weshalb ich damit beginnen will.

Das Karten-Muten

Erinnern Sie sich selbst immer wieder daran, daß Sie eine Land- oder Stadtkarte nur zur „informativen Beziehungsherstellung" benutzen, als Hilfsmittel beim Auffinden eines besonderen Platzes oder einer bestimmten Stelle, unabhängig davon, was die Karte an sich darstellt. Anders ausgedrückt: Ihre Mutungsarbeit bezieht sich nicht auf die Karte als solche, sondern lediglich auf die Informationen, die sie enthält und zu geben imstande ist. Sie brauchen sich also nicht zu bemühen, Ihre Karte genau nach Nord-Süd auszurichten. Das Vermischen halbphysikalischer Methoden mit nichtphysikalischen würde nur unnnötige Verwirrung in die Sache bringen.

Wenn Sie mit Stadtplänen und Landkarten arbeiten, stellen Sie sich bildhaft vor, wie Sie auf dem Gelände, das die Karte darstellt, hin und her gehen. Versuchen Sie, das „Gesamtgefühl" des betreffenden Gebietes zu erspüren und sich die Vorgänge, die zur Mutungsoperation gehören, intuitiv als tatsächlich stattfindend „einzubilden", besonders natürlich Bedeutung, Zweck und Ziel Ihres Unternehmens. Die Lagebestimmungstechniken beim Muten auf Karten und Plänen sind praktisch dieselben wie die, die sie bei persönlicher Anwesenheit auf dem betreffenden Gelände anwenden würden: die Abschreite-, Koordinaten- oder Spurverfolgungs-Methode.

Die Planquadrat-Methode

Diese Methode entspricht der Aufteilung des zu untersuchenden Geländes in einzelne Abschnitte, wie sie es beim Arbeiten an Ort und Stelle ähnlich machen müssen. Dazu brauchen Sie auf dem vor Ihnen liegenden Plan ein Gitternetz. Generalstabskarten haben ein solches bereits, doch wenn Sie eine Karte ohne Gitternetz haben, müssen Sie mit leichten Bleistiftstrichen eines aufzeichnen. Beginnen Sie mit dem Auftragen größerer Planquadrate, sagen wir von solchen, die auf der Karte etwa einem Quadrat von 10 Kilometern Seitenlänge entsprechen. Nehmen Sie sich dann der Reihe nach eins dieser Quadrate nach dem andern vor und fragen Sie dabei Ihr Pendel: „Befindet sich das gesuchte Objekt in diesem Gitterfeld?" Angenommen, das Pendel reagiert über einem der Quadrate positiv, dann müßten Sie das betreffende Quadrat in kleinere unterteilen, vielleicht in solche mit einem Kilometer Seitenlänge. Dann gehen Sie wieder systematisch von einem der kleineren Quadrate zum anderen und wiederholen die Frage. Das können Sie weiterführen, indem Sie immer kleinere und kleinere Quadrate aufzeichnen, bis Sie schließlich die Lage des gesuchten Objektes so genau wie möglich festgestellt haben.

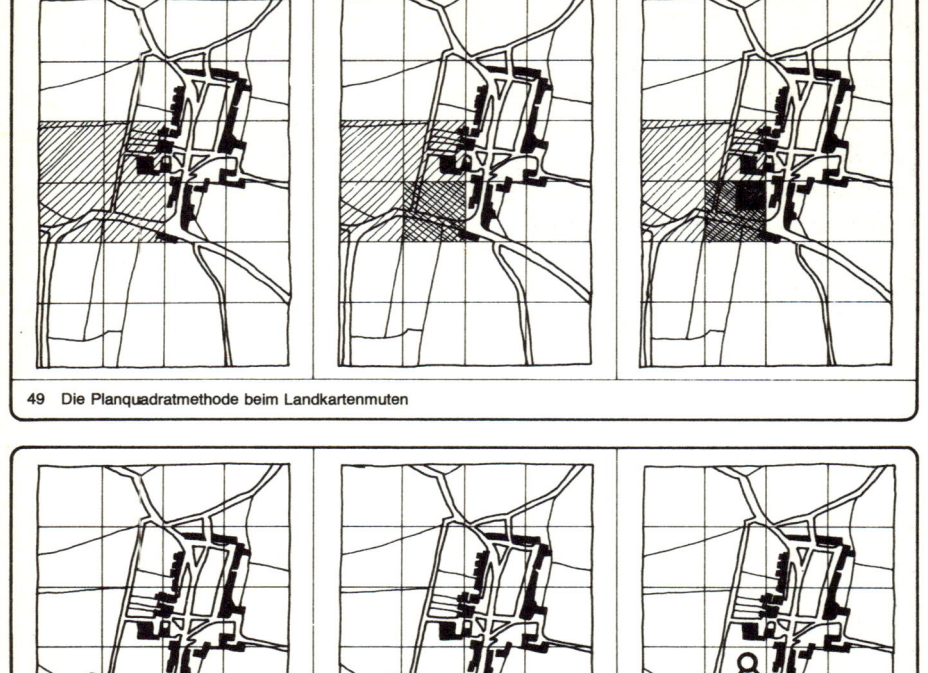

49   Die Planquadratmethode beim Landkartenmuten

50   Landkartenmuten mittels der Triangulationsmethode

Die Koordinatenmethode

Sie ist auf zwei Arten anwendbar. Die eine besteht darin, daß Sie zwei oder auch mehrere beliebige Punkte auf der Karte anbringen und dann so verfahren, als würden Sie an Ort und Stelle die Triangulationsmethode anwenden. Sie halten das Pendel über jeden der Punkte und fragen: „In welcher Richtung von hier liegt das Gesuchte?" Durch die daraufhin erfolgenden Richtungsreaktionen des Pendels – in diesem Falle ist nur das Pendel geeignet, da andere Instrumente für das Landkartenmuten unpraktisch sind – ergeben sich, je nach Zahl der Punkte,

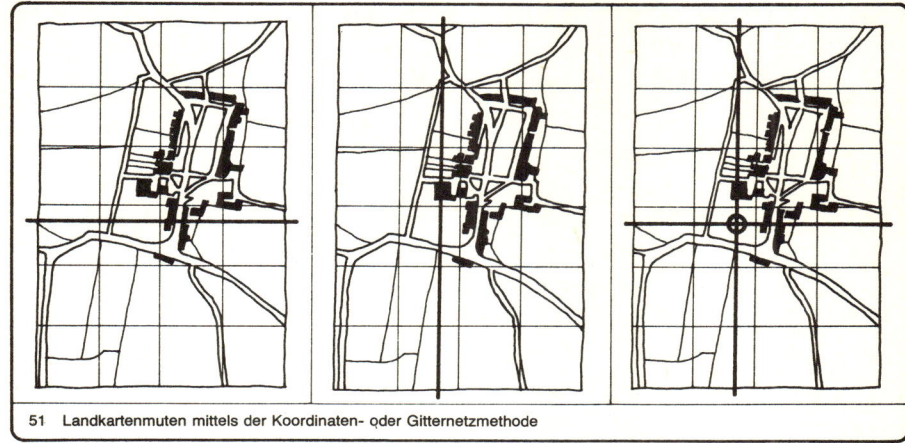

51 Landkartenmuten mittels der Koordinaten- oder Gitternetzmethode

52 Die Spurverfolgungsmethode beim Landkartenmuten

einige Linien, und dort, wo sie sich treffen beziehungsweise überschneiden, ist auf der Karte der Ort des gesuchten Objektes.

Eine andere Methode ist, die Koordinatenstruktur der Landkarte selbst zu benutzen. Fahren Sie langsam mit der freien Hand entlang dem Nordsüdrand des Planes von oben nach unten, während Sie das Pendel in der anderen Hand halten und im Geiste die Frage festhalten: „Wo – an welcher Stelle des Gradnetzes – befindet sich das Gesuchte?" Merken Sie sich beziehungsweise kennzeichnen Sie die Stelle, an der das Pendel reagiert. Das ist dann Ihr Nordsüdpunkt. Jetzt machen Sie dasselbe mit der (oberen oder unteren) Ostwestkante der Karte, um auf diese Weise den Ostwest-Reaktionspunkt des Pendels zu finden. Der Punkt, der sich aus der Kreuzung der beiden Koordinatenlinien auf der Karte ergibt, bezeichnet die Lage des gesuchten Objektes.

Die Spurverfolgungs-Methode

Bei dieser Methode ist ebenfalls nur das Pendel brauchbar mit all den diesem Instrument eigenen Vor- und Nachteilen. Die Technik ist wiederum dieselbe wie beim Arbeiten an Ort und Stelle. Doch da Sie es jetzt mit außerordentlich verkleinerten Flächen zu tun haben, müssen Sie in noch höherem Maße auf äußerste Präzision bedacht sein. Um eine solche größtmögliche Genauigkeit zu erreichen, ist es unbedingt nötig, daß Sie die Bewegungen Ihres Pendels äußerst sorgsam beobachten. Sie können als Markierungszeichen natürlich einen Finger verwenden, doch da bei den meisten Land- und Stadtkarten die Fingerkuppe einen ziemlich großen Bereich bedeckt, ist es besser, wenn Sie zur Lagemarkierung die Spitze eines Bleistiftes oder einer Nadel benutzen.

Sinnvoll oder unsinnig?

Sie können in der gleichen Weise wie beim Landkartenmuten auch mit anderen geeigneten Objekten oder Abbildungen arbeiten, gegebenenfalls in Verbindung mit Karten oder Plänen. Vergessen Sie aber nie, daß der Wert dieser Art von Mutungen davon abhängt, ob die Informationen, die Sie von dem benutzten Objekt oder der Abbildung (der Informationsquelle überhaupt) erhalten, für Sie eine Aussage beinhalten, also von Bedeutung und sinnvoll sind, wenn auch nicht notwendigerweise für jemand anders. Ich habe gefunden, daß ich sogar dann „Ergebnisse" erzielen kann, wenn ich die Skizze eines völlig imaginären und illusionären Platzes abpendle, was ja offensichtlich eine unsinnige Sache ist. Nichtsdestoweniger war es Henry de France, der in seinem Buch *Die Elemente des Rutengehens und Pendelns* beschreibt, wie er eines Tages die Skizze eines vollkommen imaginären Platzes aufs Papier warf, um den Umstehenden das Prinzip des Landkarten- und Ortsskizzenmusters zu erläutern. Es stellte sich aber dann heraus, daß er tatsächlich sehr präzis die Lage eines neuen Brunnens auf dem Gut eines seiner Besucher angegeben hatte. Seien Sie aber auf der Hut vor jener arroganten und dogmatisch voreingenommenen Skepsis, die sich immer wieder selbst zu „beweisen" versucht, daß alles Rutengehen und Pendeln nichts als purer Unsinn ist. Leute mit dieser Geisteshaltung sind es, die gern das abgedroschene Spielchen machen, indem sie falsche oder willkürlich erfundene Karten oder Skizzen einsenden, um damit den Radiästheten „aufs Kreuz zu legen". Nur wenige Dinge sind besser geeignet, das Selbstvertrauen eines Anfängers in der Kunst des Rutens und Pendelns nachhaltig zu erschüttern.

Mutungen in der Zeit

Wenn es Ihnen möglich ist, außerhalb der physikalischen Definition des Raumes zu arbeiten, dann können Sie dasselbe auch tun außerhalb dessen, was man die physikalische Definition der Zeit nennt. Theoretisch ist eines so einfach wie das andere und erfreulicherweise auch in der Praxis. Es gibt zwei hauptsächliche Verfahrensweisen, die für verschiedene Zwecke anwendbar sind. Einmal das Sich-Hinarbeiten *auf* einen bestimmten Zeitpunkt, zum Beispiel bei der Bestimmung des Alters eines archäologischen Objekts; zum andern das Arbeiten *von* einem bekannten beziehungsweise „gesetzten" Zeitpunkt aus, zum Beispiel wenn man herausfinden will, in welcher Weise die Menge und die Strömungsverhältnisse eines unterirdischen Wasserlaufes sich während der Jahreszeiten verändern. Bevor ich aber die hier in Frage kommenden Techniken beschreibe, halte ich es für besser, auf das Problem einzugehen, das sich hier ganz natürlich erhebt: auf die dem Vorhersehen (dem Hellsehen in die Zukunft) innewohnenden Paradoxa und scheinbaren Unwirklichkeiten.

Die dem Vorher- oder Wahrsagen innewohnenden Paradoxa

Jegliches Vorhersagesystem – sei es Ruten und Pendeln, Astrologie, Prophetie, Wahrsagen oder der Tarot – ist verstrickt in ein unlösbares Gewebe von Paradoxa. Beim Arbeiten in Richtung verschiedener Zeitpunkte oder von diesen aus wird der vorhandene Ausgangspunkt innerhalb der Zeit insofern verändert, als die „Realzeit" (die Uhr- oder physikalische Zeit) ausgewechselt wird gegen einen Zustand der Zeitlosigkeit, um anschließend wieder in die physikalische Zeit zurückverwandelt zu werden – oder in das, was uns als physikalische Zeit *erscheint*. Den Pfad der „Realzeit" von einem ihrer Punkte zum anderen könnte man „die Linie der Zeit" oder „die Zeitlinie" nennen. Es sind eine unendliche Menge von Zeitlinien möglich, denn sie sind letztlich alle imaginativ (wenn auch für uns Menschen in der Lebenspraxis natürlich sehr nützlich). Das Problem ist nun, jene Zeitlinie zu finden, die die wahre und richtige ist. Ein guter Freund von mir drückte es so aus: „In der Zeit rückwärts zu gehen ist dasselbe wie vorwärtsgehen." Die Zeitlinie zu irgendeinem Punkt in der historischen Vergangenheit ist durch unsere Geschichtsauffassung bestimmt. Tatsächlich ist es so, daß unser „Sinn für geschichtliche Geschehnisse und Abläufe" das Überwechseln in die Zeitlosigkeit kontrolliert, also die Zeitlinie in die bekannte Vergangenheit festlegt. So kommt es, daß jeder auf diesem Gebiet Arbeitende, der über ein gewisses Maß an Geschicklichkeit und Praxis verfügt, wenn er in der Zeit rückwärts geht, schließlich und endlich zu etwa dem gleichen Ergebnis gelangen wird wie irgendein anderer auch. Das ist in der Tat das, was beim Zeitmuten vor sich geht.

Dasselbe gilt aber nicht für Aussagen, die die Zukunft betreffen und für die Zeiten, die man als vorgeschichtliche Vergangenheit bezeichnet. Im Gegensatz zu Mutungen rückwärts in historisch erfaßbare Zeiten gibt es für die Zukunft keine festliegenden historischen Ereignisse, gibt es nichts, was als „die wahre Zeitlinie" definiert werden könnte. Die Folge ist, daß jeder der verschiedenen Zukunftsforscher mit anderen „Weissagungen" aufwartet, von denen alle und gleichzeitig keine „richtig" sind. Es werden sicher zu einem zukünftigen Zeitpunkt gewisse Gegebenheiten vorliegen, doch das Beste, was Menschen zu erreichen möglich scheint, ist die Vorstellung, ist ein Eindruck von der am meisten wahrscheinlichen Zukunft, der „höchstwahrscheinlichen" in bezug auf die Informationen, die zu einem gegebenen Zeitpunkt im Rahmen der Realzeit erreichbar sind. Doch sogar dann können durch den in die Zukunft gerichteten Beobachtungsakt die Möglichkeiten und Wahrscheinlichkeiten der verschiedenen Zeitlinien verändert werden durch eine damit verbundene Vielzahl von Paradoxa. Und weil sämtliche Informationen ohne Ausnahme durch den Filter des Bewußtseins des Operators und seine unbewußten Annahmen, Denkgewohnheiten und Erwartungstendenzen hindurchgehen müssen, ist leicht einzusehen, daß die „am meisten wahrscheinliche Zukunft" sich ununterbrochen verändert.

Seien Sie beim Arbeiten in der Zeit immer der Tatsache eingedenk, daß Sie es mit Informationsmaterial unendlichen Charakters zu tun haben und daß diese Informationen wiederum eine unendliche Zahl von möglichen subjektiven Interpretationen enthalten. Es ist nur zu leicht, das zu sehen, was Sie sehen wollen oder zu sehen erwarten. Hüten Sie sich deshalb davor – gerade weil es so interessant ist, in das hineinzuschauen, was Zukunft zu sein scheint – anzunehmen, *daß das, was Sie sehen oder „erkunden", die „Wahrheit" sei.*

Zeitmuten in Richtung eines bestimmten Datums

Um das Alter eines Gegenstandes zu bestimmen, die Zeit oder gar das Datum seiner Entstehung und seines Gebrauchs, haben Sie das betreffende Problem (zum Beispiel Alter oder Datum) in Ihrem Geist zu formen beziehungsweise zusammenzustellen und dann eine der quantitativen Techniken zu benutzen, die Sie in diesem Fall bevorzugen. Die Pendelkreis- und die kombinierten Pendel-Box-Methoden sind hier wohl die brauchbarsten, obwohl Sie sich zweifellos auch entschließen könnten, eine Abwandlung der Bischofsregel zu benutzen, indem Sie die Distanzbestimmung anwenden beziehungsweise diese gleichsetzen mit den zeitlichen Entfernungen.

Das Muten von einem bestimmten gegebenen Zeitpunkt an

Bei den meisten Mutungspraktiken ist es nicht nötig, Ihre tatsächliche Arbeitsposition in der Zeit zu berücksichtigen, denn Ihr Körper und seine Sinne bestimmen diese Position oder „Befindlichkeit" ganz automatisch nach den Gesetzen der Realzeit. Für gewisse Zwecke ist es aber nützlich, über den Rahmen dieses automatischen Prozesses hinauszugehen und von einem andern als dem gegenwärtigen Zeitpunkt aus zu arbeiten. Beispielsweise gibt es zwei Möglichkeiten, die voraussichtlichen Veränderungen der Fließmenge einer unterirdischen Strömung im Verlauf einer bestimmten Periode zu ermitteln. Auch bei archäologischen Untersuchungen sind diese Methoden brauchbar. In beiden Fällen muß das in Frage stehende Datum oder der als Ausgangspunkt gewählte Zeitpunkt zu einem möglichst klaren Begriff geformt und besonders sorgfältig und deutlich im Bewußtsein festgehalten werden, denn es hat bei derartigen Mutungen den Anschein (und das ist keineswegs überraschend), als bestehe eine automatische Neigung, während der Arbeit in die Realzeit (die physikalische Uhrzeit) zurückzukehren. Wenn das passiert, wäre das Ergebnis nur ein wüstes Durcheinander.

Im Falle der unterirdischen Wasserführung ist es das beste, sich eine Vorstellung zu bilden und von ihr aus zu arbeiten, die einer Reihenfolge von verschiedenen zeitlichen Gegebenheiten entspricht, sowohl rückwärts in die Vergangenheit als auch vorwärts in die Zukunft. Die Wahrscheinlichkeit, in so einem Falle genauere Vorhersagen machen zu können, ist hier etwas größer als bei Voraussagen anderer Art, weil ja einige der Faktoren, die die Fließmenge und Strömungsstärke des Wassers beeinflussen, zyklischer und jahreszeitlicher Natur sind. Das eigentliche Problem bei Vorhersagen aber sind die von Zufällen und den vielen Veränderungsmöglichkeiten abhängigen Faktoren, weil diese bis ins Detail einfach nicht erfaßbar sind.

Beim Arbeiten auf archäologischem Gebiet können Sie entweder ein als Ausgangspunkt geeignet erscheinendes Datum nehmen und es im Bewußtsein festhalten, oder Sie können einen Gegenstand nehmen (vielleicht eine in etwa gleichaltrige Tonscherbe, ein irdenes Gefäß oder eine alte Fotografie, Zeichnung usw.), der Ihnen als Zeitbestimmungsmuster, als Bezugspunkt für die erwünschte Datierungsinformation dient. Wählen Sie ein Ihnen angemessen erscheinendes Datum oder eine Reihe von Daten aus und benutzen Sie diese als Operationsbasis. Von diesen aus gehen Sie Schritt für Schritt weiter, indem Sie die üblichen Lage-, Richtungs-, Qualitäts- und Quantitätstechniken benutzen, ganz wie es Ihnen erforderlich erscheint. Mehr darüber in Kapitel 13.

Psychometrie

Psychometrie ist eigentlich nichts anderes als eine extreme Form von „Zeitmutung". Wenn eine psychometrisch arbeitende Person einen Gegenstand in die Hand nimmt, sei es eine Fotografie oder eine Zeichnung, ist es ihre Absicht, gefühlsmäßig einen allgemeinen Eindruck von der Zeit und der Situation zu bekommen, die von dem benutzten Gegenstand stellvertretend repräsentiert werden, so als ob das betreffende Objekt Gefühlsregungen, Gesichts- und Gehörseindrücke, Geruchs- und Geschmacksempfindungen in sich gespeichert hätte. Sie brauchen dazu keinerlei Instrument, denn in diesem Falle sind Sie selbst das Instrument. Das Verfahren ist einfach: Nehmen Sie das zu untersuchende Objekt in die Hand, ertasten Sie seine Form, seine Oberflächen, lauschen Sie sozusagen in es hinein, hören Sie auf die das Ding erfüllende und es umgebende „Sprache", die keine Sprache im menschlichen Sinne ist. Schließen Sie die Augen und versetzen Sie sich geistig, das heißt in der Vorstellung, in den Gegenstand hinein. Vergessen Sie jetzt, was das Objekt materiell an sich darstellt. Sie haben es ausschließlich mit seinen „Bedeutungs-Schwingungen" zu tun, mit dem, was Sie als Bedeutungs-Information zu erfühlen fähig sind. Machen Sie dabei keine zu harten Willensanstrengungen, erlauben Sie vielmehr irgendwelchen Eindrücken und Gefühlsregungen, von sich aus nach Belieben in Ihr Bewußtsein emporzusteigen. Bei einem Anfänger wird es wahrscheinlich so sein, daß er zunächst nichts Besonderes wahrzunehmen und zu erspüren vermag, so daß er möglicherweise auf den Gedanken kommt, daß an der ganzen Sache nichts dran sei. Machen Sie aber trotzdem weiter! Es dauert gar nicht lange, dann haben Sie gelernt, die feinen in Ihnen aufsteigenden Eindrücke und Gefühlsregungen klar zu erkennen, vorausgesetzt, daß Sie sie nicht am Aufsteigen hindern. Erinnern Sie sich an das bereits von mir Gesagte, daß diese beim psychometrischen Arbeiten aufsteigenden Eindrücke und Impulse subjektiver, nicht objektiver Natur sind. Verfallen Sie deshalb nicht in den Irrtum, nun gleich zu denken, daß das Erfühlte oder innerlich Erschaute die reine Wahrheit sei. Psychometrische Experimente können zu überraschend wertvollen Informationsquellen werden, wenn man einmal durch Übung erfahren hat, wie die Sache funktioniert. Hat man den „Kniff" heraus, macht es auch Vergnügen. Psychometrie ist es wirklich wert, daß man sich mit ihr befaßt.

Probleme und Kontrollen

Das Hauptproblem bei allem nichtphysikalischen Arbeiten ist, daß es, eben weil es im wesentlichen nur im Mentalen vor sich geht, weit offen ist allen bewußten und unbewußten Einflüssen und Impulsen gegenüber, die in Kapitel 4 beschrieben sind. Deshalb möchte ich noch einmal betonen: *Wenn Sie unfähig sind, die vielen Ihnen zuströmenden Eindrücke und Gedanken in geeigneter Weise zu kontrollieren und zu filtern, werden die von Ihnen erzielten Ergebnisse entweder nutzlos oder direkt falsch sein.*

Daher ist es das beste, wenn Sie im Anfang mit Gegenständen praktische Versuche machen, deren Vergangenheit Sie auf normale Weise zu überprüfen imstande sind und bei denen es nichts ausmacht, wenn in Ihren Aussagen Fehler enthalten sind. Unterziehen Sie auch die Resultate Ihrer Mutungen über Landkarten und beim Vor- und Zurückgehen in der Zeit immer wieder Kontrollen sowohl durch Außenarbeit an Ort und Stelle als auch durch theoretische und praktische Vorbereitungen und durch Bücherstudium, am besten durch eine Kombination von allen dreien. Vergessen Sie nie, daß es die *Praxis* ist, die bei der ganzen Sache die Hauptrolle spielt.

ANWENDUNGSMÖGLICHKEITEN

10. Einführung in die praktische Anwendung

Nachdem Sie sich nun durch die ersten beiden Teile dieses Buches hindurchgearbeitet haben, werden Sie sich fragen: „Was kann ich mit dem Gelernten jetzt praktisch anfangen?" Die erste Antwort ist: Wenn Sie in die Praxis einsteigen, stürmen Sie nicht gleich zu rasch vorwärts und versuchen Sie sich im Anfang nicht an allzu schwierigen Dingen, wenigstens so lange nicht, bis Sie das richtige „Mutungsgefühl" durch einige Übungen ausreichend entwickelt haben. Beginnen Sie zunächst mit einfachen Aufgaben. Und das Einfachste dürfte wohl sein, gelegentlich ein paar „Salon-Kunststückchen" vorzuführen.

Einige unterhaltsame „Tricks" im Familien- oder Freundeskreis

Die folgenden „Vorführungen" verlangen die Mitwirkung eines der Anwesenden. Nehmen Sie aber bei Ihrer Ankündigung den Mund nicht gleich zu voll. Bitten Sie jemanden aus der Runde – Ihren Ehepartner, Schwester, Bruder oder Freund – Ihnen bei der Vorbereitung der „Tricks" behilflich zu sein. Die Aufgabe des oder der Betreffenden besteht darin, etwas zu tun, was Sie mittels der verschiedenen Ruten- und Pendeltechniken herauszufinden haben. Es handelt sich also um eine Art Ratespiel.

Fangen Sie mit einer einfachen Lagefeststellung an, das heißt versuchen Sie, einen Gegenstand zu finden, den der andere ohne Ihr Wissen versteckt hat; vielleicht irgendeine Münze. Sie haben nun die Aufgabe, durch Benutzung einer gleichen Münze als Sympathiemuster und mittels der gelernten Lagebestimmungs- und Richtungstechniken die versteckte Münze zu finden. Das Ganze ist also eine Art Versteck- und Suchspiel, wie es Kinder manchmal im Wald oder im Park machen.

Die Quantitativ-Techniken können Sie benutzen, um die unter einer umgestürzten Tasse liegende Anzahl von Nadeln oder Erbsen festzustellen. Versuchen Sie auch, die Zahl herauszufinden, die jemand auf ein Stück Papier geschrieben hat. Zuerst machen Sie das nur mit einstelligen Zahlen, später können Sie auch zwei- oder mehrstellige Zahlen „erraten".

Ein Qualitativtest wäre, drei Gegenstände (vielleicht einen Knopf, eine Münze und eine Garnrolle) unter drei Tassen legen zu lassen und dann zu sagen, welches Objekt unter welcher Tasse liegt.

Ein ebenfalls recht einfacher Qualitativtest (einer, bei dem man mehr von Feldern als direkt von Gegenständen sprechen kann), läßt sich mit einer kleinen Stromkreisschaltung durchführen (Zeichnung 53). Dazu

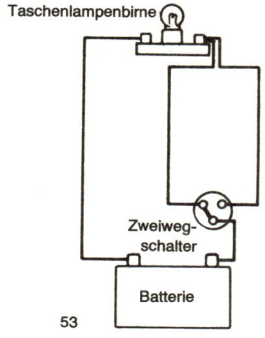

Taschenlampenbirne

Zweiweg-
schalter

Batterie

53

sind nur vier Stücke Draht nötig, ein Zweiwegschalter, eine kleine Taschenlampenbirne und eine Batterie. Es geht für Sie darum, herauszufinden, welcher der beiden positiven Drähte jeweils gerade Strom führt. Wenn die Batterie angeschlossen ist, wird die Glühbirne aufleuchten (vorausgesetzt natürlich, daß der Schalter zwischen den beiden Kontakten nicht auf „aus" steht). Der andere rückführende Draht wird ebenfalls unter Spannung stehen und kann jeweils als Bezugspunkt dienen. Durch Betätigung des Zweiwegschalters, ohne daß Sie seine Stellung sehen können, kann Ihr Mitarbeiter nach Belieben bestimmen, welcher positive Draht unter Strom stehen soll, und Sie haben dann jeweils mittels Ihrer Instrumente herauszufinden, welcher es ist.

Für den Fall, daß Sie sich zutrauen sollten, auch schwerere Aufgaben zu meistern, hier ein paar Vorschläge: Lassen Sie von Ihrem Assistenten den Namen irgendeines Gegenstandes im Raum auf ein Stück Papier schreiben und versuchen Sie, dieses Objekt zu bestimmen. Ich pflege dabei die Frage in meinem Geist festzuhalten: „Was ist niedergeschrieben worden?" und konzentriere mich auf die Idee, auf den Sinngehalt dieser Worte. Manchmal gehe ich einen andern Weg, indem ich die Idee (die Bedeutung) der niedergeschriebenen Worte als ein abstraktes oder nichtphysikalisches Bezugsmuster verwende. Machen Sie das Experiment, indem Sie Ihren Helfer bitten, seinerseits die Gedanken auf das, was er geschrieben hat, gerichtet zu halten. Und in einem weiteren Versuch – natürlich mit einem andern Gegenstand – fordern Sie Ihren Helfer auf, ganz bewußt an etwas anderes als den betreffenden Gegenstand zu denken, Sie also geistig nicht zu unterstützen, sondern vorsätzlich auf die falsche Fährte zu bringen. Sie werden dann sehen, ob die Ergebnisse unterschiedlich sind.

Bitten Sie Ihren Assistenten, irgendeinen im Zimmer befindlichen Gegenstand (natürlich in Ihrer Abwesenheit) für ein paar Minuten in die Hand zu nehmen und ihn dann wieder genau in seine vorher innegehabte Stellung zurückzusetzen oder -zulegen. Ihre Aufgabe ist es, herauszufinden, um welches Objekt es sich gehandelt hat. Schließlich können Sie sogar versuchen, das Objekt im Zimmer zu finden, an das Ihr Helfer *nur denkt*.

Seien Sie sich darüber klar, daß die diesen „Salontricks" zugrunde liegende Idee und Absicht die ist, Ihnen und eventuell Ihrem Assistenten (sofern Sie abwechselnd mit den Instrumenten arbeiten) ein sich steigerndes Gefühl der Vertrautheit mit den verschiedenen Techniken zu geben. Diese Experimente sind nicht dazu da, Ihnen Bewunderung seitens der Anwesenden einzutragen, sondern es geht ausschließlich darum, Ihr Selbstvertrauen und Ihre Selbstsicherheit zu stärken. Sollte es jemandem um Effekthascherei zu tun sein, dürfte der oder die Betreffende bald feststellen, daß der Umgang mit Rute und Pendel gerade für „Angeber" einige typische Fallen parat hat, was ich kurz erklären will.

Das Arbeiten auf zwei Ebenen

Dem Land- oder Stadtkartenmuten müssen die normalen Positionsbestimmungen folgen, den Feststellungen aus der Ferne die an Ort und Stelle, wobei immer wieder die Ergebnisse beider Methoden einer physikalischen, gegenständlichen Kontrolle zu unterziehen sind.

Beginnen Sie mit dem Landkartenmuten. Besorgen Sie sich die im Maßstab größte Generalstabskarte Ihres Wohnbezirks, die Sie finden können. Die Ausgaben im Maßstab 1:10000 oder 1:25000 sind die besten. In den meisten größeren Städten gibt es Landkarten-Spezialgeschäfte, in denen Sie eine Generalstabskarte Ihres Bezirkes bekommen. Wenn nicht, wird es Ihnen vielleicht möglich sein, einen Architekten oder Baumeister des lokalen Bauamtes um Hilfe zu bitten. Haben Sie die Bezirkskarte bekommen, beginnen Sie auf ihr mit der Spurverfolgungstechnik und stellen die Lage und den Verlauf der verschiedenen Versorgungsleitungen fest: die für Gas, Elektrizität, Telefon, die Hauptwasserzuführungen und die Abwasserleitungen und -kanäle; und das für mehrere Häuser. Beachten Sie, daß in einigen Gebieten die Telefon- und Elektrizitätskabel oberirdisch verlegt sind, so daß Ihnen das Auffinden von deren Lage und Verlauf eventuell einige Schwierigkeiten macht, es sei denn, Sie stellen sich geistig ganz bewußt auf oberirdische Leitungsführungen ein. Es hätte nicht viel Sinn, diese Mutungsarbeiten nur für ein einziges Haus durchzuführen. Sollte es der Fall sein, daß Ihr Haus sehr weit von anderen entfernt steht, bleibt Ihnen nichts anderes übrig, als die Karte des nächstgelegenen Dorfes oder Städtchens zu nehmen oder die eines Ortes, den Sie kennen. Nehmen Sie sich jede einzelne Art von Versorgungsleitung extra vor und markieren Sie das, was Sie festgestellt haben, auf einem durchsichtigen Auflageblatt, das Sie über die Karte breiten. Einfaches, etwas durchsichtiges Pergamentpapier tut es zur Not auch. Vermerken Sie sämtliche Informationen, die Sie erhalten können, also nicht allein die Lage und den Verlauf der Leitungen, sondern auch deren Größe, Tiefe, Verbindungs-, Kreuzungs- und Zapfstellen usw. Und da Sie einmal dabei sind, versäumen Sie nicht, eventuell vorhandene Grundströmungen und ähnliches zu finden. Das alles ist natürlich eine langwierige Arbeit, aber ein ernsthafter Rutenforscher und Pendler wird sich davor nicht scheuen.

Der nächste Schritt ist dann, das auf der Karte Gefundene an Ort und Stelle zu überprüfen. Nachdem Sie bei diesen Kontrollen einige Hecken, Holz- und Drahtzäune überwunden haben, wird Ihnen verständlich werden, weshalb radiästhetische Forscher so häufig vom Kartenmuten Gebrauch machen. Zeichnen Sie die an Ort und Stelle gefundenen Angaben in neue Auflagebogen ein, vergleichen Sie aber die Resultate beider Garnituren nicht eher, als bis Sie mit der gesamten Mutungsarbeit fertig sind.

Kontrollieren Sie die erhaltenen Angaben, wo Sie nur irgend können, durch Nachschau und eventuell auch Nachgraben mit einem Spaten, wenn es notwendig ist. Ich kann mir aber vorstellen, daß es für Sie angenehmer und auch erfolgreicher sein kann, bei den zuständigen Behörden beziehungsweise Grundstücksbesitzern „nachzugraben", daß heißt in deren Unterlagen Einblick zu nehmen. Verlassen Sie sich aber nicht unbedingt darauf, denn deren ältere Akten und Bauzeichnungen sind oft überraschend ungenau und unvollständig. Die in Frage kommenden Amtspersonen sind gewöhnlich durchaus freundlich und hilfswillig, wenn Sie Ihnen erklären, wozu Sie die Angaben brauchen und welche Experimente Sie durchführen. Manche dieser Leute ziehen ja selbst von Zeit zu Zeit Amateur-Rutengänger und -Pendler zu Rate. Es könnte vielleicht sein, daß Sie ihnen einmal ihr Entgegenkommen vergelten können.

Wenn sich Ihre Ergebnisse bei den Außenkontrollen als unbefriedigend, als nicht recht übereinstimmend erweisen sollten, werden Sie nicht mut- und hoffnungslos. Die Hauptsache bei dieser Art von Experimenten ist ja, daß Sie lernen, die im Anfang unvermeidbaren Fehler zu erkennen und die Folgerungen daraus zu ziehen. Fehler, die Sie jetzt machen, sind glücklicherweise nur das Lehrgeld, das zu zahlen niemandem erspart bleibt. Später aber, bei der Bewältigung ernsthafter Aufgaben, können Fehler und Irrtümer sehr teuer zu stehen kommen.

Immer mehr Praxis!

Die Vorschläge, die ich vorstehend gemacht habe, sind nur Anregungen, nicht mehr. Sie brauchen sich nun keinesfalls daran zu halten. Ich halte es sogar für besser, wenn Sie sich andere Vorführstückchen und andere Übungsmethoden einfallen lassen, die vielleicht mehr Ihrer persönlichen Interessenlage entsprechen. Sie könnten zum Beispiel die gelernten Mutungstechniken und ihre verschiedenen Variationen und Kombinationen bei der Lösung ausgesprochener Alltagsprobleme anwenden, die sich ja immerzu ganz von selbst anbieten: bei der Suche nach einem verlorenen oder verlegten Schlüssel; wenn Sie eine bestimmte Person unbedingt erreichen müssen, aber nicht wissen, wo sie sich zur Zeit aufhält; wenn Sie wissen wollen, ob ein Draht oder ein Kabel, das Sie für eine Arbeit brauchen, in Ordnung ist oder nicht; wenn es gilt, eine Leckstelle in einem unterirdischen Wasserzuführungs- oder Entwässerungsrohr zu finden usw. Bei all diesen Übungen macht es zunächst nichts aus, ob die Resultate ungenau oder falsch sind, denn Sie können natürlich den jeweiligen Problemen auch mit den herkömmlichen handwerklich-technischen Methoden zu Leibe gehen. Doch wenn es Ihnen gelingt, in diesen kleinen Dingen richtig zu muten, werden Sie immerhin Zeit und Mühe gespart haben. Gut ist es, wenn Sie sich, ehe Sie an eine Mutung herangehen, geistig über die einzuschlagende Verfahrensweise klar werden, die sich dem jeweils zu lösenden Problem anzupassen hat.

Der Aufbau einer Mutungsoperation

Suchen Sie etwas Bestimmtes oder wollen Sie etwas Gefundenes näher untersuchen? Das sind die beiden ersten Punkte, von denen die Art Ihrer Vorgehensweise abhängt. Handelt es sich um das erstere, dann halten Sie, ehe Sie an die Arbeit gehen, entschlossen und *möglichst präzis* im Geiste die Vorstellung dessen fest, was Sie suchen. Dann stellen Sie sich eine Folge von Arbeitsphasen zusammen, die Sie in die einzelnen Techniken aufgliedern: in die qualitativen, quantitativen, in die lage- und richtungsbestimmenden Techniken. Unterteilen Sie die einzelnen Schritte Ihres Unternehmens in ähnlicher Weise, wie es bei Verwendung einer einfachen Quantitativ-Box gemäß Zeichnung 47 auf Seite 101 dargestellt ist. Bedenken Sie dabei, daß Sie ohne weiteres auch eine Mischung verschiedener Techniken gleichzeitig anwenden können, besonders dann, wenn Sie das System des „mentalen Fragestellens" mit einbeziehen, etwa: „Ich bin auf der Suche nach trinkbarem Wasser in einer Tiefe von nicht mehr als etwa 30 Metern und in einer Menge von nicht weniger als ca. 4 000 – 5 000 Litern pro Tag." Teilen Sie die einzelnen Schritte Ihrer Mutung in solche ein, die Sie aus der Ferne machen, und in solche an Ort und Stelle, dabei daran denkend, daß die Techniken des Landkarten- und Zeitmutens Ihnen später bei der Außenarbeit eine Menge Zeit und Mühe ersparen können, daß aber Fernmutungen nicht ganz so zuverlässig sind wie die Untersuchungen an Ort und Stelle. Wenn Sie es also vermeiden können, *verlassen Sie sich niemals auf Fernmutungen allein.*

Wenn Sie etwas gefunden haben, aber nicht genau wissen, worum es sich handelt – das geschieht bei Mutungen ziemlich oft –, dann haben Sie das ganze Analyseverfahren rauf und runter zu wiederholen. Sie haben in so einem Falle zwar eine Antwort bekommen, aber was ist nun die genaue, spezifische Frage dazu? Nach dieser müssen Sie jetzt suchen, müssen herausfinden, um was für ein „Etwas" es sich handelt, indem Sie so lange eine Folge von Fragen stellen, bis eine zu der gegebenen Antwort paßt. Das ist der Punkt, an dem das früher beschriebene System des „Ja/Nein/falsch gestellte Frage" mit dem Pendel zur Klärung der Sachlage geeignet ist. Man beginnt mit Fragen mehr allgemeinen Charakters, die ein weites, aber in Beziehung zur Sache stehendes Gebiet umfassen. Ihr Pendel wird eine Serie von „Nein"- oder „Frage-falsch-gestellt"-Antworten geben, so lange, bis Sie eine Fragestellung gefunden haben, in die das näher zu bestimmende „Etwas" hineinpaßt. Gehen Sie dabei nicht zu hastig vor, sondern lassen Sie die Ideen, Vorstellungen und Frageformulierungen in Ihrem Geist wie von selbst aufsteigen. Diese Art von Arbeit könnte man eher „Erzeugung oder Schaffung von Denkvoraussetzungen" nennen, da sie mit dem analytischen Herantasten an Voraussetzungen und Gegebenheiten mit den Mitteln der konventionellen Logik kaum etwas zu tun haben. Diese Methode ist im wesentlichen intuitiv. Der Geist ist weit offenzuhalten. Das Pendel fungiert dabei als einfacher Anzeiger, sozusagen als Meßgerät für den Zustand Ihres Geistes.

Wenn Sie schließlich die allgemein passende Rahmenbezeichnung herausgefunden haben, können Sie sie begriffsmäßig „einkreisen", indem Sie von der gefundenen Bezeichnung durch geschicktes Hin- und-Her-Fragen sich weiter vorwärtstasten zu immer genaueren Benennungen bzw. Klassifizierungsbegriffen, so daß Sie zum Schluß das zu bestimmende „Etwas" richtig zu beschreiben in der Lage sind. Diese Methode hat eine gewisse Ähnlichkeit mit der Planquadrat-Methode beim Kartenmuten, nur daß im obigen Falle nicht das Gradnetz der Karte immer mehr verengt wird, sondern dasselbe mit Begriffen und ihren sprachlichen Ausdrücken geschieht. Ich hoffe, daß Ihnen die Sache klar genug ist. Wie es bei mancherlei Dingen in der Radiästhesie ist, scheinen derartige Beschreibungen zunächst recht kompliziert zu wirken, in der Praxis aber zeigt sich dann, daß sie eigentlich recht einfach sind.

Über diese allgemein gehaltenen Empfehlungen hinaus hängt die Reihenfolge der einzelnen Arbeitsphasen natürlich davon ab, welche Aufgaben zu lösen Sie sich vorgenommen haben. In den folgenden drei Kapiteln werde ich kurz auf einige bekanntere Anwendungsarten von Rute und Pendel eingehen, zu denen insbesondere das allgemeine Suchen nach „Dingen im Erdboden" und deren Analyse gehören, ferner landwirtschaftliche, medizinische und archäologische Fragen und Probleme. Dies sind aber keineswegs etwa die einzigen praktischen Anwendungsmöglichkeiten. Ich bin überzeugt, daß Sie im Laufe der Zeit selbst noch weitere finden werden. Doch bevor ich mich der Beschreibung der hier geltenden Basis-Gesetzmäßigkeiten zuwende, möchte ich vorher noch auf die meines Erachtens unbedingt nötige Durchleuchtung eines besonderen Aspektes eingehen, nämlich auf die ethischen und moralischen Gesichtspunkte der Ruten- und Pendelpraxis und ihre Begrenzungen.

Die Ethik und ihre Begrenzungen

Wie bei der Praktizierung jeder Kunstfertigkeit gibt es auch hier einige Punkte, derer man sich ständig bewußt sein sollte und die sozusagen als Ausgleichsfaktoren stehen zwischen den rein arbeitstechnischen Sicherheitserfordernissen und den berufsbedingten „ungeschriebenen Gesetzen", dem „Sittenkodex" des Radiästheten. Die meisten dieser Punkte sollten eigentlich selbstverständlich sein, aber in gewissen Fällen sind sie es eben nicht. Ich halte es für meine Pflicht, darauf an dieser Stelle ausdrücklich hinzuweisen, weil ich nicht die Verantwortung übernehmen möchte, wenn Sie in die Irre gehen und in die eine oder andere Fallgrube purzeln, die es nun mal auf dem Gebiet der Ruten- und Pendelpraxis gibt. Dieser „praxisbezogene Sicherheitskodex" kann auf vier Hauptpunkte beschränkt werden: *auf den Schwierigkeitsgrad der jeweiligen Aufgabe, auf das persönliche Verantwortungsbewußtsein, auf den Profit- und den Notwendigkeits-Aspekt.*

Eine Sache des Schwierigkeitsniveaus

Um präziser zu sein: ich verstehe darunter zunächst das Schwierigkeitsniveau einer zu bewältigenden Aufgabe. In jeglicher Lebenssituation hält man es gewöhnlich für das beste, den einfachsten Weg zum gesteckten Ziel zu gehen, obwohl der einfachste und kürzeste Weg uns nicht immer auch als der leichteste vorkommen mag. Das gleiche gilt auch für das Ruten und Pendeln. Der einfachste Weg, auf der Ebene der physikalischen Welt etwas zu erreichen, ist, ebenfalls rein physikalische Methoden anzuwenden. Was nun Ihren Körper anbelangt, der letztlich Ihr radiästhetisches Hauptwerkzeug ist, so ist seine Struktur physischer Natur, gebaut und dazu bestimmt, in dieser irdischen Welt tätig sein zu können. Deshalb liegt es auf der Hand, daß in den meisten Situationen die direkte physikalische (handwerkliche beziehungsweise naturwissenschaftliche) Arbeitsweise dem untersten Grad der Schwierigkeiten entspricht, der niveaumäßig noch unter den ,,physikalischen'' Methoden der Radiästhesie liegt, welch letztere aber wiederum unter den ,,mentalen'' Methoden liegen usw. Das bedeutet zugleich: es ist einfacher, ein Instrument zu benutzen, als auf ein solches zu verzichten oder es ,,ohne körperliche Berührung'' anzuwenden, also in sogenannter psychokinetischer Weise. Alle diese Verfahrensweisen sind *möglich*, aber je höher der Schwierigkeitsgrad, um so höher das Maß der subjektiven Kontrolle, das zur Erzielung zuverlässiger Resultate erforderlich ist.

Obgleich es durchaus möglich ist, mit Rute oder Pendel jegliches Problem anzugehen und zu lösen, ist das aber in vielen Fällen nicht zweckmäßig. Benutzen Sie ruhig die einfachsten handwerklich-praktischen Methoden, sofern es sich nicht gerade um die Durchführung radiästhetischer Experimente handelt. Wenn schlichte physikalische Methoden ausreichen und die nötigen Werkzeuge (zum Beispiel Metall-Detektoren = Spür- und Ortungsgeräte) zur Verfügung stehen und die gestellte Aufgabe zuverlässig zu bewältigen vermögen, verwenden Sie diese. Seien Sie in dieser Hinsicht realistisch!

Ebenso: Verwenden Sie nicht das Ruten und Pendeln als Ersatz für Ihren gesunden Menschenverstand, für Ihre Vernunft. In Frankreich können Sie gar nicht so selten beobachten, wie ein Mann in einem Café sein Pendel über einer bestellten Tasse Kaffee schwingen oder kreisen läßt, um auf diese Weise festzustellen, ob der Kaffee trinkbereit ist. In einer bekannten Buchhandlung in London habe ich öfters gesehen, wie eine Frau einen vor ihr liegenden Stoß Bücher abpendelte, um dem Pendel Gelegenheit zu geben, ihr zu sagen, welches der Bücher sie kaufen soll. Nun, so etwas ist natürlich glatter Unsinn! Sie haben Ihre Intelligenz mitbekommen, um mit ihr ,,Probleme'' dieser Art lösen zu können. Dazu brauchen Sie weiß Gott kein Pendel!

Der Verantwortlichkeitsaspekt

Wenn Sie einmal soweit sind, daß Sie ernsthaft an die Bewältigung radiästhetischer Aufgaben und Probleme herangehen können, werden Sie bald finden, daß die „Objekte", mit denen Sie es zu tun haben, so etwas wie eine „eigene Geistigkeit" oder irgendeine Form von „Bewußtheit" zu haben scheinen. Alle – Menschen, Pflanzen, Mineralien, Metalle, Steine, gleichgültig ob sie sich auf, über oder unter der Erdoberfläche befinden, ja selbst wenn es sich nur um Begriffe und Ideen handelt – können sich in ihrer Rolle als Zielvorstellung während des Mutungsvorganges als unbeholfen und träge, als widerspenstig, rechthaberisch, unzuverlässig, ja sogar als heimtückisch irreführend erweisen. Als vorgestellte Bilder und Begriffe haben sie irgendwie alle eine Art geistiges Empfindungs- und Reaktionsvermögen, anscheinend manchmal direkt ein „Zweckbewußtsein", nicht unbedingt im herkömmlichen Sinn dieser Worte, aber doch in einer „verfeinerten Abart", denn da sie alle als Ideen und Vorstellungen im menschlichen Geist existieren, können sie innerhalb seines Bereiches zumindest als halb-unabhängige Wesenheiten agieren. Da Sie sich nun beim radiästhetischen Arbeiten in der mentalen Welt, in der Region des Geistigen befinden, müssen Sie sie scharf beobachten und mit größtmöglicher Sensitivität auf deren Reaktionen und Bedürfnisse eingehen, wenn Sie wirklich zuverlässige Resultate erzielen wollen.

Das klingt zwar ziemlich esoterisch (und ist es wahrscheinlich auch), man kann aber das Ganze in einem schlichten, allgemein bekannten Wort zusammenfassen: *Verantwortlichkeit.*

Analog hierzu ist die allgemein verbreitete Meinung wohl die, daß wir als Menschen für die physikalische Welt und für die Vorgänge in ihr nicht verantwortlich seien. Nach der herrschenden materialistischen Ansicht ist die „zunehmende Beherrschung und Kontrolle der blinden Naturkräfte durch die Menschen" ein Einbahnstraßenprozeß, denn wie sollte es der Natur möglich sein, den großen und edlen Menschen ihrerseits zu kontrollieren? Wir sind bis jetzt nur imstande gewesen, dieser schwarzen Komödie der Unverantwortlichkeit den schönen Namen „Fortschritt" beizulegen, weil uns die greifbaren Resultate desselben so lange als erstrebenswert vor Augen gestellt wurden, daß wir uns schließlich selber vorlügen, es gäbe die damit verbundenen Probleme gar nicht, als seien sie von der Bildfläche verschwunden wie unter den Teppich gekehrter Dreck. Aber wir haben es eben nicht mit einem Einwegprozeß zu tun, sondern mit einem sehr vielschichtigen System des unablässigen Aufeinander-Einwirkens. Jeder Vorgang innerhalb eines geschlossenen Wirkungs- und Bezugssystems verursacht zwangsläufig irgendwo und irgendwann der Aktion entsprechende Reaktionen im System. Mir scheint, daß dies der Menschheit von heute immer klarer wird.

Beim Ruten und Pendeln arbeiten Sie mit dem gleichen interaktiven, also auf sich selbst zurückwirkenden System, nur auf einer höheren Stufe. Die Resultate irgendwelcher Fehler und Irrtümer können schnell und hart sein – je höher das Niveau der Arbeit, um so schneller und härter –, und sie kommen oft auf höchst unwahrscheinlichem Wege und aus völlig unerwarteter Richtung. Sie selbst sind unmittelbar verantwortlich – und dies im doppelten Sinne des Wortes, denn für das, was Sie tun oder zu tun unterlassen, können Sie nicht einfach den Schwarzen Peter einem andern zuschieben. Fehler und Irrtümer können Sie unter Umständen recht teuer zu stehen kommen – nicht nur finanziell. Auf einigen Gebieten der Radiästhesie ist tatsächlich die Gefahr gegeben, daß Sie sich selbst und anderen mental, physisch und in vielleicht noch anderer Weise Schaden zufügen. Mehr darüber in den Kapiteln 12 und 13.

Es ist natürlich nicht meine Absicht, Ihnen mit diesen Ausführungen Angst und Schrecken einzujagen oder Ihnen irgendwelches dummes Zeug zu erzählen. Experimentieren Sie ruhig frisch drauflos, seien Sie sich dabei aber immer klar der Dinge bewußt, die Sie tun. Bevor Sie an eine Sache herangehen, insbesondere an eine solche von höherem geistigen Niveau, warten Sie mit dem Beginn wenigstens so lange, bis eine Idee in Ihnen aufsteigt, die Ihnen sagt, was Sie machen sollen und mit welchen Kräften und Mächten Sie es zu tun haben. Es ist leicht genug, sich in irgendwelche Schwierigkeiten zu verstricken, aber gar nicht so einfach, wieder aus ihnen herauszukommen. Üben Sie eine Sache erst einmal praktisch, ehe Sie darangehen, eine Aufgabe zu übernehmen, bei der es sehr darauf ankommt, daß Sie fehlerfrei arbeiten.

Der Profitaspekt

In vielen Fällen ist es absolut vernünftig und zu verantworten, Kostenersatz oder ein Honorar von jemandem zu verlangen, der Sie ausdrücklich dazu auffordert, für ihn eine radiästhetische Untersuchung durchzuführen. Es ist sogar durchaus korrekt, wenn ein entsprechend geschickter und erfahrener Rutengänger und Pendler aus seiner Kunst und Fertigkeit einen Beruf macht und von den Honoraren lebt. Aber es ist ein seltsamer „Haken" bei der Geschichte: Wenn Sie es mit Ihren Geldforderungen zu weit treiben, werden Ihre Resultate anfangen – zuerst kaum merklich, dann aber immer erkennbarer – falsch zu werden. Das ist zwar keine feststehende Regel, wohl aber eine Erfahrungstatsache. Auf die Dauer können Sie nicht damit rechnen, durch Rutengehen und Pendeln große Gewinne zu machen. Gewiß: Sie können ein ruhiges, besinnliches Leben führen –, aber reich werden? – nein! Wie ich mir denke, dürften dafür verschiedene Gründe vorliegen, deren einer sein könnte: Ihr Geist wird zu sehr von der abstrakten Idee an „Profit" gefangengenommen, wodurch die im Geiste zu tragenden qualitativen Mustervorstellungen beeinträchtigt und gestört werden. Anstatt die nötigen Antworten und Führungsimpulse frei in sich aufsteigen zu lassen, sind Sie bei Beginn Ihrer Arbeit mehr oder weniger daran interessiert oder gar gelangweilt. Ich vermute aber, daß die eigentlichen Ursachen noch tiefer liegen, daß sie eng mit dem Verantwortlichkeitsaspekt zusammenhängen und indirekt mit dem zu tun haben, was die Hindus *Karma* nennen, also die Verknüpfung von Ursache und Wirkung.

Das ist nicht nur im Hinblick auf Geld wahr, sondern auch in bezug auf alle Eigenschaften, die ein sich selber überschätzender Mensch haben kann: Stolz, Arroganz, Selbstgefälligkeit, Dogmatismus, Leichtgläubigkeit, Ungläubigkeit und die anderen der „Sieben Todsünden". Wenn das Ego (das kleine Ich) nicht ständig scharf unter Kontrolle gehalten wird, kann es auf bedenkliche Abwege geraten und ernsthaft Schaden nehmen, kann dauernd zum Narren gehalten werden und den Betreffenden in den Augen seiner Umwelt zu einem Toren stempeln. Bei diesem „großen Spiel" ist der einzige Weg, alle Rück- und Niederschläge zu vermeiden, der, immer bescheiden und demütig, gleichzeitig aber skeptisch und selbstkritisch zu bleiben.

Der Notwendigkeitsaspekt

Das ist eine Sache, die quasi die anderen drei mit umschließt und diese – und damit auch Sie – mitten in die so heiklen und verwickelten Gebiete der alten Magie hineinführt. Der Punkt, auf den es hier ankommt, ist einerseits mit den traditionellen magischen Erfahrungen verknüpft und wird andererseits auch durch die moderne parapsychologische Forschung bestätigt, *daß nämlich alles radiästhetische Arbeiten dazu tendiert, nach dem „Gesetz der Notwendigkeit" zu funktionieren, nicht nur dem Willen zu gehorchen.* Fragen Sie mich aber bitte nicht, was die genaue Definition des Begriffes Notwendigkeit ist.

Je mehr Sie Ruten- oder Pendelergebnisse dringend benötigen, um so zuverlässiger werden sie sein. Und umgekehrt: je geringer der Grad echter Notwendigkeit ist – je mehr es sich also darum handelt, die Geschichte „nur mal so zu probieren", ein bloßes interessantes Spielchen daraus zu machen – um so weniger zuverlässig werden die Resultate sein. Ich habe nicht die geringste Idee, warum das so ist und wie im einzelnen die Zusammenhänge sind, ich kann nur sagen, daß es sich wiederum um eine Erfahrungstatsache handelt. Wenn Sie also, wie gesagt, die Resultate nicht dringend benötigen, scheint etwas in Ihnen vorhanden zu sein, das Ihre Empfindungsfähigkeit einengt oder behindert. Das ist ein Vorgang, der nur intuitiv erspürt, kaum aber intellektuell erkannt werden kann. Doch was dieses „Etwas" auch sein mag – seine Auswirkungen steigern sich mit zunehmender Höhe der Operationsebene; es tritt offenbar als eine Art Feedback-Mechanismus im Rahmen des Verantwortlichkeitsfaktors in Erscheinung und scheint auch mit dem beim Hinweis auf das Profitdenken erwähnten Bescheidenheits- und Demutsaspekt zusammenzuhängen. Es ist jedenfalls wichtig zu verstehen, daß Ihre gesamte geistige Erwartungshaltung eine entscheidende Rolle bei der Zuverlässigkeit der erzielten Resultate spielt. Das ist der Grund, weshalb Sie sich vor und bei Beginn Ihrer Arbeiten über Ihre Absichten klar sein sollten, daß Sie wissen, *warum* Sie eine Mutung unternehmen.

Wenn ich merke, daß bei Beginn einer Mutung die Sache schiefläuft, pflege ich mich mit dem Ausruf „*meng!*" zu trösten. Meng ist die Bezeichnung für das vierte Hexagramm im I-Ging-Orakel des chinesischen „Buches der Wandlungen" und bedeutet in etwa „jugendliche Torheit, aussichtsloses Unternehmen, abwarten".

Der Sicherheits-Mechanismus

Alle diese „Dinge" und Prozesse fungieren als Sicherheitsmechanismen, als eine Art Abschirmung des ganzen in sich geschlossenen Bezugssystems, zugleich als Schutz für Sie als Radiästhet gegen die Auswirkungen Ihrer Fehler und Trugschlüsse. Sie sind Berichtigungen oder auch Weglassungen im Zuge Ihrer Operationen, die verhindern, daß das System versagt wie beim Durchbrennen einer elektrischen Sicherung. Benutzen Sie Ihre Intuition, Ihr Feinempfinden als eine Ihnen zur Verfügung stehende Abschirmung, während Sie arbeiten; hören Sie auf die „innere Stimme", die eigentlich gar keine Stimme ist. Vertrauen Sie Ihrem Spürsinn, Ihrem Gefühl. Wenn Sie den Eindruck haben, daß etwas nicht in Ordnung ist und Ihre Instrumente sich eigenartig benehmen, dann halten Sie inne, machen Sie erst einmal Schluß und verlegen Sie die Mutung auf eine spätere Zeit oder vielleicht auf einen anderen Platz. Meist ist eine solche Verschiebung nicht von allzu großer Bedeutung und läßt sich durchaus arrangieren. Es handelt sich ja nur um eine vorübergehende Ausfallphase, die ihre Ursachen hat. Bedenken Sie aber, daß die Gefahr (oder besser: der mangelnde Sicherheitsfaktor) größer wird, wenn Sie diese intuitiven Warnungen nicht beachten und mit der Mutung einfach fortfahren, daß der Unsicherheitsgrad zunimmt, je höher die geistige Ebene ist, auf der Sie die Arbeit durchführen, zum Beispiel bei Anwendung jener Techniken, die ich in den Kapiteln 12 und 13 beschrieben habe. Sie wirken mit Ihrer Persönlichkeit als eine Art Katalysator, der irgendwie Veränderungen in den Grundenergien des in sich selbst aufeinander einwirkenden Systems veranlaßt. Die Folge ist ein ernster Fehler, bei dem das System keine Wahl- und Korrekturmöglichkeit mehr hat, außer eben wie eine elektrische Sicherung durchzubrennen. Wenn Ihre Erfahrungen nicht ausreichen, um Sie erkennen zu lassen, in welcher Weise Sie sich bei diesen Arbeiten zu schützen haben, müssen Sie eben ein solches Durchbrennen Ihrer Sicherung in Erwägung ziehen.

Benutzen Sie aus dem gleichen Grunde niemals Ihre Ruten und Pendel für metaphysische und -psychische Experimente wie zum Beispiel für die Geister- oder Gespensterjagd, also für spiritistische Zwecke. (Ich meine hier die „echten" Geister, nicht die eingebildeten und illusionären, von denen Tom Lethbridge in seinen Büchern spricht und die relativ harmlos sind). Ich habe mich, unter der leitenden Mitwirkung eines Freundes, einmal in eine solche Sache eingelassen. Ich nahm meine Winkelruten und begann, mit ihnen im Raum hin und her zu gehen, und innerhalb von fünf Sekunden machte sich ein Poltergeist (Spukgeist) deutlich bemerkbar. Hätte mein Freund nicht über einige Erfahrungen auf diesem Gebiet verfügt und hätte er nicht richtig reagiert, hätte das Resultat dieses Unternehmens höchst unangenehm sein können. Es war ein Experiment, das ich nicht zu wiederholen gedenke.

Wenn Sie die verschiedenen Vorsichtsmaßregeln und Probleme, die in den Kapiteln 2, 4 und 9 beschrieben sind, in geeigneter Weise beachten, das heißt diese während des Mutens in Ihrem Bewußtsein gegenwärtig halten, brauchen Sie sich weiter keine Sorgen darüber zu machen oder irgendwelche Befürchtungen zu hegen. Probleme werden dann nämlich gar nicht auftauchen und damit auch nicht die mit ihnen verbundenen Risiken. Wenn Sie in jeder Situation die geistige Kontrolle fest in der Hand haben, sind die eventuellen Risiken ebenso klein wie bedeutungslos. Wenn Sie aber die Kontrolle – das heißt eigentlich die Selbstkontrolle – verlieren und Anwandlungen von Arroganz, Ignoranz und Unüberlegtheit freien Spielraum geben, sind die dadurch heraufbeschworenen Gefahren durchaus ernst zu nehmen. Wenn Sie aber trotz der vorstehenden Warnungen mit einer ,,Auf-Teufel-komm-raus‘‘-Haltung ans Werk gehen, nun – dann seien Sie besonders vorsichtig und machen Sie sich auf einiges gefaßt.

Damit will ich das Kapitel über die esoterisch-metaphysischen Aspekte der Radiästhesie abschließen. Das Gesagte dürfte genügen. Gehen wir über zu weiteren praktischen Anwendungsformen.

11 Suchen, Finden und Analysieren

Mir steht in diesem Buch nicht so viel Raum zur Verfügung, daß ich, wie in den Kapiteln über die Techniken, auf alle Anwendungsmöglichkeiten bis ins Detail eingehen kann. Dieses Kapitel und die zwei folgenden sind so abgefaßt, daß sie nur Ihren Appetit auf weiteres anregen, Ihnen einen Startpunkt für eigene Ideen geben sollen. Auch in vielen anderen einschlägigen Büchern können Sie Aufklärung über weitere Einzelheiten und spezifische Aspekte des Rutengehens und Pendelns bekommen. Dadurch sind Sie imstande, Ihr Wissen und Können über das, was Ihnen dieses Buch bieten kann, hinaus zu erweitern und zu vertiefen.

In diesem Kapitel will ich hauptsächlich auf einige bekanntere und häufiger benutzte Anwendungsarten eingehen, von denen die meisten konkrete Probleme mit materiell sicht- und greifbaren Resultaten betreffen, obwohl auch ein paar abstrakte Probleme dabei sind, deren Lösungen und Ergebnisse nicht gegenständlich und daher nicht im materialistischen Sinne beweisbar sind.

Beginnen wir mit einem recht handfesten Problem: der Suche nach einem Leck in einer unterirdischen Wasserleitung.

Die Suche nach einem Leck

Es liegt auf der Hand, daß wir zunächst die Leitung als Ganzes finden müssen. Wenn Sie nicht schon wissen, wo die Leitung liegt, dann benutzen Sie die üblichen und in den früheren Kapiteln beschriebenen Lage- und Richtungsbestimmungs-Techniken entweder an Ort und Stelle oder aus der Ferne (durch Landkartenmuten). Halten Sie dabei den Gedanken oder das Vorstellungsbild des Wasserrohres so deutlich wie möglich in Ihrem Bewußtsein fest. Haben Sie auf diese Weise das

Rohr gefunden, verfolgen Sie seinen Lauf mit der ebenfalls bereits dargelegten Spurverfolgungstechnik. Wenn Sie wissen, wo die Leitung beginnt beziehungsweise endet – am Absperrventil oder im Haus –, fangen Sie bei dem Ende an, dessen Lage Sie genau kennen und benutzen Sie abermals die Spurverfolgungstechnik, um den genauen Verlauf festzustellen. Halten Sie sowohl beim Fernmuten als auch unmittelbar über dem Objekt den Gedanken fest, daß Sie auf der Suche sind nach einem Leck in der Leitung beziehungsweise nach etwas, das eine Veränderung oder Störung der normalen Funktion des Rohres und der Wasserbewegung verursacht, und zwar gleichzeitig mit der Erwartung, daß in dem Moment, da Sie die betreffende Rohrstelle überschreiten, Ihr Instrument von der nur die Richtung weisenden Reaktion zur deutlichen Lagebestimmungsreaktion übergeht. Diesen Punkt kennzeichnen Sie. Anschließend benutzen Sie eine Tiefenbestimmungstechnik, um die Entfernung des Leckes (nicht des Rohres, das ist für die Kontrolle wichtig) unter der Erdoberfläche zu finden. Selbst wenn Sie wissen sollten, daß die Rohrleitung nur zum Beispiel einen halben Meter tief liegt, ist eine Tiefenbestimmung empfehlenswert, denn das „Leck", also die Unstimmigkeit, muß ja nicht unbedingt am Rohr selbst sein, sondern kann sich unter Umständen auf etwas noch tiefer Liegendes beziehen. Eine Kontrolle der Tiefenlage des betreffenden angezeigten Störungsfaktors wird die Sache klären. Sie haben es hier mit einer jener Irrtums- oder Trugschlußmöglichkeiten zu tun, denen Sie durch Wachsamkeit aus dem Wege gehen können.

Trugschlüsse und Fallgruben

Die vorerwähnte Irrtumsmöglichkeit kann vermindert werden durch Benutzung von Winkelruten, denn diese haben unterschiedliche Reaktionsweisen für etwas unmittelbar in oder an der Rohrleitung und für Faktoren, die diese Leitung darunter oder darüber kreuzen. Andere Instrumente lassen diesen Unterschied nicht erkennen. Es ist selbstverständlich wichtig, das erzielte Resultat einer Kontrolle, ja sogar einer Doppelkontrolle zu unterziehen. Doch hierzu wiederum ein Wort der Warnung: Wenn Sie Ihre Resultate durch endlose Wiederholungen kontrollieren, werden Sie schließlich direkt unsinnige Reaktionen erhalten, so als ob das Instrument es einfach leid wäre, immer wieder auf dieselbe Frage zu antworten. *Meng!*

Ein anderer „Fallstrick" könnte sein, daß die Rohrleitung mehr als ein Leck aufweist. Suchen Sie deshalb das Rohr in seiner ganzen Länge ab und prüfen Sie, ob nicht noch mehr Lecks vorhanden sind. Legen Sie sich nie auf die Annahme fest, daß nur eins da sei. Während Sie diese Untersuchung durchführen, hüten Sie sich davor, leichtfertige Schluß-folgerungen bezüglich des „logisch und offensichtlich" zu erwarten-den Verlaufs der Leitung zu ziehen. Mitunter beschreibt dieser die ver-rücktesten Ecken und Kurven, wie die Zeichnung 54 zeigt. Hier han-delt es sich um ein Landhaus in Schottland. Ich kann mir denken, daß die Wasserleitung von zwei verschiedenen Arbeitergruppen gleichzei-tig verlegt worden ist, von einer Gruppe innerhalb und einer außerhalb der hohen Gartenmauer, und daß jedes Team andere Vorstellungen hinsichtlich der Leitungsführung gehabt hat. Aber nicht nur das. Sie haben die Leitung auch entlang einer Hecke gelegt, deren Wurzeln – was nicht zu verwundern ist – im Laufe der Jahre das Rohr regelrecht durchlöcherten, und zwar in einem Maße, daß es nicht mehr repariert werden konnte. Solche kuriosen Fälle gibt es!

Blockierungen und Bruchstellen

Die Suche danach geht praktisch in der gleichen Weise vor sich, nur mit dem Unterschied, daß Sie sich während des Verfolgens der Leitungs-führung geistig auf eine andere Art von Betriebsstörung einzustellen haben, auf eine Blockierung (Verstopfung), einen Bruch oder anderes. Denken Sie daran, daß das Finden eines Lecks oder einer sonstigen Stö-rung noch nicht das gleiche ist wie die notwendige Reparatur. Um die Sache wieder in Ordnung zu bringen, müssen Sie ein Loch graben oder graben lassen, dessen Ergebnis zugleich der überzeugendste Beweis für die Richtigkeit Ihrer Mutung ist – oder das Gegenteil.

Wassersuchen

Das Wassersuchen im Sinne des Auffindens einer neuen Wasserversor-gung (Brunnen) unterscheidet sich im Prinzip nur wenig vom Suchen eines Lecks, nur daß es diesmal darum geht, der unterirdischen Was-serführung sozusagen ein Leck beizubringen, es anzuzapfen, anstatt einen Schaden zu reparieren. Eine solche Wassersuche ist aber aus einer

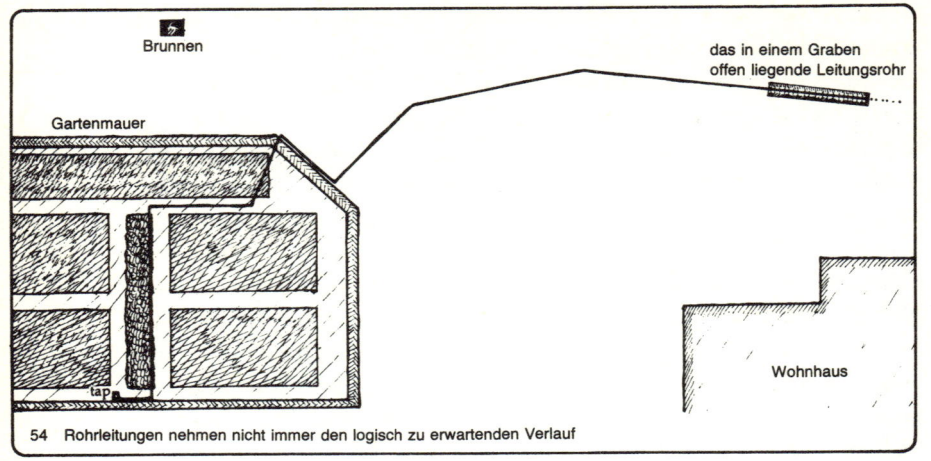

Reihe von Gründen nichts, was man so zufällig und beiläufig mit erledigen kann. Der erste betrifft die Kostenfrage. Wenn Sie beim Suchen eines Lecks einen Fehler machen, haben Sie nur Zeit verloren und sich vergebens abgemüht, ein ziemlich kleines Loch in den Erdboden zu graben. Der Bau eines Brunnens aber ist eine kostspielige Angelegenheit. Schon das Ausheben eines Brunnenschachtes von geringer Tiefe kostet viel Geld, und die Kosten für einen tieferen gehen in die Tausende. Gemachte Fehler können also gerade hier sehr teuer zu stehen kommen, besonders dann, wenn Sie als Einziger dafür geradezustehen haben.

Ein weiteres Problem: Das gegenwärtige Wasserversorgungssystem in England (und viel anders dürfte es in Deutschland, der Schweiz und Österreich auch nicht sein – der Übersetzer) benutzt bereits fast alles zur Verfügung stehende erreichbare Wasser. Sie haben also die Wahl, entweder eine sehr teure und aufwendige Tiefbohrung durchzuführen oder in die Versuchung zu geraten, sich in die Wasserversorgung von jemand anders einzuschalten (was aber sowohl unethisch als auch verboten ist). Sie brauchen also sowohl Glück als auch eine große Sicherheit beim Feststellen von unterirdischen Wasserläufen – wo diese herkommen und hinfließen –, um die anstehenden Probleme bewältigen zu können. In vielen andern Ländern aber, besonders in denen der „Dritten Welt", ist das alles andere als ein Problem. Dort besteht ein dringender Bedarf nach Wasser, das gewöhnlich auch in ausreichenden Mengen und in relativ leicht erreichbaren Tiefen vorhanden ist, vorausgesetzt natürlich, daß Sie es zu finden wissen und so viel Geld haben, sich ein kleines Bohrgerüst mieten oder selbst bauen zu können.

Doch zurück zum Vorgang des Wassersuchens. Wie ich ein paar Zeilen weiter oben schon sagte, ist es grundsätzlich das gleiche wie beim Aufspüren eines Lecks in einer Leitung:

„Ich würde meine Winkelruten nehmen und sie in die neutrale Ausgangsstellung bringen. Von da aus würden sie zu der Stelle der unterirdischen Wasserführung weisen, die mir am nächsten liegt. In dieser angezeigten Richtung würde ich mich in Bewegung setzen, bis ich genau über der Strömung angekommen bin. Wenn ich dort stehenbleibe und die Frage stelle: ‚In welche Richtung fließt das Wasser und wie ist der Verlauf der Strömung?‘, würden die Ruten flußabwärts deuten. Ich kann der angezeigten Richtung dann folgen, entweder mit oder entgegen der Fließrichtung."

Mit diesen Worten etwa schilderte einer meiner Freunde den Vorgang. Recht einfach! Nichtsdestoweniger können Sie die Sache noch mehr vereinfachen, obgleich das Hauptproblem natürlich aus einer Reihe von Unterproblemen besteht: Welcher Art oder Qualität ist das Wasser? – Innerhalb welchen Tiefenbereiches liegt es? – Unter welchem Gebiet der Erdoberfläche? – Wie groß ist die Menge? usw. Es ist aber nicht unbedingt erforderlich, die Mutung in diese Unterprobleme aufzuteilen, also die qualitativen, quantitativen, Lage- und Richtungsbestimmungstechniken getrennt voneinander und eine nach der andern anzuwenden. Statt dessen können sie alle diese Unterprobleme in einem kombinierten Mentalmuster zusammenfassen, etwa so: „Ich bin im Begriffe, einen unterirdischen wasserführenden Erdspalt oder Hohlraum zu suchen, der mindestens ca. 3 500 Liter pro Tag trinkbares und immer wieder nachfließendes Wasser liefert und nicht tiefer als ca. 30 Meter liegt. Ich erwarte von meinem Instrument, daß es reagiert, wenn sich ein solcher Wasserlauf direkt unterhalb meiner Füße befindet." Formen Sie diese Frage, dieses zusammengesetzte Mentalmuster, in Ihrem Geist so klar und präzis wie Sie nur können. Sie wissen ja, warum das so überaus wichtig ist.

Ein bei der Wassersuche leicht zu begehender Fehler wäre es, zu sich selbst zu sagen: „Ich suche nach Wasser . . ." Denn es wäre in England (und wohl auch im übrigen Europa – der Übersetzer) etwas Ungewöhnliches, einen Ort zu finden, in dessen Boden nicht irgendeine Art von Wasser vorhanden ist. Abgesehen von dem örtlichen Grundwasserspiegel (den Sie wahrscheinlich mit Ihrem Instrument gar nicht feststellen wollen, denn schließlich ist es Ihre Absicht, sich bewegendes, fließendes Wasser zu finden und nicht auf die leisen „Neben- und Hintergrundgeräusche" zu achten, die vom Grundwasserspiegel ausgehen) gibt es überall auf und unter der Erdoberfläche kleine Rinnsale vom letzten Regen, die Sie alle konfus machen werden, wenn Sie es zulassen. Diese Arten von Wasser und Wässerchen interessieren Sie nicht. Was Sie finden wollen, sind wasserführende enge Erdspalten und -gänge, die oft unter den an der Oberfläche trockensten Gebieten in der Tiefe hindurchgehen, Wasserläufe und -rinnen, deren Vorhandensein und Lage selbst ein erfahrener Geologe allenfalls erraten kann. Sie aber haben nicht zu raten, sondern zu wissen. Solche wasserführenden Erdspalten sind oft viel wertvollere Wasserlieferanten als Grundwasser, denn dessen Höhe verändert sich ständig je nach Jahreszeit wie ein Yo-Yo, das auf und ab hüpft. Brunnen, die nur vom Grundwasser gespeist werden, neigen dazu, in Trockenzeiten plötzlich zu versiegen. Die unterirdischen Bäche und Strömungen aber bleiben relativ gleichmäßig in bezug auf Lage und Tiefe, sind von den Jahreszeiten, wenn überhaupt, nur in sehr geringem Maße abhängig. Nichtsdestoweniger ist es wichtig, eine Zeitmutung durchzuführen, aufgrund der sich die voraussichtlichen Schwankungen im Laufe des Jahres einigermaßen abschätzen lassen. Ich habe erfahren, daß es gar nicht so ungewöhnlich ist, auf einem Gelände zwei Brunnenschächte mehr oder weniger dicht nebeneinander zu finden: einen, der vielleicht -zig Meter tief und trocken ist, und einen andern, der ein paar Meter entfernt ist und trotz einer Tiefe von nur 10 oder 20 Meter bis zum Rande mit klarem Wasser gefüllt ist. Auf jeden Fall ist es erforderlich, daß Sie die Lage und den Verlauf einer gefundenen Wasserführung so genau wie irgend möglich in ihrem Bezugsverhältnis zur Erdoberfläche feststellen und markieren, denn diese Spalten oder Risse im Erdinnern haben oft nur wenige Zentimeter im Durchmesser.

Eine typische Stelle zum Graben eines Brunnenschachtes ist dort, wo sich unterirdische Wasserläufe treffen oder sich kreuzen, wie ich es zum Schluß des siebenten Kapitels beschrieben habe, obwohl es leichter sein dürfte, einen geeigneten Platz für die Bohrung zu finden, indem man mit einem Mentalmuster arbeitet, etwa mit der Frage im Bewußtsein: „Wo ist auf diesem Gelände die beste Stelle für einen Brunnen?" Aber der beste Rat, den ich Ihnen geben kann, ist, sich an einen professionellen Wassersucher um Hilfe zu wenden. Es gibt leider nur noch wenige, doch die meisten von ihnen sind den regionalen oder nationalen Rutengänger- und Pendler-Vereinigungen angeschlossen. In der Regel sind diese Spezialisten gern bereit, mit ihrem Können und ihren Erfahrungen Hilfestellung zu leisten.

Besondere „Kniffe"

Es gibt deren eine ganze Menge. Ich habe Sie bereits auf einige dieser Kniffe und zugleich auf ein paar „Fallstricke" hingewiesen, die Sie beim Suchen eines Lecks in einer Rohrleitung zu beachten haben. Ich wiederhole: überprüfen Sie sorgsam Ihre Resultate und hüten Sie sich davor, zu früh und zu leichtfertig Schlußfolgerungen zu ziehen. Denken Sie immer daran, daß beim Suchen nach Wasser vielleicht noch eine bessere Fundstelle auf dem in Frage stehenden Gebiet vorhanden ist und an all die anderen Möglichkeiten. Hier noch ein ziemlich einfacher Tip: beachten sie den Umstand, daß die Bischofsregel, die ich als elementare Tiefenbestimmungsregel erwähnt habe, dazu neigt, auf schräg abfallendem Gelände zu Unklarheiten zu führen, denn was bedeutet in so einem Falle der Ausdruck „die obere, äußere Entfernung"? Wenn Sie die Bischofsregel auf abschüssigem Gelände anwenden (gemäß dem halbphysikalischen Mutungssystem), werden Sie wahrscheinlich auf den Gedanken kommen, den Neigungswinkel des Bodens zu berücksichtigen. Was mich selbst angeht, so liebe ich es gar nicht, schwierige trigonometrische Berechnungen an einem feuchten und windigen Hügel oder Berghang vorzunehmen. Ich rate Ihnen, die Schräge des Hanges zu ignorieren und lieber eine doppelte Kontrolle mittels zweier verschiedener Techniken durchzuführen. Ziehen Sie auch in Erwägung, daß, genau wie bei der Lagebestimmung eines gesuchten Lecks in einer Rohrleitung, die erste erhaltene Tiefenangabe nicht unbedingt gleich die richtige sein muß. Es mag sein, daß Sie mehrere Tiefenangaben bekommen (die bei Anwendung der Bischofsregel an ihren Reaktionen als „Seiten- oder Nebenwirkungen" erkennbar sind) und daß Sie nun herauszufinden haben, welches die richtige ist. Sie sollten auch auf der Hut sein vor jenen direkten „Gespenster-Eindrücken", die man in etwa mit gewissen Spiegeleffekten in der konventionellen Optik vergleichen könnte und die sowohl in bezug auf die Tiefe als auch auf die Relativposition zur Erdoberfläche den wahren Eindruck verdrängen oder überlagern können. Eine hierbei anwendbare Kontrollmethode ist, die Mutung zwei- oder dreimal zu verschiedenen Tageszeiten sorgfältig zu wiederholen, denn diese „Geister- oder Gespenstereffekte" haben die Tendenz, sich innerhalb kurzer Zeit zu ändern. Doch aufgepaßt! Das muß nicht immer der Fall sein. Wenn Sie diese Ablenkungseindrücke und -impulse nicht scharf genug beobachten, können sie Ihre gesamten Schätzungen und Berechnungen über den Haufen werfen. Wenn sie auftreten, wäre es kein Fehler, wenn Sie einen anderen Radiästheten zur Überprüfung Ihrer Feststellung heranziehen. Bitten Sie diesen Helfer, alle Ihre Resultate zu kontrollieren.

Es ist immer ein sehr kritischer, unangenehmer Moment, wenn nichts geschieht, wenn der Bohrer die angegebene Tiefe erreicht hat. Angenommen, Sie sind sich Ihrer Sache sicher und überzeugt, die richtige Position und Tiefe der Wasserführung angegeben zu haben (wenn nicht, sollten Sie gar nicht erst bohren lassen!), dann haben Sie die Wahl zwischen zwei Möglichkeiten, von denen die eine aber nur für den „äußersten Fall" in Frage kommt. Zunächst einmal lassen Sie weiter und tiefer bohren, mindestens 10 % tiefer als Ihre ursprüngliche Schätzung. Gewisse Arten von Fels- oder Steinschichten können unter anderem bei einigen Rutengängern und Pendlern bewirken, daß die Tiefenangabe etwas korrigiert werden muß. Sollte dann aber immer noch kein Wasser kommen, überprüfen Sie noch einmal die Postition und den Bohrwinkel der Maschinerie, denn es gibt einige Felsarten, die, wenn der Bohrer den Wasserlauf nur um wenige Zentimeter verfehlt (ganz zu schweigen von größeren Abständen) zu stark sind, um dem Wasserdruck das Durchbrechen zu erlauben. Wenn Sie den Eindruck haben, daß das der Fall ist, dann wäre die Zeit gekommen für die Anwendung des zweiten Mittels, nämlich das Bohrloch in der entsprechenden Tiefe zu erweitern. Eine kleine Ladung Dynamit vermag da oft Wunder zu wirken. Doch wenn auch das nicht helfen sollte, nun, dann denken Sie besser und möglichst schnell an etwas anderes . . .

Ich wiederhole: Sollten Sie sich vorgenommen haben, sich ernsthaft der Wassersuche zu widmen – vielleicht als Beruf – dann kommt es allein auf Ihre praktischen Erfahrungen an. Was ich Ihnen vorstehend dargelegt habe, sollten Sie nicht als für sich unbedingt verbindlich betrachten, weil die Techniken und Methoden, die bei mir ausreichend zuverlässig arbeiten, das keinesfalls auch für Sie tun müssen. Sie müssen sich Techniken aneignen und selbst praktizieren, die maßgerecht auf Ihre Bedürfnisse und Fähigkeiten zugeschnitten sind. Um das zu erreichen, gibt es keinen besseren Weg als das altbewährte Meister-Lehrling-System.

Das Suchen nach Mineralien

Sie können Mutungen nach jeder Art von Mineralien durchführen. Dies geschieht in der gleichen Weise wie beim Suchen nach Wasser, indem Sie entweder physikalische Entsprechungsmuster nehmen oder eine Liste über Mineralien oder einfach ein klares mentales Vorstellungsmuster bildhaft in Ihrem Bewußtsein festhalten. Übrigens macht es Vergnügen, sich eine Sammlung von mineralischen Mustern anzulegen.

Wenn Sie die Absicht haben sollten, Mutungen durchzuführen, die die Gewinnung gewisser Mineralien zur wirtschaftlichen Ausbeutung zum Ziel haben, sind eine Reihe besonderer Gesichtspunkte zu berücksichtigen. Sie haben nicht nur das bloße Vorhandensein des betreffenden Minerals festzustellen, sondern auch dessen Konzentration an bestimmten Punkten und die Form und Größe des Gesamtlagers. Um ein Beispiel zu geben: Zu der Zeit, da die ersten Forschungen in der Nordsee nach Ölvorkommen gemacht wurden, war von einer Reihe phantastischer Verallgemeinerungen zu hören, von Behauptungen, daß die Ölfelder eine Ausdehnung von Hunderten von Quadratkilometern hätten. Sie sind in der Tat so groß, doch was gebraucht wurde, waren Angaben über die Größe und Lage der Hauptlagerkessel des Öls und des Gases innerhalb der Felder als Ganzem. Diese Hauptlagerräume sind beträchtlich kleiner, umfassen höchstens ein paar Quadratkilometer. Es wäre nutzlos, einer Bohrmannschaft nur die allgemeine Lage eines Feldes bekanntzugeben; sie muß wissen, wo sich ganz präzis das Hauptlager befindet, muß wissen, wo sie die Bohrung anzusetzen hat, denn der Bohrer muß den betreffenden Hauptlagerbereich möglichst in der Mitte anzapfen. Hier ist, wie schon gesagt, *äußerste Präzision vonnöten*.

Wenn Sie die wirtschaftliche Seite der Ausbeutung von Erdschätzen im Sinn haben, ist es wichtig, daß Sie auch an das denken, was man die ethische Seite Ihres Vorhabens nennen kann. Unsere Fähigkeit, die Ökologie (die Lehre von den Beziehungen der Lebewesen zur Umwelt) unseres Planeten ernsthaft zu gefährden – ihn, wenn Sie es so wollen, gewaltsam auszuräubern – nimmt ein immer beängstigenderes Maß an, und es scheint, als gehe mit dieser destruktiven Ausbeutung eine zunehmende Verantwortungslosigkeit und Rücksichtslosigkeit Hand in Hand. Wir sind notwendigerweise Parasiten unseres Planeten und haben – wie die Parasiten in unserem Körper – sorgsam darauf zu achten, daß wir unsere kosmische Wohnstätte, unseren Wirtsglobus, nicht vergiften, bis er stirbt oder gezwungen ist, seinerseits das Leben seiner Parasiten auszulöschen. Sind Sie sich sicher, daß das, was Sie zu tun beabsichtigen, auch im ökologischen Sinne notwendig und verantwortbar ist? Wenn nicht, nehmen Sie sich in acht! Denn es ist gegenwärtig „etwas im Kommen", es liegt etwas in der Luft, das die Möglichkeit in sich zu enthalten scheint, daß diese unsere Auffassung von „Notwendigkeit" uns eines Tages wieder auf die Stufe der Steinzeitmenschen zurückwirft.

Die Analyse

Bei dieser Art von Arbeit ist das „Ja/Nein/Falsch-gefragt"-System mit dem Pendel, wie ich es im vorhergehenden Kapitel beschrieben habe, das beste. Der Vorteil von Mutungen, sagen wir bei chemischen Analysen, besteht darin, daß sie in nicht-zerstörender Weise vor sich gehen. Sie brauchen von dem Stoff, den Sie zu analysieren wünschen, nichts wegzunehmen oder mit ihm physikalisch irgend etwas anzustellen. Der Nachteil ist, daß das Mutungsverfahren nicht immer ganz zuverlässig ist. Aber – was macht das schon?

Ich möchte zu dem Beispiel der chemischen Analyse noch einiges sagen. Zunächst fragen Sie sich selbst oder das Pendel, ob das vor Ihnen liegende zu analysierende Material eine einfache Substanz ist oder eine Mischung. Halten Sie Ihren Geist auf den Zweck der Untersuchung gerichtet und lassen Sie sich nicht ablenken, indem Sie etwa versuchen, die Zusammensetzung des Glasbehälters oder der Farbflecke auf ihm zu analysieren. Angenommen nun, es handelt sich um eine einfache, nicht zusammengesetzte Substanz, dann gehen Sie zum nächsten Schritt über. Ist es aber eine Mischung, dann haben Sie als Nächstes erst einmal herauszufinden, aus wieviel verschiedenen Substanzen sie besteht. Haben Sie das geschafft, konzentrieren Sie sich nur auf einen Bestandteil, machen diesen für eine Weile zum einzigen Objekt Ihrer Analyse.

Beginnen Sie mit allgemeinen Fragen, mit solchen nach der Klassenzugehörigkeit der Substanz, und gehen Sie von da aus vorwärts zu immer mehr und mehr spezifischen Fragen, zum Beispiel fangen Sie mit der Frage an, ob die Substanz organisch oder anorganisch ist. Sollte sie anorganisch sein, ist Ihr weiteres Vorgehen relativ leicht, denn wenn ich mich an den Chemieunterricht an meiner Schule recht erinnere, gibt es nur wenige Tausende von anorganischen Verbindungen im Gegensatz zu den Hunderttausenden organischer Natur.

Bleiben wir zunächst bei einer anorganischen Substanz. Ist sie ein Element oder eine Kombination aus mehreren? Handelt es sich um ein Element, also um einen chemischen Grundstoff, dann gehen Sie die Liste der Elemente durch, bis Sie das richtige gefunden haben. Ist es eine Zusammensetzung, dann benutzen Sie ebenfalls die Liste der Elemente, diesmal aber nach den wesentlichen Bestandteilen fragend und nach ihrem Mengenverhältnis, wie sie in der Mischung vertreten sind. In diesem Falle haben Sie die Elementen-Tabelle mehrfach durchzugehen. Versuchen Sie, das erste Element der chemischen Formel zu finden, dann das zweite, das dritte usw. Wenn die gefundenen Proportionen so sind, daß sie eine erkennbare chemische Formel ergeben, nehmen sie jedoch nicht gleich an, daß diese Formel die richtige sein muß. *Prüfen Sie Ihre Feststellungen gemäß der Tabelle immer nach anhand der vor Ihnen liegenden Substanz*, indem Sie etwa fragen: ,,Ist das die richtige chemische Formel?" Kommt die Bestätigung, ist die Sache in Ordnung; wenn nicht, müssen Sie nochmals von vorn anfangen, wobei Sie dankbar sein sollten, daß Sie einen Fehler vermeiden konnten.

Wenn die Reihenfolge der Elemente und ihre Proportionen zueinander keine brauchbare Formel erkennen lassen, bleibt Ihnen nichts anderes übrig, als sich eine Liste der Verbindungen dieser Elemente vorzunehmen, dabei nach einer Komposition Ausschau haltend, bei der Ihr Pendel reagiert. Seien Sie aber vorsichtig mit zu eiligen Schlußfolgerungen, denn es sind immer mehrere Verbindungen und Zusammensetzungen möglich. Ein anderer Weg, sich an die Wahrheit heranzutasten, ist, zu sehen, ob die Verbindung sich in eine der bekannten Klassen einordnen läßt, ob es sich also um eine Säure, ein Alkali, um Alkohol, Ester oder um irgendein bekanntes Salz wie Carbonat, Sulfat, Sulfitlauge, Silikat oder dergleichen handelt. Wenn Sie das ,,Schwanzende" der Klassenbestimmung gefunden haben, dann versuchen Sie, das vordere Ende der in Frage kommenden Formel zu erwischen. Zum Beispiel: wenn der vordere Ansatz eines Sulfates Eisen ist und es entweder Eisen oder Eisensulfat sein könnte, ist es nicht mehr schwer, die endgültige Formel dafür zu finden. Aber vergessen Sie nicht: wenn Sie das gefunden haben, was Ihnen als die richtige Formel erscheint, *überprüfen Sie die Feststellung vor und zurück*.

Die Analyse organischer Stoffe geht praktisch in der gleichen Weise vor sich, obwohl die Sache hier schwieriger ist, weil die Zahl der möglichen organischen Zusammensetzungen so außerordentlich groß ist. Wiederum: versuchen Sie, die Elemente zu bestimmen und deren Proportionen zueinander; fragen Sie nach der Einteilung in Unterklassen: Säuren, Alkohol, Aminosäuren, Kohlenstoffverbindungen, Duftstoffe usw. Sehen Sie zu, wie Sie damit zurechtkommen.

Wenn Sie aber schon wissen sollten, daß es sich bei drei vor Ihnen stehenden farblosen Flüssigkeiten um Lösungen von Zucker, Salz oder eines Unkrautvertilgungsmittels handelt, genügt es völlig, eine entsprechende Unterteilung vorzunehmen und die Substanzen einzeln zu benennen. Es wäre also in diesem Falle nicht erforderlich, sich der Mühe zu unterziehen und die genaue chemische Kombination festzustellen. Benutzen Sie bei einer Analyse ruhig nach Möglichkeit die einfachsten Kennzeichnungen. Komplikationen gefährden nicht nur die Zuverlässigkeit des Ergebnisses, sondern steigern auch die Wahrscheinlichkeit, Fehler zu machen.

Kniffe und Fallstricke

Die schlimmste der möglichen „Versuchungen" ist, daß es nur allzu leicht ist, zu „offensichtlichen" Schlußfolgerungen bezüglich der Art der zu analysierenden Substanz zu gelangen. Wie immer und überall bei derartigen Mutungen hängt die Zuverlässigkeit von Experimentalergebnissen von der Erfahrung und dem Grad der subjektiven Kontrolle des Radiästheten ab. Unter unzulänglichen Bedingungen kann eine „Analyse" den Charakter eines Ratespiels annehmen. Ein guter und geschickter Rutengänger und Pendler sollte jedoch in der Lage sein, unter normalen Bedingungen innerhalb kurzer Zeit und mit perfekter Genauigkeit ein Resultat zu erzielen, insbesondere bei Anwendung einer doppelten oder dreifachen Kontrolle, wie oben beschrieben. Je komplizierter die Analyse ist, um so größer ist natürlich die Möglichkeit, Fehler zu machen. Sollten Sie zufällig ein Schullehrer für naturwissenschaftliche Fächer sein, könnten Sie diese Art von Experimenten dazu benutzen, Ihren Schülern die Problematik der subjektiven und objektiven Betrachtungsweise in der wissenschaftlichen Forschung vor Augen zu führen. Denn die Zuverlässigkeit der Aussagen hängt ganz und gar vom Beobachter ab. Wenn die Schüler Gelegenheit erhalten zu sehen, wie Versuche mit dem Dreiwege-Experiment ausgehen, werden sie selber feststellen können, inwieweit sie dem Ideal „des Beobachters, der während der Beobachtung keine mitwirkende Rolle spielt", nahekommen können.

Verloren und gefunden

Es ist dies gewissermaßen eine Erweiterung jener „Salonkunststückchen", deren Praktizierung zu Übungszwecken ich Ihnen zu Beginn des letzten Kapitels empfahl und von denen ich hoffe, daß Sie einige davon auch ausgeführt haben. Die grundlegende Idee dabei ist, die Radiästhesietechniken zu benutzen, um von Ihnen benötigte „Objekte" zu finden. Was die Definition des Begriffes „Objekt" anbelangt, so fragen Sie Ihren Geist, Ihr Vorstellungsvermögen. Ein „Objekt" kann sein: eine alte Münze, Ihre Schlüssel, der Hund des Nachbarn, Ihr Ehepartner oder sonst etwas. Aber hier ist der bereits erwähnte „Haken": die Sache funktioniert nur einwandfrei, wenn Sie eine Information *wirklich benötigen*, sie nicht nur wünschen oder verlangen. Vergessen Sie das nicht!

Personen

Die nachstehende Geschichte soll dazu dienen, Ihnen einen Begriff davon zu geben, was beim Suchen nach Personen möglich ist. Einer meiner Freunde mußte äußerst dringend einen bestimmten Kollegen sprechen. Das wäre an sich eine einfache Angelegenheit gewesen, wenn der betreffende Kollege nicht fast ständig „auf der Achse" gewesen wäre. Mein Freund rief mehrfach die beiden Telefonnummern des Herrn an, erfuhr aber nur, daß der Gesuchte seit Monaten nicht mehr dagewesen oder vor ein paar Stunden mit all seinen Sachen weggegangen war. Also griff mein Freund schließlich zum Pendel und nahm einen detaillierten Stadtplan von London zur Hand. Er begann mit dem Abpendeln des Übersichtsverzeichnisses, des Index. Das Pendel reagierte deutlich über einer Seite und dann über einer der darauf verzeichneten Straßen. Aber wo war der Mann in oder an dieser Straße? Aha! – in einem Hotel! Aber in welchem? Mein Freund schlug das Branchenverzeichnis im Adreßbuch auf und stellte fest, welche Hotels es an dieser Straße gab und bei welchem das Pendel reagierte. „Ist das wirklich das richtige

Hotel?" Ja, anwortete das Pendel. Also rief er das Hotel an und erkundigte sich, ob der Kollege dort sei. „Nein, mein Herr, hier ist niemand dieses Namens." In diesem Moment kam ihm intuitiv der Gedanke, eine Botschaft für den Gesuchten zu hinterlassen, „für den Fall, daß doch . . ."

Zwei Stunden später rief ihn der Kollege von eben diesem Hotel aus an und fragte mehr als erstaunt, wie mein Freund ihn habe ausfindig machen können, weil er sich erst vor kaum einer Stunde entschlossen hatte, in dieses Hotel zu ziehen.

Zugegeben, das ist ein extremes Beispiel, kann Ihnen aber im großen und ganzen einmal zeigen, was möglich ist. Die Geschichte ist übrigens wahr. Seien Sie sich aber klar darüber, daß die Informationen, die Sie mittels dieser Art von Mutungen bekommen können, zunächst nichts weiter als Informationen sind, ungeprüfte und unzuverlässige Informationen, keine absolut sicheren Tatsachen. Sie können die so erhaltenen Informationen als Hinweise zweifelhaften Charakters benutzen und nachprüfen, inwieweit sie den Tatsachen entsprechen. Verlassen Sie sich aber nicht von vornherein unbedingt darauf. Der Faktor „echte Notwendigkeit" spielt hier, wie ich bereits erwähnte, eine ganz entscheidende Rolle. Wenn kein dringendes Bedürfnis vorliegt, eine bestimmte Person zu finden, werden Sie feststellen, daß Ihre Anstrengungen „vergebliche Liebesmüh" waren. Mir selber ist das mehr als einmal passiert.

Tiere

Rutengänger und Pendler werden gar nicht so selten gebeten, den Verbleib eines verschwundenen Haustieres, eines Hundes oder einer Katze, festzustellen. Es gibt da zwei Wege, das zu tun. Der erste ist, sozusagen selbst den Spürhund zu spielen und als kontaktgebendes Sympathieobjekt etwas zu nehmen, mit dem das Tier in enger Berührung gewesen ist: eine Haarsträhne, seine Decke, seinen Trinknapf, eine Fotografie oder etwas anderes, das Sie zur Spurverfolgung mittels der Techniken des Fern- und des An-Ort-und-Stelle-Mutens verwenden können. Eine andere Methode ist, mit einer Land- oder Stadtkarte zu arbeiten, wobei Sie von dem Punkt auszugehen haben, an dem das Tier das letzte Mal gesehen worden ist. Von dort aus folgen Sie auf der Karte dem Weg, den das Tier eingeschlagen hat. Dabei können Sie, wie oben erwähnt, entweder ein zur Verfügung stehendes Kontaktmuster nehmen oder sich eine mentale Vorstellung von dem Tier bilden aufgrund der Angaben, die Ihnen der Eigentümer macht: Rasse, Gestalt, Größe, Farbe und andere Charakteristika. Veranlassen Sie den Besitzer des Tieres, in seinem Bewußtsein ein möglichst genaues Vorstellungsbild des verschwundenen Tieres zu formen und es festzuhalten, damit Sie es bei Ihrer Arbeit mit verwenden können. Sie können natürlich auch andere Wege erfinden und benutzen, die Ihnen erfolgversprechend erscheinen. Eine Methode wäre zum Beispiel auch die, einfach eine Serie mentaler Fragen in bezug auf Ort und Bewegungsrichtung des Tieres zu stellen.

Aber die Mutungsmöglichkeiten sind nicht auf davongelaufene Haustiere beschränkt. Einer meiner Studenten liebte es besonders, Hirsche zu beobachten und ihr Verhalten zu studieren. Er benutzte Radiästhesietechniken, um festzustellen, wo sich die im Londoner Richmond-Park lebende Herde jeweils befand und ihre Wege zu verfolgen. Er pflegte zu Hause mit dem Muten über einer sehr genauen Karte des Parkes zu beginnen, stellte zunächst den augenblicklichen Aufenthaltsort der Herde fest, dann die Bewegungsgeschwindigkeit und die Richtung, um daraus zu schließen, wo sich die Herde befinden würde, wenn er in den Park ging. War er an Ort und Stelle, benutzte er eine Richtungsangabe-Technik, um den Standort der Herde zu kontrollieren und mit dem zu vergleichen, den er zu Hause auf seiner Karte herausgefunden hatte. Meist fand er seine Mutungsergebnisse bestätigt.

Er benutzte in diesem Falle als Kontaktmuster Fotografien der Hirsche, manchmal zur Feststellung des Aufenthaltes eines bestimmten einzelnen Tieres, manchmal dieselbe Fotografie zur Feststellung des Ortes der Herde im großen und ganzen. Das Wichtige dabei sei, so sagte er, im Bewußtsein den Sinn und Zweck des als geistige Kontaktbrücke benutzten Musters festzuhalten. Dieser Hinweis ist auch wichtig für Sie und wert, beachtet zu werden.

Objekte

Zuerst heißt es – und das ist am wichtigsten – sich genau darüber klarzuwerden, welches Objekt es ist, das Sie suchen. Ohne diese Klarheit können Sie nichts ausrichten. Sodann benutzen Sie entweder ein ge-

gensätzliches Muster des gesuchten Objektes, dessen Sinnzusammenhang mit dem Zweck und Ziel Ihres Tuns Sie fest im Bewußtsein halten müssen. Wenn ein physikalisches Muster nicht zu beschaffen ist, formen Sie in Ihrem Geist so klar und deutlich wie irgend möglich ein Vorstellungsbild des betreffenden Dinges, es ebenfalls als gedachtes Muster in Ihrem Bewußtsein festhaltend. Dann fangen Sie an, wobei Sie eine jener Techniken benutzen, die Ihnen gerade passend erscheint. Ich hoffe, Ihnen dafür genügend Beispiele gegeben zu haben. Halten Sie, während Sie arbeiten, Ihre Intuitionsantenne empfangsbereit, benutzen Sie sie zur Interpretation dessen, was vor sich geht. Manchmal, wenn ich ein gesuchtes Objekt nicht gleich finden kann, ist es mir klar, daß es eben in diesem Fall einmal langsam und träge funktioniert; manchmal aber habe ich das bestimmte Gefühl, eine Intuition, daß etwas da ist, was die ganze Operation hemmt oder gar blockiert. Dieser Hemmungsmechanismus hängt gewöhnlich mit dem bereits besprochenen „Notwendigkeitsaspekt" zusammen oder mit irgendeinem andern Störungseinfluß. Es ist natürlich immer gut zu wissen, was die Ursache des Versagens ist. Auch hier ist Ihre Intuition der beste Ratgeber.

Abstrakte Dinge und Ideen

Wie ich zu Beginn dieses Kapitels bereits sagte, sind Ihre Suchaktionen mit Ruten und Pendel keineswegs auf gegenständliche, sicht- und berührbare Dinge beschränkt. Sie können genauso auch abstrakte Ideen, Begriffe usw. suchen, nach „Dingen" wie Mikrowellen (die, wenngleich physikalischer Natur, außerhalb des Bereiches der normalen Sinneswahrnehmungen liegen) bis hin zu abstrakten Ideen wie zum Beispiel: „Wo ist der beste Platz, diesen jungen Baum zu pflanzen?" Das erstere Problem ist mittels der uns bekannten Lagebestimmungstechnik zu lösen (was man auch Außersinnliche Wahrnehmung = ASW nennen kann), doch mit einer interessanten Abwandlung: Wenn Sie nach einem Strahlungsfeld relativ zur Bodenoberfläche suchen, haben Sie sich der Tatsache bewußt zu sein, daß der einzuschlagende beziehungsweise zu verfolgende Weg über oder auf dem Boden zu finden ist, nicht unter ihm. Wenn Sie nach einer unter dem Boden liegenden Strahlungsquelle forschen, dürften Sie wenig Glück haben, weil sie dort nicht ist. Verstanden?

Was nun das Suchen nach einem geeigneten Pflanzort für den jungen Baum angeht, so ist es schwierig, hier genau zu sagen, wie man beim Ruten und Pendeln vorzugehen hat. Ich selbst bin niemals imstande gewesen, mit Sicherheit zu entscheiden, ob die Antwort meines Instrumentes eine Antwort ist auf meine intuitiv gestellte, mehrere Faktoren einschließende Frage (die in diesem Falle die Wasserversorgung, die Sonnenlichtverhältnisse, Schutzvorrichtung, die umstehenden Pflanzen, Art und Fruchtbarkeit des Bodens und alle anderen in Frage kommenden Gegebenheiten betreffen) oder ob sie sich nur auf die einfache Idee der Resonanz oder „Harmonie" zur lokalen Umgebung bezieht. Vielleicht kommt es zum Schluß auf das gleiche hinaus. Ich weiß es nicht. Aber es handelt sich hier um etwas, auf das ich im folgenden Kapitel noch näher eingehen werde.

Denken Sie immer daran, daß Sie beim Arbeiten mit gegenständlichen Objekten Ihre Ruten und Pendel schlicht gesagt als eine Art Unterstützung oder Erweiterung Ihrer normalen Sinne benutzen, während Sie beim Forschen nach nicht gegenständlichen, abstrakten Objekten diese Ihre normalen Sinne tatsächlich überschreiten und auf einer höheren Bewußtseinsebene tätig sind. Infolgedessen ist beim Arbeiten mit abstrakten Dingen das alte Subjektivitätsproblem der absolut kritische Punkt. Deswegen *muß*, wenn zuverlässige Resultate erzielt werden sollen, diese Subjektivität *unter scharfer Kontrolle* gehalten werden.

Wenn Sie dieses Kapitel lesen, werden Sie erkennen, daß es sich nur um eine recht begrenzte Einführung in dieses Gebiet handeln kann, denn wenn es beim Ruten und Pendeln einen Aspekt gibt, bei dem Sie sich exakt über Ihr Tun im klaren sein müssen, dann ist es das Gebiet der Medizin. Bei landwirtschaftlichen Fragen und Problemen kommt es zum Glück nicht so genau darauf an, denn Tieren und Pflanzen sind eventuell gemachte Fehler gleichgültig; sie fühlen sich nicht belästigt oder geschädigt, beschweren sich auch nicht.

Ein paar Worte zur Terminologie

In der Literatur über Rutengehen und Pendeln herrscht einige Verwirrung in bezug auf die Anwendung von zwei Ausdrücken. Das Wort Radiästhesie wird oft in seinem ursprünglichen Sinn als „Wahrnehmung oder Empfindung von Strahlungen" benutzt (was auch immer man darunter verstehen mag).* „Radionic" bezieht sich auf eine besondere Form der Methodik, bei der als Instrument eine „Box" verwendet wird, auf der mehrere Schalter, Drehknöpfe, Zeigerskalen und Gradeinteilungen dazu bestimmt sind, von Fall zu Fall besondere Sympathiemuster aufzunehmen und „abzufühlen". Diese Bezeichnung ist eine Zusammenziehung der Worte „radiästhetische Elektronik", was erkennen läßt, daß wir es hier mit dem Produkt der Unklarheit und Meinungsverschiedenheit hinsichtlich einer vermuteten physikalischen Basis des Rutengehens und Pendelns zu tun haben.

---

* Anmerkung des Übersetzers: Ich habe das englische Wort „dowsing" öfters mit Radiästhesie übersetzt, da letzteres im Deutschen der einzige Sammelbegriff für Rutengehen und Pendeln ist und weil im deutschen Sprachgebiet der Ausdruck Radiästhesie eine allgemeinere, das ganze Gebiet umfassende Bedeutung angenommen hat.

„Harmonie"

Einer der „Schlüsselbegriffe", die bei Mutungen im landwirtschaftlichen und medizinischen Bereich eine Rolle spielen, ist „Harmonie", worauf ich zum Schluß des letzten Kapitels kurz hinwies. Das dort angeführte Beispiel bezog sich auf die Frage: „Wo ist der beste Platz, einen Baum zu pflanzen?" Sie umfaßt eigentlich mehrere Fragen gleichzeitig, nämlich: „Wo steht dieser Baum im bestmöglichen Harmonieverhältnis zu mir, dem Pflanzer und Eigentümer, ferner zum Erdboden, zu den ihn umgebenden anderen Pflanzen und überhaupt zu den vielfältigen Wechselbeziehungen in der Natur?" Die gleiche Idee, nur in ausgedehnterem und abgewandeltem Maße, liegt schließlich auch der Menschen- und Tiermedizin zugrunde, sowohl in bezug auf die den Körpern innewohnende Harmonie als auch auf die „äußere Harmonie", das Verhältnis zur Außenwelt.

„Lebensmittel-Radiästhesie"

Eine leichtfaßliche Einführung in den diesbezüglichen Harmoniebegriff findet sich in Henry de Frances „Nahrungsmittel-Radiästhesie", worüber ich mich – besonders wenn die Sache übertrieben wird – ziemlich kritisch und ablehnend geäußert habe, wenn ich nach dem „Niveau" dieser Art von Radiästhesie gefragt wurde. Vorausgesetzt, daß Sie solcher Art Mutungen nur des Interesses halber und zu Experimentalzwecken durchführen, ist dagegen nichts zu sagen; wenn Sie aber über jeder Tasse Kaffee Ihr Pendel schwingen lassen, kann die Sache in eine Art Manie oder Zwangsvorstellung ausarten.

Die den Ausführungen Henry de Frances zugrunde liegende Idee ist, das auf Ihrem Teller liegende Gericht und das vor Ihnen stehende Getränk daraufhin abzupendeln, ob sie „in Harmonie zu Ihnen stehen", also „gut für Sie" sind. Sie können hier das übliche Ja/Nein-Verfahren anwenden. Sagt das Pendel „nein" – was es wahrscheinlich ab und zu tun wird – haben Sie den Grund der Ablehnung herauszufinden. Ist die Menge der Speise oder des Getränkes zu groß? Ist ein bestimmter Teil der Mahlzeit unpassend oder schädlich? Ist das Essen „zerkocht"? Fehlt an ihm etwas? – Diese Pendelbefragungen sind geeignet, Sie einiges über Ernährung und einschlägige Probleme erkennen zu lassen, wie ich vermute. Fassen Sie aber das Ganze mehr als ein

Spiel auf, nehmen Sie es nicht allzu ernst, sonst könnte es soweit kommen, daß Ihre Mahlzeiten für Sie entweder zu einem Problem werden oder Sie sich z. B. ein verdorbenes Nahrungsmittel mit Vergnügen schmecken lassen, nur weil es Ihnen Ihr Pendel als „köstlich" empfohlen hat. Bleiben Sie realistisch!

Die Diagnose

Da es sich im Grunde um die Analysierung eines Problems handelt, werden Sie verstehen, warum Sie prinzipiell in der gleichen Weise vorgehen können wie bei einer chemischen Analyse, wie ich sie im vorangegangenen Kapitel beschrieben habe. Die Analysetechnik gilt ja für jede Art von Analyse, nur mit dem Unterschied, daß sich eben jeweils die Liste der in Frage kommenden Möglichkeiten ändert. Merken Sie sich: im Gegensatz zu einer einfachen chemischen Analyse haben Sie bei der Durchführung landwirtschaftlicher und medizinischer Diagnosen nicht allein herauszufinden, was es ist, worauf die Funktionsuntüchtigkeit oder die Beschädigung der betreffenden Sache beruht, sondern auch, ob vielleicht etwas vorhanden ist, was nicht hingehört oder ob eine Mangel- oder gar Ausfallerscheinung vorliegt.

Landwirtschaft

Bei Analysen landwirtschaftlicher Art prüfen Sie zweckmäßig den Erdboden – oder auch die Pflanzen und Tiere – um festzustellen, ob irgendwelche krankmachenden oder gar vergiftenden Umstände vorliegen oder ob ein ernstzunehmender Überschuß oder Mangel an Spurenelementen besteht. Das ist ein einfacher Weg für Groß- oder Kleinbauern und Gärtner, um ihre Feld- und Gartenprodukte und ihren Viehbestand unter ständiger Kontrolle zu halten, besonders dann, wenn sie das regelmäßig tun. Es wäre gut, zunächst einmal herauszufinden, ob irgendeine ernsthafte „Disharmonie" auf dem Anwesen als Ganzem vorhanden ist, und, wenn es der Fall sein sollte, sich weiter zu den einzelnen spezifischen Problemen vorzutasten. Derartige regelmäßige Mutungen würden langwierige und wahrscheinlich auch unnötige Analysen ersparen. Erproben Sie das selbst in Ihrer Praxis.

Lassen wir uns von der „Harmonie-Idee" noch ein Stück weiterführen. Sie sollten in der Lage sein herauszufinden, welche Pflanzen gut in enger Nachbarschaft miteinander gedeihen und sich gegenseitig die Krankheitserreger fernhalten, ebenso aber auch die Pflanzenarten, die einander nicht ausstehen können, die sich „hassen". Die „Soil Association" (etwa: Vereinigung für Bodenuntersuchungen) in Suffolk arbeitet in dieser Richtung und hat schon einiges erreicht. Ob man sich dabei auch der Radiästhesie bedient hat, weiß ich nicht. Benutzen Sie das Mental-Fragen-System, um die Pflanzen und deren Samen miteinander zu vergleichen. Sie können auch die Beschreibungen und Abbildungen der einzelnen Pflanzen in einem Samenhändler-Katalog als Unterlage nehmen. Manche Pendler machen es so, daß sie ihr Instrument zwischen zwei Exemplare verschiedener Pflanzen halten und beobachten, ob das Pendel geradlinig schwingt oder kreist. Sie haben selbst herauszufinden, welche Bedeutung den verschiedenen Reaktionen zukommt, da diese (wie meistens) sich von Person zu Person unterscheiden.

Medizin

Der Dreiwege-Test zum Zwecke der Feststellung, ob eine Verletzung oder Erkrankung vorliegt oder ob Mangel an spezifischen Stoffen im Körper besteht, ist eine wertvolle Hilfe sowohl in der Human- als auch in der Veterinärmedizin, zumal menschliche Patienten gern dazu neigen, recht verworrene Beschreibungen ihrer Krankheitsprobleme zu geben. Tiere können ja dem Arzt überhaupt nicht verraten, wie und wo bei ihnen etwas nicht stimmt. Diagnosen konventioneller Art sind oft nichts anderes als ein intelligentes, auf scharfer Beobachtung beruhendes Raten. Aber selbst dann, wenn nicht geraten zu werden braucht, bleibt die Tatsache bestehen, daß die Ursache eines Symptoms, das beim Patienten erkennbar ist, die Auswirkung eines anderen Problems sein kann, das nicht so offen zutage tritt. Um dafür ein Beispiel zu geben: Wenn Sie ihren Kragen fest nach unten ziehen, werden Sie einen Druck hinten am Hals verspüren. Der Ort des Druckes oder Schmerzes ist also nicht identisch mit der Stelle, an der am Kragen gezogen wird oder - im übertragenen Sinne - mit dem verursachenden Krankheitsherd. Und wenn der Druck hinten am Hals gewaltsam unterdrückt oder beseitigt wird (analog der konventionellen medizinischen Methode, Symptome am Ort ihres Auftretens zu behandeln), wird sich der Schmerz eben woandershin verlagern. Analytisches Ruten und Pendeln, zusätzlich zu den konventionellen Diagnosemethoden *(aber nicht als deren Ersatz)* gebraucht, kann mithelfen, die eigentliche Ursache des Problems zu finden, auch wenn diese verborgen ist. Ein interessanter Aspekt bei der Diagnostizierung ist, daß mittels Mutungen die eigentlichen, tieferen Entstehungsursachen einer Krankheit gefunden werden, daß diese lokalisiert werden können, noch *ehe* die physischen Symptome in Erscheinung treten. So gesehen, kann die medizinische Radiästhesie sowohl vorbeugend als auch heilend angewandt werden. Das ist ein sehr wertvoller Pluspunkt, denn schließlich ist Vorbeugen immer besser als Heilen.

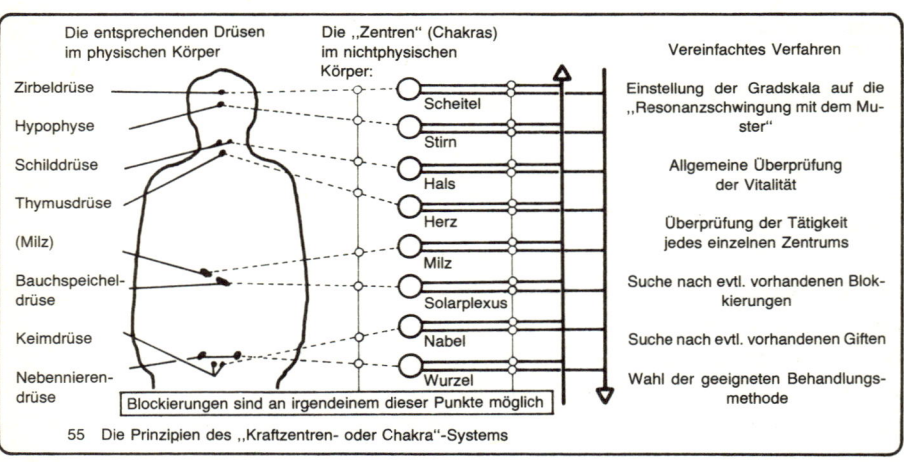

55 Die Prinzipien des „Kraftzentren- oder Chakra"-Systems

Diagnosen können gestellt werden, indem man Tabellen von Körperorganen als Bezugspunkte beziehungsweise Entsprechungsmuster benutzt, um Krankheiten und Krankheitsherde festzustellen. Diese Methode wird aber, wie die anderen auf physikalischer Grundlage beruhenden Systeme, immer schwieriger, je weiter man in die Einzelheiten vordringt. Um nun diese Kompliziertheit zu vereinfachen, hat man neuerdings ein besonderes Mehrfach-Stufensystem entwickelt. Eines davon ist David Tansleys System, das die feinstofflichen Kraftzentren oder Chakras im menschlichen Körper als Kontrollpunkte benutzt. Ich erwähnte das schon kurz in Kapitel 5. Dieses System bewertet den

Aktivitäts- und Funktionstüchtigkeitsgrad von acht nichtphysischen „Zentren" und untersucht, ob und inwieweit in einigen oder auch in allen Chakras Störungen oder gar Vergiftungen vorhanden sind. Dieses System erlaubt es, sich bei Diagnosestellungen auf zwei oder drei Dutzend Variationsmöglichkeiten zu beschränken, im Gegensatz zu den vielen Tausenden von Diagnose-Variationen bei älteren Radionic-Systemen. Diese Vereinfachung hat sich auch als ziemlich leistungsfähig und zuverlässig erwiesen.

„Vitalität"

Werden die Aktivitäts- und Leistungsgrade dieser individuellen Kraftzentren gemäß diesem System miteinander kombiniert, so ergibt sich ein den ganzen Körper und den Geist umfassendes durchschnittliches Vitalitäts- oder Lebenskraftniveau. Diese Methode ist als Routine-Vorprüfung geeignet, ehe man an eine speziellere Diagnosestellung herangeht, ganz gleich, welches Mutungssystem Sie benutzen. Machen Sie diesen Test, soweit möglich, mit jedem Ihrer Patienten und legen Sie dieser „Voruntersuchung" den Gedanken einer „prozentualen Lebenskraftbestimmung" zugrunde. Zählen Sie die Pendelkreisungen über einer von Ihnen angelegten Gradskala, die in Zehner- oder Hunderterabschnitte unterteilt ist. Sie können natürlich auch eine Drehskala benutzen, mit der Sie den Prozentsatz der Vitalität auf Zehntel oder Hundertstel der Vollvitalität genau durch die Rotationen Ihres Pendels zu ermitteln imstande sind. Die Technik ist immer die gleiche, ob der Patient ein Mensch, eine Kuh, eine Katze, ein Kohlkopf oder eine Mohrrübe ist. Beide Methoden sind in der Lage, Ihnen das Maß der zur Zeit der Diagnose vorhandenen Lebenskraft zu sagen, ausgedrückt in Prozent der Vollvitalität.

Nicht einmischen!

Aufgrund des gemessenen Vitalitäts-Prozentsatzes können Sie entscheiden, ob es nötig ist, sich den Patienten etwas gründlicher vorzunehmen. Denken Sie aber daran, daß es nur sehr wenige Dinge gibt, die absolut perfekte Resultate zu erbringen imstande sind. Nur dann, wenn der Vitalitätsgrad außergewöhnlich niedrig ist - wobei verschiedene Faktoren wie das Alter der betreffenden Person usw. zu berücksichtigen sind –, dürfte es erforderlich sein, den Patienten darauf aufmerksam zu machen, daß er etwas tun sollte. Wenn das festgestellte Lebenskraftniveau aber einigermaßen in Ordnung ist – ganz gleich, was Sie bei einer näheren Untersuchung des Patients sonst noch gefunden haben sollten –, lassen Sie die Sache auf sich beruhen. Wenn Sie da Ihre Nase zu tief hineinstecken, könnte es sein, daß Sie die Dinge nur noch schlimmer machen.

Aber das ist sowieso eines der Probleme, die bei allen medizinischen Randgebieten, bei allen unorthodoxen Heilmethoden eine Rolle spielen, daß es nämlich nur zu leicht ist, jemanden in den Zustand der Hypochondrie (einer Krankheitspsychose) zu bringen. Deshalb sollten Sie zwei Punkte immer beachten: Überprüfen Sie Ihre Resultate, wenn immer es möglich ist, auch unter Hinzuziehung anderer Diagnosemethoden einschließlich der konventionellen; und zum anderen: drängen Sie niemals jemandem Ihren Rat und Ihre Hilfe in bezug auf Gesundheitsfragen auf, höchstens dann einmal, wenn es absolut klar auf der Hand liegt, daß schleunigst etwas getan werden muß. Ich wiederhole: *mischen Sie sich grundsätzlich nicht ein!*

Behandlung

Es gibt viele Behandlungsarten, die alle für gewisse Zwecke brauchbar sind, doch soviel ich weiß, existiert darunter *kein Allheilmittel*. Abgesehen von den verschiedenen schulmedizinischen Behandlungsmethoden kenne ich ein Buch über Außenseiter-Medizin, in dem nicht weniger als sechzig unterschiedliche Systeme zusammengestellt sind. Ich weiß auch, daß der Verfasser des Buches noch eine ganze Reihe weggelassen hat. Es ist nicht nötig, daß Sie alle diese Systeme kennen; wenn Sie aber eins zu benutzen gedenken, sollten Sie bestens darüber Bescheid wissen. Vom praktischen Standpunkt aus ist es natürlich immer gut und nützlich, ausreichend mit den Grundprinzipien der wichtigsten Systeme vertraut zu sein, zum Beispiel zu wissen, wann ein Patient an einen Spezialarzt zu überweisen ist. Sie werden finden, daß Sie mittels einer Mutungsdiagnose fähig sein können, nicht nur die Wurzeln der Probleme des Patients aufzudecken, sondern ihm auch das passende Behandlungssystem zu nennen und oft sogar die ganz spezifische Lösung seines Problems innerhalb eines der Systeme.

Viele Gifte wirken in einer höchst seltsamen und widersprüchlichen Weise. Während sie in einer bestimmten Dosierung in einer gewissen Art wirken, können sie in höherer Dosis (oder wenn sich die Sensitivität eines Patienten im Laufe der Zeit verändert hat) genau das entgegengesetzte Resultat zur Folge haben. Die Barbiturate sind ein klassisches Beispiel dafür: in geringen Dosierungen wirken sie beruhigend und schmerzstillend, während eine Überdosis einen Menschen zu töten vermag, und zwar nicht infolge einer übermäßigen Beruhigung und Dämpfung, sondern infolge Überreizung.

Die zwei Graphiken rechts zeigen die relativen Wirkungen einer Reihe von Digitalis-Dosierungen für eine bestimmte Person.

Zu beachten: Wirksame Dosierungen variieren sehr von Patient zu Patient. Diese graphische Darstellung sollte nur als informierendes Diagramm betrachtet werden, das weniger die präzisen Effekte, sondern mehr die geltenden Grundprinzipien aufzeigt.

Wirkung auf den Organismus		Wirkung auf den Organismus	
stärkere Veränderung	ohne Veränderung	niedriger Puls	beschleunigter Puls

Allopathie (Gegensätze heben einander auf)

10
1
0.1
0.01
0.001
0.0001
0.00001
mg/

Homöopathie (Ähnliches wird durch Ähnliches geheilt

56   Die paradoxen Wirkungen von Giften bei homöopathischer und allopathischer Anwendung

Homöopathie

Die Homöopathie ist wohl die bekannteste Form der nicht orthodoxen Behandlungs- und Heilmethoden, so bekannt und verbreitet, daß sie offiziell anerkannt ist. Die zwei Schlüsselbegriffe, die der Homöopathie zugrunde liegen, unterscheiden sich von der konventionellen Medizin vor allem dadurch, daß sie den Patienten als eine in sich geschlossene Einheit betrachten und behandeln, nicht als eine Zusammensetzung aus physiologischen und biochemischen Teilen und Organen, und daß sie, anstatt Medikamente zur Bekämpfung offensichtlicher Symptome zu geben (wie es die sogenannte Allopathie tut), Behandlungen gewöhnlich mit winzigen Dosierungen jener Substanzen durchführt, die in allopathischen Mengen verabreicht die Symptome verstärken würden. Anders ausgedrückt: ,,Ähnliches wird durch Ähnliches geheilt.''

Zu sagen, daß Homöopathie und Allopathie Gegensätze seien, wäre falsch. Die scheinbare Gegensätzlichkeit erklärt sich nur aus dem Umstand, daß sie unter anderen Voraussetzungen an das herangehen, was als ,,paradoxe Wirkung von Giften'' bekannt ist. Die traditionelle Pflanzen- und Kräutermedizin kann man als in der Mitte zwischen beiden stehend betrachten. Ein weniges der Kräuterwirkstoffe, die auch in konventionellen Arzneien enthalten sind, in homöopathischer Verdünnung verabreicht, kann manchen Medizinstudenten in Verwirrung und Erstaunen versetzen. Als Beispiel: Eine kleine Dosis Digitalis (aus dem Fingerhut gewonnen) wird die Herzschlaggeschwindigkeit herabsetzen, was natürlich gut ist für Patienten mit zu hohem Blutdruck. Wenn aber die gewählte Dosis nicht genau in der erwünschten Weise wirkt, dann ist das einzige, was *nicht* getan werden darf, die Dosis zu erhöhen, denn dadurch würde der Herzschlag beschleunigt werden. Um eine gewollte Wirkung zu steigern, ist die Dosis *zu vermindern*. Das gilt nicht allein für Digitalis, sondern auch für viele andere Gifte. In winzigsten Dosen haben sie heilende anstatt vergiftende Wirkungen, sind nur in relativ großen Quantitäten giftig. Wenn ich von ,,winzigen Mengen'' spreche, meine ich das buchstäblich. Lösungen, die nur noch wenige Moleküle der Ursubstanz enthalten, werden in der Homöopathie allgemein angewandt. Die Verdünnungen oder ,,Potenzierungen'' gehen herunter bis zu 10^{-400} der Originalsubstanz, was 200°-Potenz genannt wird und bedeutet, daß der Verdünnungsvorgang 100:1 zweihundertmal wiederholt worden ist. Bei einer solch extremen Verdünnung ist kaum anzunehmen, daß sich in ihr auch nur noch winzige Spuren der Ursubstanz befinden. Ich kann mir deshalb eigentlich nicht vorstellen, wie ein solches Medikament überhaupt noch wirken soll – aber es wirkt.

Bei einer homöopathischen Diagnose geht es also darum, das betreffende ,,Similimum'' zu finden, jenen Wirkstoff, der, in allopathischen Mengen einem gesunden Menschen verabreicht, diejenigen Symptome herbeiführen würde, die denen des Patienten gleichen oder ähneln. Hier ist der Punkt, wo die Radiästhesie zum Zuge kommt: Zuerst ist die Beschreibung zur Kenntnis zu nehmen und zu prüfen, die der Patient selbst von seinen Symptomen gibt; zweitens ist durch Benutzung von Tabellen, wie sie in homöopathischen Fachbüchern enthalten sind, die geeignete Heilsubstanz zu finden, die in etwa zu den Symptomen paßt, die der Patient zu dieser Zeit an sich festgestellt hat; drittens ist herauszufinden, was in diesem speziellen Falle die richtige Potenz und Dosis des Medikamentes ist. Nebenbei bemerkt: denken Sie daran, daß hochpotenzierte Medikamente ebenso gefährlich werden können wie große Mengen konventioneller Arzneien. Hochpotenzen sollten nie gegeben oder verschrieben werden ohne wiederholte Nachprüfung, ob die betreffende Potenz wirklich richtig ist und die gewünschte Wirkung herbeiführt.

Beachten Sie auch, daß, weil die jeweils ermittelte Diagnose in Beziehung zur Verfassung des Patienten zum Zeitpunkt der Diagnosestellung steht, das Medikament beziehungsweise dessen Dosis und die

Häufigkeit der Einnahme nur für einen relativ kurzen Zeitraum gilt, daß das Medikament also so bald als möglich eingenommen werden sollte, denn wenn sich der Zustand des Patienten ändert, wird das betreffende Mittel „unpassend" werden, ja unter Umständen sogar schädlich. Aus eben diesem Grund muß das Medikament der sich wandelnden Situation des Patienten immer wieder angepaßt werden in der Hoffnung, daß schließlich ein stabiler Gesundheitszustand wiederhergestellt ist. Seien Sie aber auf der Hut: eine ungeschickte Wahl des Heilmittels und eine mangelhafte Mitarbeit seitens des Patienten können einen sogenannten Schwankungs- oder Taumeleffekt bewirken, der sich darin äußert, daß die Beschwerden und Probleme des Patienten sich dauernd verändern, ohne daß er wirklich eine Besserung erfährt. So etwas kann sich sehr unangenehm und störend sowohl für Sie als auch für Ihren Patienten auswirken, sofern es sich natürlich nicht um einen jener bedauernswerten Hypochonder handelt.

Ich wiederhole: unter einem „Patienten" kann man sowohl einen Menschen, ein Tier oder eine Pflanze verstehen. Ich habe von Bauern gehört, die homöopathische Mittel nicht nur bei ihrem Großvieh und ihren Schafen anwenden, sondern auch homöopathische Versionen von Kunstdünger, Unkraut- und Insektenvertilgungssprays. Ich habe mich oft gefragt, wie es zugeht, daß diese Sprays noch wirken, lange nachdem sie aufgebraucht sind, aber es ist wohl so, daß gerade diese außerordentlichen Verdünnungen durch das Aus- und Wegspülen ihre Potenz steigern. Ich erinnere mich allerdings, daß der Verfasser des betreffenden Artikels davor warnte, denselben Zerstäuber für konventionelle und homöopathische Sprays zu verwenden.

Bach-Medikamente

Die Bach-Mittel sind homöopathische Medikamente, die als Wirkstoffe mehr die „Essenzen von Blumen", weniger solche aus Giftstoffen enthalten. Sie dürften deshalb außerstande sein, Schädigungen zu verursachen, selbst wenn sie in nicht korrekter Weise angewandt werden. Besondere Arten von Blumen werden ins Wasser gestellt oder gelegt, ein paar Stunden lang dem Sonnenlicht ausgesetzt und dann herausgenommen. Das zurückbleibende Wasser enthält in homöopathischen Verdünnungen die Wirkstoffe. Im ganzen werden etwa 38 solcher Blumenheilmittel verwendet. Diagnose und Verordnung sind in vieler Hinsicht die gleichen wie bei der klassischen Homöopathie.

Kräuter-Heilmittel

Die traditionelle Kräuterheilkunde beruht letztlich auf bemerkenswert genauen und scharfsinnigen Beobachtungen. Um nur ein Beispiel zu nennen: Erst kürzlich ist festgestellt worden, daß die alte Praxis, auf Wunden Brotumschläge aufzulegen und sie dort schimmelig werden zu lassen, eine primitive, aber nichtsdestoweniger wirksame Methode ist, in oder an eine Wunde Penicillin heranzubringen. Die Kräuterheilweisen als Ganzes stehen ungefähr auf der Grenzscheide zwischen Allopathie und Homöopathie, könnten also (zum Beispiel im Falle Digitalis) beiden Methoden zugerechnet werden. Aus den von alters her bekannten Heilkräutern Extrakte herauszuziehen und sie als eine Art Allheilmittel anzubieten, ist beinahe schon zu einem Handwerk oder Gewerbe geworden. Die Tatsache, daß dieselben Pflanzen und Kräuter auf unterschiedliche Menschen in unterschiedlicher Weise wirken, findet dabei kaum Beachtung. Deshalb kann die analytische Radiästhesie hier eine brauchbare Hilfestellung leisten. Nehmen Sie sich in Ihrem Kräuterbuch oder -verzeichnis diejenigen Kräuter vor, die Sie im betreffenden Fall für passend halten und benutzen Sie Ihr Pendel, um festzustellen, ob ein bestimmtes Kraut oder eine Kombination von mehreren in dem speziell vorliegenden Fall für den Patienten geeignet sind und seine Gesundheitsprobleme zu lösen vermögen.

Akupunktur

Die Anwendung der Akupunkturmethode bei Menschen ist ganz entschieden nichts für Amateure; man sollte das den Spezialisten überlassen. Das Grundprinzip (das „Fließen" von Nervenströmen durch „Meridiane" vorübergehend zu verändern, indem feine Nadeln in ganz bestimmte Punkte der Körperoberfläche eingesteckt werden) ist an sich recht einfach, doch damit ist mit der Einfachheit auch schon Schluß. Um Ihnen vor Augen zu führen, wie kompliziert die Sache ist, sei festgestellt, daß ein Akupunkturpraktiker in der Lage sein muß, am Handgelenk sechs verschiedene „Meridian-Pulse" abzulesen, zusätzlich zum Rhythmus des normalen Herzschlages. Da nun die Akupunkturkarten und -tabellen, die man kaufen kann, in der Regel nur allgemeine, aber keine spezifischen Angaben enthalten, hat eine auf diesem Gebiet unerfahrene und ungeschickte Person damit zu rechnen, daß sie eine Nadel in den falschen Meridian einsticht. Das kann recht unangenehme Folgen nach sich ziehen. Mir ist berichtet worden, daß die Akupunkturbetäubung (Herstellung der Schmerzunempfindlichkeit) mittels Einstechen einer Nadel zwischen zwei Zehen – wofür sich neuerdings auch die Schulmediziner interessieren – einen unangenehmen „Haken" hat: Wenn die Nadel nicht im ganz korrekten Winkel eingesteckt wird oder einen Bruchteil eines Millimeters zu weit nach rechts oder links, kann der Patient unter Umständen sechs Monate später einen Herzinfarkt bekommen, was man nun wirklich nicht als Hilfe bezeichnen kann. Die Radiästhesie kann hier als Kontrollmittel gute Dienste leisten. Ich halte es aber für das Beste und Sicherste, wenn Sie, sofern Sie sich mit Akupunktur überhaupt befassen wollen, erst ein diesbezügliches Spezialstudium machen.

Gelände-Akupunktur

Ruten und Pendeln spielt aber eine wichtige Rolle bei einer gewissen Form von „Akupunktur des Geländes", bei dem, was sich möglicherweise hinter dem alten Glauben an „geheimnisvolle Vampir- und Dämonenkräfte an Kreuzwegen" verbirgt. Bei derartigen Untersuchungen geht es zunächst um die Feststellung, wo sich solche „schwarzen Strömungen oder Felder", aus dem Boden aufsteigende Strahlungen, befinden, die aus noch ungeklärten Gründen eine ernsthafte Wirkung auf den Gesundheitszustand von Menschen und Tieren ausüben können, die in beziehungsweise über einer solchen Zone leben. Beim Menschen können diese Störfelder als Katalysatoren wirken und die Ursache sein von Arthritis, Polio, Migräne, ja sogar von Persönlichkeitsveränderungen. Der Verdacht, daß so etwas vorliegt, ist besonders dann gegeben, wenn sich die Gesundheit eines Patienten immer dann merklich verbessert, wenn er den Aufenthaltsort wechselt. Mitunter genügt schon eine Platzveränderung innerhalb des gleichen Gebäudes. Sollte das der Fall sein, dann untersuchen Sie, ob unterirdische Wasserläufe oder sonstige Störungsursachen (oder auch ein ganzes Netz von solchen) sich unterhalb des Bettes, des Arbeitsraumes, der Küche und der Orte und Räume befinden, an denen sich der oder die Betreffende einen Großteil ihrer Zeit aufhalten. Beachten Sie, daß eine solche schädigende Abstrahlung auf die Farbe Schwarz der Mager-Farbenscheibe reagiert. Daher rührt die Bezeichnung „Schwarze Strahlzone".

Die krankmachende Wirkung solcher Zonen kann verhindert und sogar ganz neutralisiert werden, entweder durch das Besprühen der über der unterirdischen Strömung gelegenen Bodenfläche mit blauer Farbe oder durch das Einschlagen von Nägeln, Drahtstücken oder Rundeisenstäben in den Boden, genau über oder seitlich der betreffenden Stelle. Benutzen Sie Ihr Pendel, um von Fall zu Fall die geeignete „Entstrahlungsmethode" zu finden sowie den richtigen Farbton und das richtige Material für die Nägel oder Stäbe. Sie können natürlich auf diese Weise auch den besten Platz finden, wo die „Gegenmittel" am wirksamsten sind, indem Sie die üblichen Positionsbestimmungstechniken mit irgendeinem Ihrer Instrumente vornehmen. Ich habe keine Ahnung, warum diese so unglaublich klingenden Verfahrensweisen erfolgreich wirken, weiß nur, daß sie es tun und daß sie von Bauern und Hufschmieden jahrhundertelang angewandt worden sind.

Ich erinnere mich eines Falles, der eine kleine religiöse Gemeinschaft in den Cotswolds betraf. Zwei Jahre vorher, als die Gemeinde dahin zog, gab es in dem Tal so gut wie kein Wildtierleben. Es war, als hinge ein schwerer, beklemmender Druck über dem ganzen Platz und jeder, der sich dort aufhielt, verspürte innerhalb etwa einer Stunde nach seiner Ankunft eine Art Magendrücken oder Übelkeit. Ein Mitglied der Gemeinschaft betätigte sich unter anderem auch als Rutengänger, und nachdem es die Gegend mit seinem Instrument untersucht hatte, kam es zu dem Schluß, daß es von außen einwirkende Störfaktoren sein mußten, die irgendwie das gesamte Gleichgewicht des Tales negativ beeinflußten. Also machte es sich auf und nahm ein Bündel kleiner Holzstäbe mit, deren Spitzen mit Kupferdraht umwickelt waren. An all den zwanzig Plätzen, an denen sein Instrument reagiert hatte, schlug es einen der Stäbe in den Boden.

Die Wirkung zeigte sich rasch. Das allgemein bedrückende Gefühl verschwand innerhalb weniger Tage, ebenso die Schwäche- und Übelkeitserscheinungen bei den Menschen. Nichtsdestoweniger schlug der Mann ein Jahr später an sechzig weiteren Stellen Stäbe (diesmal mit Kupferblech umkleidete Eisenstangen) in den Boden. Als ich mich dort aufhielt, war er gerade dabei, das nochmal zu tun in der Absicht, damit ein für allemal dem Gebiet eine stabile Ausgeglichenheit zu verleihen. Wenn ich mich recht erinnere, soll die Ursache der Störungen in einem neu angelegten Steinbruch in etwa 50 Meilen Entfernung zu suchen gewesen sein, auch wenn das nicht direkt bewiesen werden konnte. Auf jeden Fall scheint diese „Gelände-Akupunktur" mit dem Ziel, die störenden Einwirkungen zu neutralisieren, gelungen zu sein, denn der Chor der Vogelstimmen in der Morgendämmerung war gewaltig, und ansonsten lag über dem Tal eine Ruhe und Ausgeglichenheit wie in einer Kathedrale.

Glaubensheilung

Glaubens- und Gebetsheilungen im engeren Sinne des Wortes gehören eigentlich nicht direkt zum Thema dieses Buches, obwohl es natürlich gut wäre, wenn Sie wüßten, ob und wann Sie einem Patienten empfehlen können, sich an einen erfolgreichen und anerkannten Geistheiler zu wenden. Das Thema gehört jedoch insofern in den Rahmen unserer Darlegungen, als es die Bedeutung einer wichtigen Erkenntnis unterstreicht: Die einzige Person, die einen Patienten zu heilen vermag, ist der Patient selbst, was wiederum besagt, daß bei jeder Krankheitssituation und dem einzuleitenden Heilverfahren die geistige Haltung des oder der Leidenden absolut ausschlaggebend ist. Sogar in der konventionellen Medizin hängt die Wirkungsfähigkeit und -kraft eines verordneten Medikamentes mindestens zu einem Teil davon ab, in welchem Maße der Patient und zugleich auch der Arzt an dessen Heilwirkung glauben. Dies wird in zunehmendem Maße wichtiger, je höher das Niveau ist, auf der die Heilmaßnahmen vorgenommen werden, angefangen von der physischen Ebene bis hinauf zu den rein mentalen und noch höheren Ebenen.

Die geistige Grundhaltung des Heilpraktikers oder „Doktors" ist gerade in den Randgebieten der Medizin von entscheidender Wichtigkeit, nicht der Glaubensfaktor allein. Sie haben sich darüber klar zu sein, daß der Patient letztlich seine eigene Heilung bewirkt, nicht Sie. Alles, was Sie Ihrerseits tun können, ist, die im betreffenden Falle günstigen Heilungsbedingungen und -voraussetzungen zu schaffen, jene Bedingungen, die als Katalysatoren zu wirken vermögen. Grundsätzlich: der Körper des Patienten – seine Körper-Intelligenz – weiß besser als Sie oder der Patient selber, was zu tun oder zu lassen ist. Eine Gefahr für Sie würde sich dann ergeben, wenn Sie darauf bestünden, die Pose „Ich bin ein großer Heiler!" einzunehmen. Dann könnten Sie nämlich in ernsthafte Schwierigkeiten verstrickt werden, wie ich später noch erklären werde.

Die Wichtigkeit und Wirkungskraft Ihrer geistigen Haltung kann durch ein Experiment mit Pflanzen sinnfällig bewiesen werden. Nehmen Sie von einer Art Samen die gleiche Menge, vielleicht von Möhren oder Petersilie (letztere wegen ihrer offensichtlichen Abneigung unehrlichen und gewissenlosen Personen gegenüber bekannt) und säen Sie ihn in extra gekennzeichnete Töpfe oder Behälter mit Erde. Stellen Sie die Töpfe in einiger Entfernung voneinander auf, doch so, daß nach Möglichkeit die gleichen Milieubedingungen vorhanden sind. Jedesmal, wenn Sie an einem der Töpfe vorübergehen, bleiben Sie kurz stehen und „senden" Sie dem Samen beziehungsweise dessen Keimen freundliche Gedanken, sprechen Sie sie aufmunternd an und loben Sie sie wegen ihres guten Wachstums. Zu dem im anderen Topf befindlichen Samen aber sind Sie bewußt unfreundlich, geben ihm negative Suggestionen, beschimpfen und bedrohen ihn. Machen Sie das ein paar Wochen hindurch und stellen Sie dann durch Vergleiche das Ergebnis Ihrer unterschiedlichen Behandlungen fest. In den De-la-Warr-Laboratorien sind eine ganze Reihe derartiger Experimente durchgeführt worden, bei denen die Anzahl der jeweils „behandelten" Pflanzen sich zwischen ein paar Dutzend und einigen Tausenden bewegte. Die Resultate können als nahezu gleichbleibend und übereinstimmend bezeichnet werden. Diejenigen Pflanzen, die mit positiven Denk- und Wunschimpulsen bedacht worden waren, wuchsen gut, oft überraschend gut für die betreffende Pflanzenart. Kontroll-Pflanzen, die zur gleichen Zeit unter den gleichen Bedingungen ausgesät beziehungsweise eingetopft worden waren, entwickelten sich normal, während diejenigen, denen nur negative Gedanken und Wünsche gesendet beziehungweise „zugestrahlt" worden waren, oft regelrecht verkümmerten oder sich abnormal entwickelten. Hier haben wir vielleicht die Ursache jener Pflanzenfreundlichkeit bestimmter Menschen, die man als „Leute mit grünen Fingern oder grünem Daumen" bezeichnet.

Musik- und Farbtherapie

Genauso wie Pflanzen auf das Denken und die allgemeine Einstellung der Menschen ihnen gegenüber reagieren, tun sie das auch auf Töne und Farben. Man hat festgestellt, daß Pflanzen beim „Anhören" vieler Arten von klassischer Musik gut gedeihen, aber ängstlich zurückweichen und sich verkriechen, wenn man „harten Pop" auf sie losläßt. Auch Kühe geben unter der Wirkung ruhiger und harmonischer Musik mehr Milch, woraus der einfache Schluß gezogen werden kann, daß auch Menschen ruhige und harmonische Töne und Melodien benötigen, daß diese ihnen „gut tun". Ausgehend von der Erfahrung, daß Musik die am meisten gebrauchte Harmonieform und Harmoniequelle ist, haben viele unorthodoxe Heilpraktiker die Behauptung aufgestellt, daß auch eine Farbenharmonie wichtig für das Wohlbefinden des Menschen sei. Sie „verschreiben" deshalb ihren Patienten bestimmte Farben und Farbzusammensetzungen. Das ist gar nicht so unsinnig, wie es im ersten Augenblick klingen mag; es ist eigentlich sehr leicht zu verstehen. Die Rute und das Pendel können nun benutzt werden, um die für eine Person jeweils passende Art von Klängen und Farben auszuwählen. Hier berühren wir aber zugleich einen recht interessanten Punkt: der Patient muß bei der Bestimmung dieser musikalischen und farblichen Harmonieauswahl keineswegs persönlich anwesend sein. An seiner Stelle kann ein stellvertretendes Sympathiemuster benutzt oder geistig vorgestellt werden; mit anderen Worten: die Behandlung kann dem Patienten über das Muster-Vorstellungsbild „zugestrahlt" werden.

Radionic-Behandlungen

Die Idee des Übertragens oder Sendens in die Ferne ist die Grundlage der radionischen Behandlungsweise. Das Sympathie- oder Entsprechungsmuster, das den zu Behandelnden repräsentiert, wird in die an der Radionic-Box dafür vorgesehene Vertiefung eingelegt und die Skala so lange gedreht, bis die Schwingungszahl erreicht ist, die als Resonanzvibration bezeichnet wird. Bei den älteren Typen dieser Box gibt das den Zustand des spezifischen Organs an, das nicht in Ordnung ist, beziehungsweise – bei einer Box des Transley-Typs – die Verfassung des gesamten Körpers. Die Bedeutung, die auf den Resonanzfaktor und die pseudoelektronischen Kreisschaltungen in den meisten dieser Boxen gelegt wird, ist anscheinend unnötig, denn ich kenne Leute, die lediglich auf ein Stück Papier die Skalennummer der betreffenden Organstörung niederschreiben, die ihnen ihr Pendel gegeben hat und die den gleichen Effekt erreichen. Dennoch scheint es für viele Leute leichter zu sein, sich des klar durchkonstruierten Systems einer solchen Box zu bedienen. Das ist offenbar wiederum eine Sache des Niveaus, der Ebene, auf der der Vorgang stattfindet. Ich meine, daß es ein Trugschluß ist, anzunehmen, daß die Box die Strahlungs- beziehungsweise Heilungsarbeit ausführt und daß man sie deshalb allein arbeiten und „strahlen" lassen könne. Ich bin sicher, daß, wenn der Geist des Operateurs nicht hinter all diesen technisch-physikalischen Skalen, Drähten und Schaltungen steht, die ganze Sache nicht funktioniert und praktisch bedeutungs- und wirkungslos ist. Die Box ist meiner Ansicht nach nichts anderes als eine „Einstimmungshilfe" für den damit Arbeitenden, was bedeutet, daß der menschliche Geist der eigentliche Katalysator ist, der dem ganzen Vorgang Sinn gibt. Die Box und der Geist (die Vorstellungskraft) sind abhängig voneinander, nicht selbständig und unabhängig.

Die Gefahren

Das erste Problem bei dieser Art von Arbeit ist die Gefahr einer Fehldiagnose und einer daraus resultierenden falschen Anweisung an den Kranken. Hier hat aber der Radiästhet die größere Chance, die Dinge richtig zu erkennen, als ein mit konventionellen Methoden Arbeitender. Überprüfen Sie Ihre Resultate immer wieder gegenseitig, so oft Sie können. Seien Sie ständig der Notwendigkeit eingedenk, Ihren Geist beziehungsweise Ihre Intuition weit offenzuhalten und die unerwartet und plötzlich in Ihnen aufsteigenden Impulse zu beachten, die Sie unter Umständen veranlassen könnten, zu rasche Schlußfolgerungen zu ziehen und unbewußten Erwartungen Raum zu geben. Doch wenn Sie nicht die Absicht haben, den Patienten mit Medikamenten vollzustopfen, tritt sowieso ein nützlicher Sicherheitsfaktor in Funktion: Da sich Ihr Tun im Bereich der Psychosomatik abspielt, scheinen die Patienten durchaus in der Lage zu sein, einen geringen Mißgriff oder Trugschluß Ihrerseits ohne Schaden zu verkraften beziehungsweise einfach nicht darauf zu reagieren. Bei Tieren und Pflanzen tritt dieser Selbstschutzfaktor automatisch in Erscheinung, bei Menschen allerdings weniger.

Doch da Sie unmittelbar in psychosomatischer Weise arbeiten, sich also direkt in das vielfältig gegliederte Energiesystem des Patienten einfühlen beziehungsweise sich darauf abstimmen, ist *das Risiko einer Feedback-(Rückkopplungs-)Wirkung* vorhanden, das heißt, daß sich die Symptome des Patienten auf Ihren Körper und Geist übertragen können, und das mitunter in höchst unangenehmer, ja schrecklicher Weise. Das System als Ganzes beruht ja auf dem Prinzip des Aufeinander-Einwirkens, des Sich-gegenseitig-Beeinflussens. Wenn Sie also nicht lernen, intuitiv zu erkennen oder zu erfühlen, wenn ein solches zerstörerisches Feedback einsetzt und wie Sie es abzublocken, unschädlich zu machen und abzuleiten haben, können Sie in arge Schwierigkeiten geraten, vor allem dann, wenn Sie mit kranken Menschen arbeiten. Leider ist es so, daß Sie selbst den Weg finden müssen, wie Sie mit dem Problem fertig werden, Feedback-Einflüsse abwehren und ableiten zu können. Jeder Rutengänger und Pendler hat da seine eigene Methode entwickelt, wie er das tut. Ich persönlich „werfe es weg" oder „schüttle es ab", so als ob es sich um etwas handelt, was sich in meinen Händen als eine Art Energieballung angesammelt hat; oder ich stelle mir bildhaft vor, wie diese Einflüsse glatt durch mich hindurchgehen. Doch wie gesagt: Sie müssen selbst herausfinden, welcher Weg der beste für Sie ist.

Ein anderer gegensätzlicher Aspekt der Sache tritt in Erscheinung, wenn Sie des Glaubens sein sollten, daß Sie persönlich es sind, der den Patienten heilt, sei dieser nun ein Mensch, eine Kuh, Kohlköpfe, Möhren oder sonstwas und wenn Sie sich nicht völlig darüber im klaren sind, daß Sie *nichts anderes* tun können, als bei der Selbstheilung des Patienten als Wegweiser und Impulsgeber mitzuwirken. Betrachten Sie den Heilungsvorgang als Ihr eigenes Werk, dann geschieht es, daß Sie für die zusätzlichen Energiebedürfnisse des Kranken sozusagen als Lieferant fungieren, daß Sie ihm nicht nur – wie es richtig wäre – behilflich sind, die Energie- und Heilungsreserven in sich selber zu mobilisieren. Eine Folgeerscheinung dieser Selbstüberheblichkeit ist, daß eine unverhältnismäßig hohe Zahl einschlägiger Heilpraktiker bereits in den frühen Vierzigern sterben. Sie haben effektiv ihre Lebensenergien zu rasch erschöpft, haben sich selbst „ausgebrannt". Seien Sie sich also auch in dieser Hinsicht klar über das, was Sie tun.

Ein anderer Punkt, der in gewisser Weise auch mit einer Selbstüberschätzung parallel geht, läßt sich mit der einfachen Frage ausdrücken: „Welches Recht haben Sie, auf ein anderes Wesen einzuwirken, es in der einen oder anderen Weise zu beeinflussen?" Denn eine medizinische Behandlung ist ein Eingriff, ist ein Einwirken auf den Gesundheitszustand des Patienten, eine Einmischung in seine Berechtigung und Selbstverantwortlichkeit, sich selbst zu beobachten und in Ordnung zu halten. Tritt ein Patient mit der ausdrücklichen Bitte um Hilfe an Sie heran, ist es gut; tut er das aber nicht, können Sie sich in große Schwierigkeiten verwickeln in dem Sinne, daß Sie die Feedback-Wirkung durch Ihr unverantwortliches Handeln, durch Ihre Selbstgerechtigkeit und Selbstüberheblichkeit herausfordern und etwas an sich Unnötiges tun. Mit anderen Worten: *denken Sie nach*, bevor Sie sich entschließen, etwas zu unternehmen.

In der Esoterik spricht man davon, daß ein Patient sein *Karma* abzutragen habe, nämlich die Auswirkungen dessen, wofür er innerhalb seines persönlichen Lebens- und Entwicklungsbereiches durch frühere Taten und Unterlassungen selbst die Ursachen geschaffen hat. Ein willkürliches Eingreifen Ihrerseits in die vorliegenden Folgeerscheinungen dieses Ursache-Wirkungs-Prozesses kann sich als Behinderung dieses gesetzmäßigen Ablaufes erweisen, also als alles andere denn eine Hilfe. Auch diesen Aspekt der Sache sollten sie bei Ihren Arbeiten als radiästhetischer Gesundheitsberater oder Heiler nicht ganz aus dem Auge verlieren.

Eine Erkenntnis, die weniger auf esoterischer Ebene liegt, sondern mehr Alltagsumstände im menschlichen Leben betrifft, ist die, daß es schwierig und oft auch ergebnislos ist, sich selber behandeln zu wollen. Einen solchen Versuch könnte man in etwa vergleichen mit dem Bemühen, sich an den eigenen Haaren hochzuziehen. Während es verhältnismäßig leicht ist, bei anderen Menschen Fehler zu entdecken, ist es gar nicht so leicht, solche bei sich selber zu finden, denn Sie beobachten ja diese Ihre Fehler durch Ihren fehlerhaften Filter. Letzteren Umstand zu erkennen und richtig zu bewerten, ist wahrlich nicht so leicht. Ein weiteres Problem ergibt sich dann, wenn Sie selbst gesundheitlich nicht in Ordnung sein sollten, weil in diesem Falle die Möglichkeit besteht, daß Sie durch eine Art ,,umgekehrten Feedback-Effekt'' Ihre eigenen Probleme auf die Personen übertragen oder projizieren, denen Sie helfen wollen.

Entweder ,,voll und ganz'' oder gar nicht!

Ich hoffe, daß Sie aufgrund meiner obigen Darlegungen einsehen, daß es bei der medizinischen Radiästhesie von entscheidender Bedeutung ist, immer genau zu wissen, was man tut. Die Kräfte und Mächte, die an diesen Vorgängen beteiligt sind, können einen enormen Schaden anrichten, wenn sie außer Kontrolle geraten. Die beste Kontrolle ist oftmals die, diese Kräfte sich selber zu überlassen. Wenn Sie nämlich ernsthafte Fehler und Mißgriffe machen, können Sie dadurch nicht nur sich selber, sondern auch Ihre Patienten oder sogar irgendwelche ,,unbekannten Zuschauer'' in Verwirrung stürzen oder gar verletzen. Weil ich wenig für ,,Auserwähltheiten'' übrig habe, gebe ich Ihnen aus meinem Gefühl heraus den guten Rat, sich dem medizinischen Ruten und Pendeln nur zuzuwenden, *wenn Sie zu einem ernsthaften und gründli-*

chen Studium entschlossen sind – andernfalls lassen Sie die Finger davon. Freilich: einige Anwendungsarten, zum Beispiel der Gebrauch homöopathischer Medikamente niederer Potenzen, reichen vollkommen aus, um mit ihnen als ernsthafter Amateur in der Familie oder auf dem Gutshof die erwünschten Wirkungen herbeizuführen. Das gilt jedoch nicht für andere Methoden, ganz besonders nicht für Akupunktur- und Fernheilungen. Ein Herumpfuschen auf diesem Gebiet ist sehr gefährlich, so daß ich noch einmal ausdrücklich betonen möchte: *das sind keine Arbeitsgebiete für gelegentliche Amateure!*

13 Radiästhesie und Archäologie

. . . oder, um es allgemeiner auszudrücken: Radiästhesie und das Studium von Dingen aus der Vergangenheit. Das Gesamtgebiet der archäologischen Forschung umfaßt mehrere Kategorien, von denen eigentlich nur eine – manchmal recht grob als ,,Toten''-Archäologie bezeichnet – im akademischen Rahmen Beachtung findet. Es geht dabei um das endlose Katalogisieren und Datieren von zerbrochenen Pfeilen, irdenen Gebrauchsgegenständen und Resten von Töpferwaren sowie von anderen verschiedenartigen physikalischen Fragmenten, von denen man glaubt, daß sie allein ein vollständiges Bild vom Leben der Menschen in der Vergangenheit geben. Gelegentlich einmal ist eine Gruppe von Archäologen oder eine Forschungsabteilung so mutig (wie im Falle der Butser-Farm, wo man einen Gutshof im jungsteinzeitlichen Stil nachgeahmt hat) und versucht, auch die sozialen und lebenspraktischen Aspekte der Archäologie zu untersuchen und darzustellen. Doch die für solche ,,nebensächlichen und unakademischen Unternehmungen'' zur Verfügung stehenden Gelder sind immer sehr knapp bemessen. Das hängt, wie ich meine, eben davon ab, welchen Wert man diesen Dingen beimißt.

Das Rutengehen und Pendeln kann bei dem üblichen Katalogisierungs-Spiel durchaus eine Hilfe sein, ist aber nützlicher im Hinblick auf die ,,lebendige Archäologie'', auf das Studium jener immer noch aktiven Kräfte und Mächte (meist nicht-physikalischer Art), die an gewissen archäologisch wichtigen Stellen in signifikanter Weise das einstige Geschehen zu zeigen beziehungsweise zu rekonstruieren erlauben. Bevor ich aber über diese Kräfte und Energien spreche, will ich einen kurzen Blick darauf werfen, wie das Ruten und Pendeln im Rahmen der konventionellen Archäologie nutzbringend angewandt werden kann.

Ruten und Pendeln als nichtzerstörendes Werkzeug

Das Ausgraben, die traditionelle archäologische Vorgehensweise, hat strenge, nicht überschreitbare Begrenzungen, von denen die am meisten hinderliche die ist, daß es sich um einen einmaligen, nicht wiederholbaren Vorgang handelt, weil eben durch die Ausgrabung vieles von der immanenten Beweiskraft der Funde zerstört werden muß. So ist man in den letzten Jahren dazu übergegangen, beim Sammeln von archäologischen Informationen nicht-zerstörende oder -beschädigende Techniken zu benutzen, zum Beispiel Meßgeräte zur Feststellung der Bodenleitfähigkeit, auf Metalle reagierende Detektoren, Proton-Magnetometer (Magnetfeldmesser) und andere physikalische Instrumente. Deren Leistungskraft in bezug auf das Auffinden gesuchter Dinge ist allerdings ziemlich beschränkt. Wenn Sie als Rutengänger und Pendler ausreichend Erfahrung gesammelt haben, kann Ihre Unterstützung bei dieser Art von Forschungen recht wertvoll sein. Sie sollten fähig sein, aus der Vielzahl und dem Durcheinander von Informationen, aus all den Klassen und Typen von Objekten – zum Beispiel Bronzebroschen, Trinkbecher und dergleichen, Mauerfundamente, Grabhöhlen, Verbrennungsstätten usw. – diejenigen auzuwählen, die unter eine dieser Begriffsbestimmungen fallen und sie bei Ihrer Arbeit als mentales Muster zu verwenden. Wenn Sie mit dem Muten über einer Karte des betreffenden Geländes beginnen und es dann an Ort und Stelle fortsetzen, sollten Sie in der Lage sein, den Ausgräbern die am meisten erfolgversprechenden Stellen zu zeigen.

Das Muten von einem bestimmten Zeitpunkt aus

Sie können auch etwas tun, wozu konventionelle Mittel und Methoden außerstande sind: Sie können sich direkt einstellen auf die verschiedenen Kulturepochen – von denen möglicherweise keinerlei gegenständliche Reste mehr vorhanden sind –, auf die unterschiedlichen Perioden und Besiedelungszeiten des betreffenden Gebietes oder Platzes. Wenn es Ihnen gelingt, in Ihrem Geist das Datum festzuhalten, das Sie als Ausgangspunkt Ihrer Untersuchungen gewählt haben, sollten Sie imstande sein, nur diejenigen Objekte, Gebilde oder Bauelemente herauszufinden, die zu der in Frage stehenden Periode gehören. Wenn Sie das am gleichen Platz mehrmals tun, jedesmal von unterschiedlichen

Daten ausgehend, sollten Sie in der Lage sein, ein Übersichtsbild der an diesem Ort im Laufe der Zeiten vor sich gegangenen Veränderungen bezüglich Besiedelung und Funktion zu gewinnen. Aber denken Sie immer daran: Voraussetzung ist, daß Sie jedes Datum, jeden zeitlichen Ausgangspunkt scharf und deutlich in Ihrem Geist festhalten. Wenn Sie sich erlauben, in die Realzeit zurückzufallen, geraten Sie automatisch in den Informations-Mischmasch, von dem freizumachen und den zu entwirren ja der eigentliche Sinn und Zweck Ihrer den Ausgräbern zu leistenden Hilfe ist.

Die Datierung

Ich meine damit die geistige Einstellung auf eine ganz bestimmte Zeit oder Periode. Sie sollten aufgrund meiner bisherigen Darlegungen wissen, wie Sie das zu machen haben. Benutzen Sie eine Qualitativ-Technik unter Anwendung einer Gradskala, deren Einteilung Jahren, Jahrzehnten, Jahrhunderten oder Jahrtausenden entspricht. Sie können von irgendeinem „gedachten" Zeitpunkt aus beginnen, nicht unbedingt von unserer normalen Realzeit aus. Wenn es sich zum Beispiel um Zeitbestimmungen bezüglich vorgeschichtlichen Materials handelt, finde ich es leichter, mit einer Gradeinteilung von Hunderten oder Tausenden von Jahren vor Christus zu arbeiten als mit Jahrhunderten oder Jahrtausenden vor der Gegenwart.

Psychometrie

Psychometrie kann bei der konventionellen archäologischen Forschungsarbeit nützlich sein. Vergessen Sie aber nicht, daß diese Methode des Fühlens oder Schauens in die Vergangenheit äußerst subjektiv und daher als „Beweis" für die Richtigkeit einer Angabe kaum brauchbar ist (siehe Kapitel 9, Seite 112). Wenn Sie mit kleinen Gegenständen Psychometrieversuche machen, dürfte es eine Erleichterung sein, wenn sie das Objekt an Ihre Stirn, auf Ihren Scheitel oder an die Nasenwurzel halten. Ich vermag nicht zu erklären, warum diese Art von Rückschau funktioniert, doch da sie es tut – warum soll man unbedingt krampfhaft nach möglichen Erklärungen suchen?

Ausnutzung Ihrer Beziehungen und Verbindungen

Sollten Sie die Absicht haben, sich mit archäologischen Forschungen zu beschäftigen, dürften Ihre Verbindungen zu einschlägigen akademischen Kreisen von Wichtigkeit sein. Gewiß – Sie haben diesen Leuten etwas anzubieten, gleichzeitig aber haben diese auch Ihnen gegenüber eine Art „Opfer" zu bringen. Erheben Sie ja nicht die Forderung, daß nun an dem oder jenem Platz, den Sie als „fündig" festgestellt zu haben glauben, nachgegraben werden müsse, spielen Sie also nicht die Rolle eines beutelüsternen Schatzsuchers. Wie ich bereits erwähnte, werden durch das Ausgraben zwangsläufig viele der vorhandenen Informationen zerstört, weshalb ich Ihnen nur raten kann, *Ihrerseits keine eigenen Ausgrabungsversuche zu unternehmen ohne den Rat und die Mithilfe von wirklichen Fachleuten auf diesem Gebiet.* Sollten Sie an diesen Forschungen ernsthaft interessiert sein, wäre es das beste, wenn Sie sich an eine archäologische Gesellschaft oder Forschungsgruppe wenden und um die Erlaubnis bitten, an deren Ausgrabungsstellen radiästhetische Untersuchungen durchführen zu dürfen.

Interpretation

Wie bei jeder Ruten- und Pendelarbeit ist es wesentlich, sich vor Voreingenommenheit und zu starren Erwartungsbegriffen zu hüten. Ich meine, daß der sicherste Weg der wäre, die am Ausgrabungsort Tätigen zu fragen, wonach sie suchen, nicht aber, sich von ihnen eingehend über deren Erwartungen und Vermutungen erzählen zu lassen. Wenn Sie ganz allgemein wissen, wonach die Leute suchen, lassen Sie das Weitere auf sich beruhen, denn überskeptische Zuschauer können eine ernsthafte und erfolgreiche radiästhetische Untersuchung unmöglich machen. In mancher Hinsicht ist es also besser, wenn Sie wenig oder nichts von der konventionellen Archäologie verstehen, wenn Sie lediglich als eine Art „landvermessender Informationssammler" auftreten und von den Angaben und Bezeichnungen ausgehen, die man Ihnen genannt hat. Sie sollten in der Lage sein, aufgrund dieser Hinweise sinnvolle Resultate zu erzielen, selbst dann, wenn Sie nicht genau wissen, was die Archäologen und deren Helfer zu finden hoffen.

Ich halte es für das beste, die „objektiven" Interpretationen (Auslegungen und Bewertungen) Ihrer Informationen den Akademikern zu überlassen. Es ist wahrscheinlich unfreundlich von mir (wenn auch meinem Gefühl nach wahr), die Feststellung zu machen, daß – wie auf anderen akademischen Sachgebieten auch – die Archäologen an drei ernsten und ansteckenden Schwächen oder Übeln leiden. Das erste ist ein ihnen innewohnender Dogmatismus, das zweite ihre eigenartige Unfähigkeit, zwischen Information und Interpretation, zwischen Hypothese und „absoluter Wahrheit" zu unterscheiden, und drittens schließlich ihr wahrhaft erstaunliches Geschick, all das zu verabsäumen, zu ignorieren und als Information überhaupt nicht zur Kenntnis zu nehmen, was sich nicht in die zur Zeit gerade herrschende Theorie einfügen läßt. Dieses „Leiden" verleiht den Herren eine Art „Scheuklappen", die zu entfernen Ihren Bemühungen wohl kaum gelingen dürfte. Für Sie ist das einzige, was zählt, jene Informationen und die daraus ableitbaren Gefühle und Eindrücke, die Sie von Ihren Untersuchungen erhalten haben und das, was diese für Sie bedeuten. Denn das ist es, was die Entwicklung Ihrer Fähigkeiten fördert.

Naturkräfte

Sozioarchäologische Experimente wie das der erwähnten Butser-Farm haben zu der Ansicht geführt, daß dereinst physikalische Umweltkräfte – Wetter, Sonne und Jahreszeiten – entscheidende Faktoren gewesen sind. Dies dürften aber sicherlich nicht die einzigen Naturkräfte und Mächte sein, die zu berücksichtigen sind. Hinter oder jenseits dieser physikalischen Einwirkungen der Umgebung existieren noch andere, mehr oder weniger unbekannte Kräfte. Hinweise darauf und diesbezügliche Schlußfolgerungen sind in den letzten Jahren von verschiedenen Seiten vorgebracht worden. Da mein Buch aber eines über Rutengehen und Pendeln ist, will ich mit Guy Underwoods „geodätischem System" beginnen, mit seinen „Mustern der Vergangenheit".

Underwoods Linienmuster

Underwood ging von der Beobachtung aus – die auch einige Radiästheten vor ihm schon gemacht hatten –, daß der offensichtliche Verlauf von Strömungen (Wasserlinien) die Tendenz erkennen läßt, Grabhügel, aufrecht stehende Steine und andere steinzeitliche Stätten zu umkreisen oder sie als „blinde, unsichtbare Quellen" zu berühren. Im Zuge der Weiterführung und Auswertung dieser ursprünglichen Beobachtungen über eine Reihe von Jahren gelangte er zu dem, was er seine „Geodätische Theorie" nennt, auf die ich sogleich eingehen werde. Als er nun diese von den Wasserlinien beschriebenen Wege und Fließmuster studierte, stieß er noch auf eine andere Art von Linien: auf „Fährtenlinien", die, so schien es ihm, die Spuren und Wege erkennen ließen, die von Menschen und Tieren begangen worden sind. Er spricht auch von „Aquastats", von „Linien, die Wasserführungslinien ähneln, aber keine sind". Nähere Erklärungen darüber hat er nie gegeben. Er hält diese drei Typen von Linien auseinander, indem er bei seiner „geodätischen Rute" verschiedene Griffe anwendet, sie also in unterschiedlicher Weise anpackt. Sollten Sie auf den Gedanken kommen, Underwoods Entdeckungen nachzuprüfen, würden Sie es wahrscheinlich leichter finden, ausgesprochene „Sympathiemuster" zu benutzen.

Diese drei Typen von Linien formen Muster, die viele religiöse und andere Bauwerke und Stätten in auffälliger Weise entweder umgeben oder unterlaufen. Wenn Sie eine detaillierte Beschreibung wünschen sollten, können Sie nicht umhin, Underwoods *Pattern of the Past* zu lesen. Sie werden dann sehen, wie die Wasserlinien und „Aquastats" sich spiralförmig in Richtung eines aufrechten Steines einrollen. Eine Wasserlinie oder ein Aquastat gehen nahezu gerade durch das Hauptschiff einer Kirche und führen zu einer „blinden Quelle" unter dem Altar. In Kirchen findet sich immer eine Tür oder ein Fenster dort, wo ein Aquastat oder eine Fährtenlinie durch eine Wand hindurchgeht. Die Linien winden sich durch- und umeinander, gehen kaum einmal mehr als 2 Meter geradeaus, nehmen Formen an von Bogen, Dreiekken, Federn, Kreisen und anderen Mustern. Die Formen einiger dieser Linien wechseln im Laufe des Tages, während andere wieder ihre Lage und Gestalt gemäß den Mondphasen verändern, wobei die häufigsten Wechsel sechs Tage nach dem Neu- und Vollmond vor sich gehen, ein Punkt, auf den ich noch zurückkommen werde.

Beim Studium dieser Linien und der „geodätischen Muster" war es Underwood nicht möglich, irgendwelche Lageveränderungen festzustellen, die nicht mit astronomischen Gegebenheiten zusammenhingen, und er zog daraus den Schluß, daß diese Muster von vornherein als feststehend und immer gleichbleibend betrachtet worden sein müssen. Von dieser Annahme und von der Übereinstimmung der Muster mit den verschiedenen Baustrukturen ausgehend, kam er zu der Ansicht,

Rollright liegt auf der Höhe der letzten Hügelkette der Cotswolds, zwanzig Meilen nordwestlich von Oxford, an einer Seitenstraße zwischen der A 34 und der A 44, rund drei Meilen nördlich von Chipping Norton. Die Straße ist ein Teil der Grenze zwischen Oxfordshire und Warwickshire. Die Steine (bekannt als „Mannen des Königs" – "King's Men") bilden einen echten Kreis von etwa hundert Fuß (dreißig Meter) Durchmesser, der aus etwa 73 Steinen besteht. An einigen Stellen ist es schwierig zu entscheiden, welche Steine nur Fragmente von lokalen Felsbrocken sind und welche dereinst „gesetzt" worden sind. Die meisten sind rund drei Fuß hoch, der größte knapp acht Fuß. Alle sind sie von Wind und Wetter arg zernagt. In einer Entfernung von 300 Fuß nördlich der Straße und in der benachbarten Grafschaft gelegen steht der „Königsstein" ("King Stone"), ein einzelner Monolith von ca. acht Fuß Höhe, und eine viertel Meile östlich des Steinkreises findet sich ein zerfallener Dolmen (eine Steingruppe aus vorgeschichtlicher Zeit), der die „Flüsternden Ritter" ("Whispering Knights") genannt wird. Beides gehört zur Gesamtanlage. Diese wird als aus der Jungsteinzeit stammend betrachtet, soll rund 2000 Jahre v. Chr. errichtet worden sein. Ausgrabungen zur Prüfung dieser Annahme sind bisher noch nicht durchgeführt worden.

Ich bin die Besitzerin des Geländes, Frau Pauline Flick, und einigen ihrer Freunde und Bekannten Dank schuldig für die Hilfe, die sie mir bei meinen Untersuchungen zuteil werden ließen.

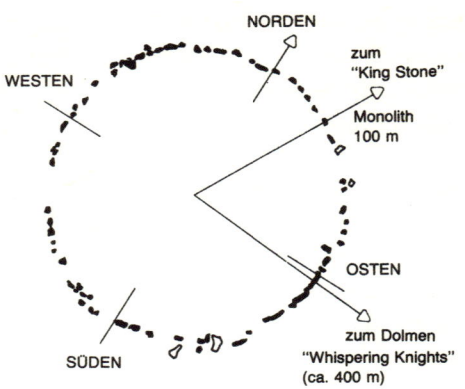

57 Übersicht über die Steinsetzungen des Rollright-Steinkreises

Diese Festsstellungen machte ich am 2. August 1973. Ich habe nur die Reaktionsstellen eingezeichnet, die unmittelbar am Steinkreis liegen. Ich habe versucht, die einzelnen Linien und Energieflüsse individuell weiterzuverfolgen, doch die gegenseitigen Verknüpfungen und Zwischenkontakte der Steine untereinander erwiesen sich bald als undurchschaubar.

Beachten Sie die Stellen, an denen alle drei Muster gleichzeitig vorhanden sind, und wie diese mit den anderen Musterlinien übereinstimmen, die aus den Abbildungen 59 und 60 ersichtlich sind.

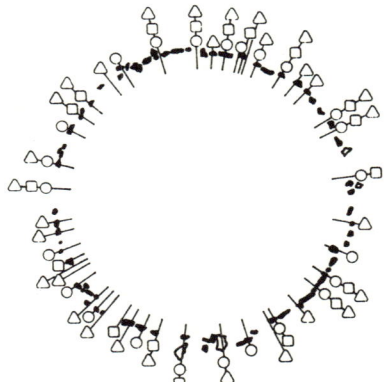

Wasserlinien   ○
Fährtenlinien   □
Aquastats   △

58 Rollright: Die Underwoodschen Linien am Steinkreis

daß die einstigen Architekten vom Vorhandensein dieser Muster gewußt hatten, daß sie sie im Rahmen der religiösen Architektur und des damit verbundenen Symbolismus für sehr bedeutsam hielten und sie deshalb ganz bewußt benutzten, um nach ihnen und mit ihnen die Konstruktion der Bauwerke im großen und kleinen zu gestalten. Dies scheint, so Underwood, seit ältesten Zeiten beim Bau religiöser und einiger bedeutungsvoller profaner Gebäude beachtet worden zu sein, von der Jungsteinzeit beginnend bis zu jener Ära, in der sich durch die Reformation und die Renaissance die gegenwärtige Denkweise und Zivilisation durchsetzte.

Wenn diese ,,geodätische Theorie'' (oder besser Hypothese) richtig ist, geht daraus hervor, daß unsere derzeitige Architekturgeschichte einiger Veränderungen und Korrekturen bedarf. Einer der Gründe, weshalb ich mich überhaupt dem Rutengehen und Pendeln zuwandte, war, daß ich diese Hypothese einer Prüfung unterziehen wollte. Und damit befasse ich mich heute noch. Hier ist allerdings nicht der geeignete Ort, auf alle Einzelheiten genauer einzugehen. Kurz gesagt: Underwoods Hypothese mit ihrer starren Behauptung bezüglich der von den Linienmustern bestimmten Baustrukturen erscheint mir zu simpel, obgleich die Muster mit den Baustrukturen in einem derartigen Maß übereinstimmen, daß von einem rein zufälligen Beziehungsverhältnis keine Rede sein kann. Die Linien sind außerdem keineswegs so fest und unveränderlich, wie Underwood dachte: sie können tatsächlich ziemlich leicht verändert werden. Die Annahme, daß diese Linienmuster von den alten Architekten absichtlich und vorausberechnet in die Baupläne einbezogen worden sind, ist also zumindest zweifelhaft. Die Zusammenhänge zwischen den Erbauern, den Bauwerken und den Linienmustern sind übrigens viel komplizierter, als Underwood vermutete. Hat der Verlauf der Linienmuster die Bauweise bestimmt oder umgekehrt oder war beides der Fall? Das Ganze wird noch wesentlich komplizierter durch andere Faktoren und Linien, die Underwood gar nicht bemerkt zu haben scheint. Um Ihnen eine Idee davon zu geben, worauf bei solchen Untersuchungen zu achten ist, wollen wir einen kurzen Blick auf diese anderen Faktoren werfen.

Diese Untersuchung der „Aufladungen" führte ich ebenfalls am 2. August 1973 durch. Ich legte jeweils eine Hand auf das obere Ende jedes Steines und beobachtete die Reaktionen meines Pendels. „+" und „−" (plus und minus) scheinen hier dem Yang/Yin-Prinzip zu entsprechen. Bei einigen Steinen stellte ich fest, daß die Polarität ihrer Ladungen in einem 24-Stunden-Rhythmus wechselte. Diese Stellen habe ich mit einem Sternchen gekennzeichnet. Weniger als ein Fünftel der Steine behielt dieselbe Polarität während der ganzen Woche vom 1.–7. August 1973 bei.

Das ganze Areal des Kreises war „aufgeladen" in Form einer Reihe von konzentrischen Zonen oder „Feldern", sowohl innerhalb wie außerhalb der Steinsetzung. In meiner Zeichnung habe ich aber nur die Ladungswechsel im und nahe am Kreis festgehalten.

Ruten offen:
Ruten überkreuzt:

59 Rollright: Die „Felder" und ihre individuellen „Ladungen"

Ich zeige hier nur die wichtigsten internen und nach außen führenden Verbindungen, die alle oberirdisch liegen. Beachten Sie, wie die nach außen gerichteten Verbindungen mit der Gruppe der Underwood-Linienmuster übereinstimmen, wie sie in Abbildung 58 angegeben sind.

Die Rotationen im und am Kreis gingen während der ganzen Zeit meiner Untersuchungen im Uhrzeigersinne vor sich, obwohl mir ein Kollege berichtete, daß er einmal eine entgegengesetzte Drehrichtung festgestellt habe. Beachten Sie, daß die Ausgangs- bzw. Durchbruchpunkte der Wirbelenergien an ganz besonderen Stellen des Kreises liegen. Die südliche „Tür" führt genau zwischen zwei Reihen kleiner Steine hindurch, die aufeinandergeschichtet sind. Der Ostausgang des Wirbels, der in Richtung des Habichtsteines ("Hawk Stone") geht, hatte eine so starke Wirkung, daß sowohl mein Helfer als auch ich selbst schmerzhaftes Kopfweh bekamen, wenn wir zufällig eine der unteren Pulsationsstellen berührten und deren Energien auslösten. (Wir brauchten eine Viertelstunde, um uns von diesen Kopfschmerzen wieder zu befreien.)

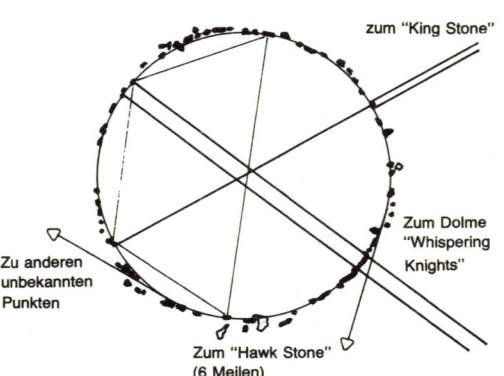

zum "King Stone"

Zum Dolme "Whispering Knights"

Zu anderen unbekannten Punkten

Zum "Hawk Stone" (6 Meilen)

60 Rollright: Die Drehung im Steinkreis und die hauptsächlichsten internen und nach außen führenden Verbindungen

Aufladungen

Wenn Sie – entweder aus der Ferne oder an Ort und Stelle – mit Ihrem Pendel einen alten aufrechten Stein oder eine Erdaufschüttung (oder ein Hünengrab sowie andere Stätten wie Altäre und Taufsteine in Kirchen usw.) untersuchen, werden Sie oft feststellen, daß Ihr Pendel zu kreisen anfängt, ohne daß ein ersichtlicher Grund dafür vorliegt. Diese Art von Reaktion scheint von etwas verursacht zu werden, was ich eine „ortseigentümliche Aufladung" nenne. Ich wähle diese Bezeichnung, weil eine gewisse Ähnlichkeit mit einer elektrostatischen Aufladung besteht. Diese Aufladungen haben die Tendenz, von Zeit zu Zeit ihre Polarität zu wechseln. Christliche Altäre bleiben jedoch meist „unverändert positiv". Die einzigen bemerkenswerten Ausnahmen sind nur bei Altären in Marienkapellen feststellbar, die eine „unveränderliche negative" Ladung haben. Unter dem Begriff Polarität oder Polarisation, sei sie positiv oder negativ, verstehe ich, daß an dem betreffenden Ort Ihr Pendel eine positive Ja- oder eine negative Nein-Antwort gibt. Doch wie unterschiedlich man diese Ausdrücke und Begriffe und ihre Verschiebungen auch auffassen und deuten mag: im Falle der Altäre scheint es sich um Reaktionen im Sinne von Yang/Yin oder „männliches/weibliches Prinzip" zu handeln. An anderen Plätzen scheint die Bezeichnung „aktiv/rezeptiv" (etwa im Sinne von „sendend/empfangend") angebrachter zu sein. An anderen Orten wiederum könnte es sich um etwas handeln, was einer elektrostatischen Aufladung oder etwas dergleichen ähnelt, während in noch anderen Fällen von einer Persönlichkeits-Bezogenheit im konstruktiven oder destruktiven Sinne gesprochen werden könnte. Ich vermute, daß es außer den genannten noch andere Formen von Aufladungen gibt, die ganz schlicht und einfach eine Dualität, eine Teilung in zwei Pole, anzeigen. Durch das mentale Fragestellen werden Sie herausfinden können, um welchen Polaritätstyp es sich jeweils handelt.

Sogar ganze Gebiete können solche Aufladungen haben. Als ich den Rollright-Steinkreis radiästhetisch mit meinen Winkelruten untersuchte, stellte ich fest, daß sich in dem Moment, da ich die Steinreihe überschritt, die Ruten kreuzten, sich aber ein paar Fuß weiter wieder öffneten, um sich nach einigen weiteren Fuß abermals zu überkreuzen – und so fort, im ganzen siebenmal in dieser Weise reagierend. Diese Veränderungen waren an allen Stellen des Steinkreises in gleicher Entfernung vom Mittelpunkt zu beobachten, und sie setzten sich auch noch ein Stück außerhalb des Steinkreises fort, indem sich die Ruten dort noch dreimal schlossen und öffneten. Diese Reaktionen auf eine Aufladung mögen dem ähneln oder gar mit dem identisch sein, was Underwood „Halo" (Strahlungsbereich oder -feld) nennt.

Richtungsweisungen

Beim Arbeiten an verschiedenen Plätzen – wieder mit dem Pendel – wird sich zeigen, daß das Pendel in gewisse Richtungen weist, auf andere Punkte hindeutet, die zu dem gerade ausgependelten in irgendeiner Beziehung stehen. Beim Pendeln über einer Karte oder Geländeskizze kann es sein, daß von einem einzigen Punkt aus vierzig oder fünfzig verschiedene Richtungsangaben gemacht werden, die auseinanderzuhalten eine recht schwierige Angelegenheit ist. Doch glücklicherweise ist es so, daß die meisten dieser aktiv aufgeladenen Stätten und Punkte nur einige wenige dieser Richtungsreaktionen anzeigen. Am Rollright-Steinkreis waren es vier wichtige Steine, bei denen das Pendel ausschließlich und immer wieder in nur eine einzige Richtung wies. Stein 37 wies zum Stein 3, Stein 3 zum Stein 61, 61 auf 49 und 49 zurück auf Stein 37. Ich gab mir redliche Mühe, diesen geschlossenen Kreis zu durchbrechen und noch andere Richtungen aufzuspüren, zu denen die betreffenden Steine Verbindung haben.

Fließverbindungen und Dreheffekte

Diese Art von richtungweisenden Reaktionen eines Pendels dürfte noch mehr anzeigen als ein bloßes Beziehungsverhältnis oder eine „Verwandtschaft" zwischen zwei Punkten, denn es kann außerdem ein „Fließ-Faktor" vorhanden sein, eine Art Übertragung der „Ladung" von einem der Punkte zum anderen in der Richtung, die das Pendel angibt. Diese Fließ- oder Strömungsrichtung kann auch mittels Winkelruten festgestellt werden. Wenn Sie beide Instrumente benutzen, also das Pendel und die Winkelruten, ist es erforderlich, daß Sie die Idee „welche Fließrichtung?" als Vorstellungsmuster fest in Ihrem Geist halten. Derartige Strömungen scheinen oberhalb des Erdbodens zu verlaufen, gewöhnlich in geraden Linien. Am äußeren Rand der Steinkreise (oder einiger alter Aufschüttungen, Grabstellen usw.)

wechseln die geraden Fließrichtungen über zu irgendeiner Art von Drehbewegung oder Wirbel, zu einer Rotation der Aufladung, von einem Stein zum nächsten springend, und zwar beim Rollright- und Gors-Fawr-Steinkreis im Sinne des Uhrzeigers. An einem Punkt des Gors-Fawr-Kreises und an zwei Punkten von Rollright verläßt die Drehung den Kreis tangential, also in einer Weise, die, was die Drehung der Ladung und ihren Durchbruch durch den Steinkreis anbelangt, an ein Zyklotron (Elementarteilchen-Beschleuniger) erinnert, wie es in der Nuklearphysik benutzt wird.

Strömungen über dem Boden

Diese sich über dem Boden hinziehenden „Ladungsfließlinien" – was auch immer sie sein mögen – können sich meilenweit zwischen zwei in Verbindung stehenden Punkten erstrecken, und zwar in Form einer absolut geraden Linie von nur wenigen Zentimetern Breite. Eine der vom Rollright-Steinkreis ausgehenden Linien geht über eine Entfernung von rund sechs Meilen in süd-südöstlicher Richtung bis zu einem Hawkstone (Habichtstein) genannten Stein, von wo aus sie sich in mindestens zwei verschiedenen Richtung geteilt fortsetzt. Andere solche Linien mögen noch beträchtlich länger sein. Ein Kollege erzählte mir, er habe eine Linie gefunden, die sich über wenigstens fünfzig Meilen erstreckt. Hier haben wir es mit dem zu tun, was man die „äußeren Verbindungen" zwischen zwei Stellen nennen kann. Es gibt aber außerdem noch viele andere Linien einschließlich der sich nur innerhalb eines Systems befindlichen, zum Beispiel die Fließlinien und den Wirbel im Rollright-Kreis, die man als „innere" oder „lokale" Verbindungen bezeichnen kann. Dieses ständige Sich-Bewegen irgendeiner Art von Energie von einem Platz zum andern ist im gewissen Sinne den Netzschaltungen pulsierender Maser oder Laser vergleichbar, die mit einem leistungsschwachen „Trägerstrahl" arbeiten, gelegentlich aber auch mit sehr kräftigen Energie-Impulsen. Das Gefühl, das ich hatte, als ich diesen über dem Boden verlaufenden Energieflüssen nachspürte, war verbunden mit dem Eindruck, daß ich es mit einem enormen lebendigen Organismus zu tun hatte, für den nach verständlichen Analogien zu suchen wohl sinn- und zwecklos sein dürfte. Einige dieser Energie-Pulsationen scheinen mit astronomischen Gegebenheiten gekoppelt zu sein, andere wiederum nicht. Da sie von einem Rutengänger und Pendler ausgelöst beziehungsweise aktiviert werden können, ist eine eventuelle Gefährlichkeit nicht auszuschließen. Daher halte ich es aus Sicherheitsgründen für besser, hier nicht weiter darauf einzugehen.

Doch da diese Übertragungs-Flüsse, diese sich nicht über dem Boden erstreckenden Linienmuster, absolut gerade und nur einige Zentimeter breit sind und die Verbindungen herstellen zwischen Orten und Gebäuden wie Kirchen, alten Hügelgräbern, aufrechten Steinen und Steinsäulen, Kreuzwegen usw. sind sie vielleicht so etwas wie ein nicht-physikalisches Gegenstück zu unserem geographischen Gradnetz, eine Art Orientierungslinien der alten Kulturen und religiösen Stätten untereinander, wie Alfred Watkins in seinem Buch *Old Straight Track* sagt. Aber da ist noch etwas, worauf ich in Kürze noch zurückkommen werde. Jetzt nur der Hinweis für Radiästheten, die nach solchen Energielinien suchen wollen: Wenn Sie, um das zu tun, Ihre Untersuchungen an Ort und Stelle vornehmen wollen, dann seien Sie sich klar darüber, daß sich Ihre Feststellungen auf Strömungslinien *über* dem Erdboden und deren Lage relativ zur Erdoberfläche beziehen. Benutzen Sie dabei die Ihnen nunmehr bekannten Lagebestimmungs-Techniken, um die Energielinien selbst, ihre Breite und ihre Richtung zu finden. Sollten Sie auch deren Höhe festzustellen wünschen – was ich aber nicht für wichtig halte –, dann benutzen Sie die Bischofsregel, nur eben im umgekehrten Sinne von unten nach oben.

Knotenpunkte

Dort, wo sich diese Linien schneiden oder überkreuzen, bilden sie, einschließlich der Objekte und Bauwerke an diesen Stellen, eine Art „Knoten" im Netzwerk dieser seltsamen Energieflüsse. Vielleicht könnte man die an jenen Schnittpunkten befindlichen Kirchen oder Steine mit riesigen Akupunkturnadeln vergleichen, die an gewissen Punkten der Erde eingesetzt worden sind, um damit diese Gegenden der Erde einer massiven harmonisierenden Akupunkturbehandlung zu unterziehen. Es ist aber unmöglich, genau zu sagen, in welchem Verhältnis die betreffenden Stellen zu den auf ihnen befindlichen Objekten oder Bauwerken stehen, denn die Energien bleiben oft auch dann noch wirksam, wenn die betreffenden Bauwerke usw. verschwunden sind; sie bleiben auch „tätig", wenn ursprünglich an den betreffenden Stellen eingesetzte Steine entfernt werden. Ich erinnere mich eines Falles, in dem ein alter Markstein nur einige Meter von seinem bisherigen Platz versetzt wurde, nämlich von der Mitte der Watling Street in eine Ecke des St.-Stephens-Friedhofes in St. Alban. Der Stein blieb auch an seinem neuen Ort noch aktiv, blieb in Verbindung mit seinem früheren Standort, verlor lediglich seine Verbindungen zu anderen Stellen. Mir scheint, daß hierbei auch eine physikalische Komponente eine Rolle spielt, denn soweit ich bis jetzt habe feststellen können, beträgt die Entfernung zwischen einem aktiv gebliebenen Stein und seinem eigentlichen ursprünglichen Platz wenig mehr als eine halbe Meile.

Andere Energieknoten, deren Typ unspezifizierbar ist, können in verschiedenen Höhen aufrecht stehender Steine wie auch an anderen Stellen, zum Beispiel an den letzten Stützpfeilern alter Kirchen, gefunden werden. Da gibt es gewöhnlich sieben dieser Energieknoten. Kleinere Steine können auch nur deren fünf haben. Die ersten zwei liegen gewöhnlich unter der Bodenoberfläche, der dritte an oder nahe derselben. Die restlichen vier (oder zwei bei kleineren Steinen) können ganz leicht gefunden werden, indem man mit der Hand von unten nach oben über den Stein oder die Säule fährt und in diesem Falle die Hand als „Fühler" benutzt, während die andere das Pendel hält. Die Abstände zwischen diesen Knoten sind bei den verschiedenen Steinen nicht ganz gleich, doch der vierte und fünfte liegen gewöhnlich noch in Reichweite, sogar bei sehr großen Steinen. Der sechste ist etwa im gleichen Abstand zwischen dem fünften und siebten zu finden, und der siebte und letzte nahezu immer innerhalb weniger Zentimeter Entfernung vom oberen Ende des Steines oder der Säule. Die Radiästheten John Williams und Bill Lewis haben das herausgefunden und mich darauf aufmerksam gemacht.

Die ersten drei Knoten scheinen etwas mit den Underwoodschen Linienmustern zu tun zu haben, aber über das genauere Was, Warum und Wie sind keine sicheren Aussagen möglich. Der vierte Knoten scheint mit den Energieflüssen zusammenzuhängen, die die am Ort befindlichen Steine untereinander verbinden. Der sechste fungiert offenbar als Hersteller von Langstreckenverbindungen. Die übrigen zwei sind entschieden höchst merkwürdiger Natur. Wenn die Arbeitsbedingungen gut sind und Sie leicht mit der Hand den Stein in Höhe des siebten Knotens berühren, werden sie wahrscheinlich ein mildes Prickeln fühlen. Ein erfahrener und geschickter Radiästhet kann dieses milde Prickeln derart verstärken, daß es beinahe einem heftigen elektrischen Schlag nahekommt, wenn auch ohne Schmerz. Man hat den Eindruck, als werde die Hand des Rutengängers oder Pendlers von dem Stein regelrecht abgestoßen, obgleich ich mir denken kann, daß diese Reaktion mehr durch eine Kontraktion verschiedener Rücken- und Armmuskeln ausgelöst wird.

Die Wirkung, die vom fünften Knoten ausgeht, ist noch seltsamer. Sie scheint ausschließlich den Gleichgewichtssinn des Radiästheten zu beeinflussen. Stemmen Sie Ihre beiden Handflächen in Höhe des fünften Knotens, die Arme ausgestreckt, etwa so gegen den Stein, als wollten Sie ihn umdrücken. Drücken Sie aber nicht wirklich. Versetzen Sie sich geistig in den Zustand, den Sie auch sonst beim Arbeiten mit Rute und Pendel in sich erzeugen. Vielleicht erleichtert es Ihnen die Sache, wenn Sie den Kopf neigen und an dem Stein hinabschauen. Nach ein paar Sekunden werden Sie wahrscheinlich das Gefühl einer leichten Gleichgewichtsstörung verspüren, so als wollten Sie nach einer Seite fallen, ja als ob „etwas" Sie nach einer Seite drücke. Gehen Sie nicht dagegen an, warten Sie ab, was geschieht.

Die Stärke dieser Reaktion ist von Person zu Person verschieden, auch die Fallrichtung, in die sich der Betreffende gestoßen fühlt. Aber beides variiert wiederum entsprechend den Mondphasen. Das gilt, soweit ich festgestellt habe, für jede Person, mit der ich zusammenarbeitete. Die Stärke der Reaktion ist am geringsten zu der Zeit, da die Fall- oder Stoßrichtung umgekehrt ist, nämlich am sechsten Tag nach Neu- und Vollmond. Genauso ist es bei den Underwoodschen Linienmustern. Ich bin noch nicht imstande gewesen, die Zeiten des Übergangs von einer Phase zur anderen und ihr präzises und regelmäßiges Eintreten, so wie es Underwood behauptet, nachzuprüfen. Ich wäre aber nicht erstaunt, wenn er recht hätte. Zu all dem gibt es eine interessante Parallele: Nach dem alten keltischen Kalender begann ein Monat am sechsten Tag nach dem Neumond, und jeder Monat war in zwei Vierzehntageperioden unterteilt, dem Anagan und dem Atenoux. Das Jahr der Kelten begann am sechsten Tag nach dem ersten Neumond nach der Frühjahrs-Tagundnachtgleiche. Wenn die Linienmuster (die Energieflüsse) sich wirklich so regelmäßig verändern, wie es Underwood behauptet, dann wäre der Wechsel- oder Übergangstag in der Tat ein sehr brauchbarer und präziser Zeitpunkt, um ihn zur Grundlage eines Kalenders zu machen. Aber wie war es möglich, daß die „unwissenden Barbaren", die Kelten, das wissen konnten?

Unregelmäßigkeiten

Das ist nur eine der Anomalien innerhalb der konventionellen neodarwinistischen Geschichtsbetrachtung. Andere, einschließlich einer Doppeldatierung, fand ich in Avebury. Sämtliche Steine des äußeren Hauptkreises gaben bei einer Untersuchung mit dem Pendel als Datum der Aufstellung 2 500 bis 3 000 vor Christus, was einigermaßen mit der konventionellen Datierung der Archäologen übereinstimmt. Die Steine des Südkreises jedoch und seiner „Aushöhlung" ergaben das Datum 8 000 bis 8 500 vor Christus, was ich mir nicht recht zu erklären vermag. Guy Underwoods *Pattern of the Past* liefert mehr außergewöhnliche Zeitangaben, die sich nachprüfen lassen, als Alfred Watkins *Old Straight Track*. Die Arbeiten von John Michell und anderen weisen hierzu Parallelen und Übereinstimmungen auf, die nur bei Außerachtlassung der konventionellen Datierungen einen Sinn ergeben. Alexander Thoms *Megalithic Sites in Britain*, ein Werk über die geometrischen und astronomischen Bezüge und Zusammenhänge bei den britischen Steinkreisen, ist sehr treffend von einem Archäologieprofessor als eine gut konstruierte „Sprengladung" bezeichnet worden, die eine nicht mehr zu schließende Bresche in das aus Vermutungen zusammengesetzte Gebäude der konventionellen Vorgeschichtsforschung gerissen habe. Alle diese Werke behandeln die Informationen und die möglichen Gründe und Ursachen, warum für die Errichtung sowohl religiöser als auch profaner Bauten ganz bestimmte Stellen ausgewählt wurden, ein Forschungsgebiet, mit dem sich zu befassen die akademische Archäologie offensichtlich nicht geneigt ist.

Alle diese unkonventionellen Informationssammlungen sind „wahr", zumindest innerhalb des Rahmens ihres eigenen Sinnzusammenhangs. Doch wenn Sie versuchen wollten, das gesamte vorliegende Material unter den „Hut" einer einzigen zusammenfassenden Theorie zu bringen und dabei die gleichfalls „wahren" Informationen der akademischen Archäologie mit einbeziehen wollten, würden Sie sich schließlich in ein unmögliches intellektuelles Durcheinander verstricken. Wie es scheint, kann man einfach nicht anders, als das eine oder andere wegzulassen, aus dem Kreis der Betrachtungen und Überlegungen auszuschließen. Praktisch ist eine rein intellektuelle Betrachtungs- und Bewertungsweise in der Geschichts- und Vorgeschichtsforschung eine Verschwendung von Zeit und Mühe. Es scheint hier sinnvoller zu sein, das Suchen nach „Beweisen für etwas" zu vergessen, denn was als ein Beweis angesehen wird, ist oft (gemäß de Bonos „sekundärem Denkgesetz") nicht mehr als ein Mangel an Vorstellungskraft und Phantasie, ein Unterlassen des Ausschauens nach Alternativ-Hypothesen, die sich in gleicher Weise in den Informationszusammenhang einfügen würden. Viel bedeutsamer ist die Frage, ob und inwieweit eine Information oder ein Teil von ihr irgendwie brauchbar sind, ob die Informationen, die sich aus dem Studium der Vergangenheit ableiten lassen, auf die gegenwärtigen Verhältnisse sinnvoll anwendbar sind. Benutzen Sie also Ihre Imaginationskraft, um die Ihnen erreichbaren Informationen – und zwar alle nur möglichen – zu bekommen, und werten Sie sie aus, so gut Sie können und soweit es Ihnen nötig erscheint.

14 Ergebnisse und Schlußfolgerungen

Als ob es in dieser „Kunst" überhaupt so etwas wie ein Abschlußergebnis geben könnte!

Wenn Sie dieses Buch erst einmal durchgelesen haben, um sich darüber zu informieren, was Rutengehen und Pendeln ist und was es vermag, dann wäre jetzt die rechte Zeit gekommen, das Ganze noch einmal von vorn zu beginnen, langsam Zeile für Zeile und Absatz für Absatz zu studieren, nach und nach die verschiedenen Experimente zu durchdenken und praktisch nachzuvollziehen und dabei immer neue Erkenntnisse und Erfahrungen zu sammeln. Gehen Sie nicht zu rasch vorwärts, denn jede Fertigkeit, ganz gleich welcher Art, benötigt zur Aneignung eine gewisse Zeit. Die einfachen Grundexperimente aber können Sie ruhig sofort anwenden.

Wenn Sie alle Experimente zu Ihrer Zufriedenheit durchgeführt haben und Sie das Gefühl haben, daß Ihr Erfahrungsschatz im Laufe der Zeit ausreichend groß geworden ist, dann haben Sie das Material verstanden und bewältigt, das ich Ihnen in diesem Buch habe vorlegen wollen. Nehmen Sie sich dieses Buch und auch andere von Zeit zu Zeit wieder vor, vergrößern Sie Ihr Wissen und Können und denken Sie immer an die Wichtigkeit der verschiedenen Kontrollen und Sicherheitsmaßnahmen. Im übrigen verlassen Sie sich auf Ihre eigene Intuition, Imagination und Intelligenz.

Benutzen Sie das Rutengehen und Pendeln auch als Hilfe, im Leben besser beobachten, sehen, unterscheiden, hören und fühlen zu lernen, Ihre Intuitionsfähigkeit zu entwickeln und sie richtig und erfolgreich in der Praxis anzuwenden. Betrachten Sie Ihre Ruten und Pendel als Stützen für Ihre Intuition und legen Sie die Instrumente beiseite, wenn Sie sie nicht mehr benötigen.

Ich wünsche Ihnen viel Freude und Erfolg!

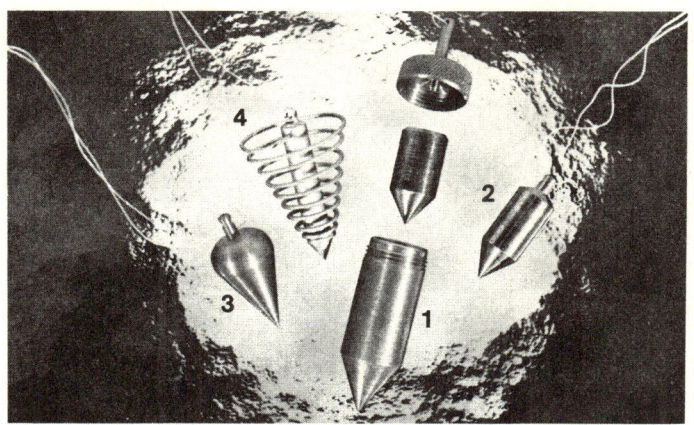

1 BAUERS UNIVERSAL-MESSINGPENDEL, bestehend aus drei Teilen: Geländependel, Normalpendel und Füllpendel.
Länge zus. 4,5 cm, Gewicht zus. ca. 50 g   Best.-Nr. 2025

2 BAUERS SPEZIAL-MESSINGPENDEL in Senklotform. Für Anfänger und Fortgeschrittene ein gutes Pendel. Für alle Pendelexperimente geeignet. Exakt und leicht im Ausschlag.
Länge 2,5 cm, Gewicht ca. 15 g   Best.-Nr. 2026

3 BAUERS MIMOSAPENDEL. Sehr empfindliches Pendel aus Messing. Anwendbar bei allen Arbeiten im menschlichen, tierischen, pflanzlichen oder sonstigen Bereich.
Länge 3,5 cm, Gewicht ca. 25 g   Best.-Nr. 2027

4 BAUERS SPIRALPENDEL. Experimentell vielfach erprobt, 6-fach verstärkter Ausschlag – besonders geeignet für sensible Menschen zu feinstofflichen und spirituellen Ansprechungen.
Länge ca. 4 cm, Gewicht ca. 13 g   FEINSILBER Best.-Nr. 2029
                                          KUPFER   Best.-Nr. 2030
                                          MESSING   Best.-Nr. 2031

BAUERS STAHL-WÜNSCHELRUTE. Vielfach in der Praxis erprobt; mit sehr gutem Ausschlag.
Griffe aus Kupfer, Länge ca. 35 cm   Best.-Nr. 2032

HERMANN BAUER VERLAG · FREIBURG IM BREISGAU